Les dimensions du droit syndical au Cameroun

Gislain Grégory TSASSE SAHA

Les dimensions du droit syndical au Cameroun

Préface de Jean-Marie Tchakoua

L'Harmattan
Cameroun

5-7, rue de l'Ecole-Polytechnique, 75005 Paris

http://www.editions-harmattan.fr

ISBN : 978-2-343-18382-4
EAN : 9782343183824

SIGLES ET ABRÉVIATIONS

A.F.C.	:	Association des Footballeurs Camerounais
A.S.F.A.C.	:	Association Syndicale des Fonctionnaires et Agents du Cameroun
B.I.T.	:	Bureau International du Travail
C.A.N-C.I.F.	:	Commission de l'Application des Normes de la Conférence Internationale du Travail
C.C.A.	:	Chambre de Conciliation et d'Arbitrage
C.E.A.C.R.	:	Commission d'Expert pour l'Application des Conventions et Recommandations
C.E.P.E.	:	Certificat d'Études Primaires et Élémentaires
C.G.C.T.	:	Confédération générale des Cadres du Togo
C.G.T.	:	Confédération générale des Travailleurs
C.I.M.A.	:	Conférence Interafricaine du Marché des Assurances
C.N.O.S.C.	:	Comité National Olympique et Sportif du Cameroun
C.N.P.S.	:	Caisse Nationale de la Prévoyance Sociale
C.N.R.L.	:	Chambre Nationale de Résolution des Litiges
C.N.T.T.	:	Confédération Nationale des Travailleurs du Togo
C.P.C.C.	:	Code de Procédure Civile et Commerciale
C.S.I.	:	Conférence Syndicale Internationale
C.S.T.C.	:	Confédération Syndicale des Travailleurs du Cameroun
C.S.T.T.	:	Confédération Syndicale des Travailleurs du Togo
CAM.RAIL.	:	Cameroon Rail Ways
CAM.POST	:	Cameroon Postal Services
D.F.	:	Décret Fédéral

ENEO	:	Energy of Cameroon
F.E.I.COM.	:	Fonds Spécial d'Équipement et d'Intervention Intercommunale
F.I.F.PRO.	:	Fédération Internationale des Footballeurs Professionnels
FE.CA.FOOT.	:	Fédération Camerounaise de Football
G.I.CAM.	:	Groupement Inter-patronal du Cameroun
J.D.C.	:	Jeunesse du Cameroun
L.F.	:	Loi Fédérale
MIN.T.S.S.	:	Ministère du Travail et de la Sécurité Sociale
N°	:	Numéro
O.I.T.	:	Organisation Internationale du Travail
O.N.T.	:	Observatoire National du Travail
O.N.U.	:	Organisation des Nations Unies
O.S.T.C.	:	Organisation Syndicale des Travailleurs du Cameroun
P.U.A.	:	Presses Universitaires d'Afrique
P.U.A.M.	:	Presses Universitaires d'Aix-Marseille
P.U.C.	:	Presses Universitaires du Cameroun
P.U.C.A.C.	:	Presses de l'Université Catholique d'Afrique Centrale
P.U.F	:	Presses Universitaires de France
R.J.A.	:	Revue Juridique Africaine
R.D.P.C.	:	Rassemblement Démocratique du Peuple Camerounais
S.D.N.	:	Société des Nations
S.I.TRA.FER.	:	Société Internationale des Travaux Ferroviaires
S.N.E.A.E.C.	:	Syndicat National des Exploitants d'Auto-écoles du Cameroun
SY.NA.FO.C.	:	Syndicat National des Footballeurs Camerounais
SY.FON.DA.E.CAM.	:	Syndicat National des Fondateurs et Directeurs d'Auto- écoles Camerounaises
T.A.S.	:	Tribunal Arbitral du Sport

U.C.W.	:	Understanding Children's Work
U.D.F.	:	Union des Femmes Camerounais
U.G.S.L.	:	Union Générale des Syndicats Libres
U.G.T.C.	:	Union Générale des Travailleurs du Cameroun
U.N.C.	:	Union Nationale Camerounaise
U.N.E.S.C.O.	:	Organisation des Nations Unies pour l'Éducation, la Science et la Culture
U.N.I.C.E.F.	:	Fonds des Nations Unies pour l'Enfance
U.N.T.C.	:	Union Nationale des Travailleurs du Cameroun
U.P.C.	:	Union des Populations du Cameroun
U.S.C.C.	:	Union des Syndicats Confédérés du Cameroun
U.S.L.C.		Union des Syndicats Libres du Cameroun

SOMMAIRE

PRÉFACE

Le droit syndical est au cœur de l'actualité de ces dernières années au Cameroun. La plupart des difficultés que connaît le dialogue social sont liées à son cadre juridique et notamment aux règles régissant les syndicats. Le paysage syndical est actuellement très segmenté. La seule disposition qui couvre tout l'espace professionnel est celle du préambule de la constitution camerounaise du 18 janvier 1996 (reprenant sur la question les dispositions de la constitution du 2 juin 1972) qui, suivant les engagements internationaux du Cameroun, reconnaît la liberté syndicale au citoyen. Et comme on pouvait s'y attendre, la constitution charge le législateur d'en fixer les conditions d'exercice. La loi n° 90/053 du 19 décembre 1990 portant sur la liberté d'association est adoptée et exclut de son champ d'application les syndicats et les partis politiques pour lesquels elle renvoie à des textes particuliers. Le texte sur les partis politiques (la loi n° 90/056 du 19 décembre 1990) est pris le même jour et celui sur les syndicats reste simplement annoncé. Mais avant l'annonce, la législation en vigueur sur les syndicats est constituée des dispositions du Code du travail de 1974 reprises et améliorées par le Code du travail de 1992 et de la loi n° 68/LF-19 du 18 novembre 1968 relative aux associations ou syndicats professionnels non régis par le Code de travail. En fait, il s'agit de syndicats de fonctionnaires ainsi que le fait savoir son article premier. Ces textes sont restés inchangés jusqu'à ce jour.

Le sujet traité par Monsieur **Gislain Grégory TSASSE SAHA** qui s'intitule : **« Les dimensions du droit syndical au Cameroun »** présente un grand intérêt scientifique. En effet, on sait qu'en ce qui concerne la problématique des syndicats au Cameroun, les seuls travaux (sous la forme d'ouvrage) jusqu'ici disponibles ont été réalisés par des historiens, des sociologues, des politologues et des économistes. Les aspects juridiques faisaient défaut ; c'est ce vide que l'auteur se propose de combler à travers cet ouvrage et l'on ne peut que saluer l'initiative qu'il a prise de s'y investir.

Dans une introduction bien menée, l'auteur s'attaque à trois questions essentielles et non encore définitivement réglées en doctrine. La première est liée à la recherche d'une définition du droit syndical. Après avoir pris le soin de distinguer le droit syndical des notions qui lui sont voisines, tels le syndicat, le syndicalisme et la liberté syndicale, monsieur **Gislain Grégory TSASSE SAHA** pense que l'on pourrait définir le droit syndical comme « l'ensemble des règles juridiques qui encadrent la création, le fonctionnement, la disparition et les activités des syndicats ainsi que la défense des intérêts économiques, moraux, sociaux, culturels et professionnels de leurs membres ». La deuxième question, en rapport avec l'évolution historique du droit syndical camerounais conduit l'auteur à scruter de nombreux ouvrages anciens et plus actuels d'histoire et de sociologie ayant traité de la question pour se rendre compte du rôle trouble qu'ont joué les pouvoirs colonial et postcolonial dans la restriction et même l'étouffement de la liberté syndicale. La dernière question est relative à l'autonomie du droit syndical camerounais. Ici, l'auteur prend d'abord le soin de définir la notion d'autonomie dans ses aspects aussi bien formel que matériel. Ensuite, il apprécie le degré de pénétration ou de prise en compte des aspects de cette autonomie dans le droit syndical, pour enfin conclure à une timide et progressive autonomie de cette discipline juridique.

Dans la première partie de l'ouvrage, l'auteur procède à une démonstration en partant de l'idée selon laquelle, la dimension non contentieuse du droit syndical s'appréhende aussi bien dans l'existence que dans les activités du groupement syndical.

Dans la seconde partie de l'ouvrage, qui porte sur la dimension contentieuse du droit syndical, l'auteur constate avec désolation que le droit syndical est soumis à un contentieux pluriel. Le traitement de ce contentieux est attribué tantôt aux juridictions de l'ordre judiciaire, tantôt aux juridictions des ordres administratif et sportif selon la nature de la difficulté à résoudre. C'est pourquoi il propose à la fin de l'analyse que soient créées des juridictions spécialisées dans le traitement du contentieux syndical.

De manière générale, l'étude de **Monsieur Gislain Grégory TSASSE SAHA** est technique et précise. La démonstration est suffisamment convaincante. L'ouvrage est d'une grande richesse (il comporte notamment une abondante documentation en annexe) et sera d'une incontestable utilité pour les théoriciens et praticiens du droit, les chercheurs dans le domaine des sciences sociales, les promoteurs de syndicats, les protagonistes des relations de travail dont nécessairement les pouvoirs publics.

Jean-Marie TCHAKOUA

Agrégé des Facultés de Droit

Professeur titulaire des Universités

PROLÉGOMÈNES

Une réflexion portant sur les dimensions du droit syndical au Cameroun nécessite des prolégomènes qui, au-delà du simple souci de se conformer à la tradition universitaire d'introduction des ouvrages, visent également à fixer des préalables utiles à la présentation ultérieure des résultats de la présente recherche. Ces préalables vont de la recherche d'une définition débarrassée de toute ambiguïté de la notion de droit syndical **(I)** à un rappel de l'évolution historique du mouvement syndical camerounais **(II)** pour sortir par l'analyse des contours de son autonomie **(III).**

I. De la recherche d'une définition de la notion de droit syndical

Définir le droit syndical n'est pas chose aisée. L'une des difficultés de l'exercice vient de l'utilisation fréquente de ses voisins alphabétiques "syndicat", "liberté syndicale" et "syndicalisme". Le mot figure à peine dans les dictionnaires juridiques. Cependant, aucun ouvrage dans le contexte camerounais ne lui a déjà été consacré.

Au plan international, la convention numéro 87 concernant la liberté syndicale et la protection du droit syndical votée en juillet 1948 et ratifiée par le Cameroun en 1960 évoque bien le terme, mais ne le définit point. Le seul article consacré à la protection du droit syndical est l'article 11 dans lequel il est énoncé ce qui suit : « *Tout membre de l'Organisation Internationale du Travail pour lequel la présente convention est en vigueur s'engage à prendre toutes les mesures nécessaires et appropriées en vue d'assurer aux travailleurs et aux employeurs le libre exercice du droit syndical* ». Pourtant, la part belle est faite à la liberté syndicale à laquelle la convention consacre 10 articles sur les 14 qu'elle comporte.

Au plan interne, le terme n'est consacré ni dans le Code du travail du 14 août 1992 qui régit les syndicats professionnels relevant du Code du travail, ni dans la loi numéro 68/LF/19 du 18 novembre 1968 relative aux associations ou syndicats professionnels non régis par le Code de travail et son décret d'application numéro 69-DF-7 du 06 janvier 1969. L'accent est plutôt mis sur la protection de la liberté syndicale dans ses différents aspects à savoir : la liberté de choisir son syndicat, la liberté de ne pas se syndiquer, la liberté de se retirer d'un syndicat, la liberté de constituer un syndicat ou encore la liberté d'action du syndicat.

Dès lors, la question de la définition du concept de droit syndical se pose avec acuité. L'exercice le plus simple consiste à définir séparément les mots qui le composent. Ainsi, le terme « droit » est défini par le vocabulaire juridique de Gérard CORNU[1] comme étant l'ensemble des règles de conduite socialement édictées et sanctionnées, qui s'imposent aux membres de la société. Quant à l'adjectif « syndical », il renvoie selon le même dictionnaire à ce *« qui concerne le syndicat ou s'y rapporte... »*. Le syndicat étant défini comme un groupement de personnes exerçant la même profession, des métiers similaires ou des professions connexes en vue de la défense de leurs intérêts professionnels[2].

La réunion de ces deux définitions nous permet de considérer le droit syndical comme l'ensemble des règles juridiques qui encadrent la création, le fonctionnement, la disparition et les activités des syndicats ainsi que la défense des intérêts économiques, moraux, sociaux, culturels et professionnels de leurs membres. Une approche historique nous permettra sans doute de mieux appréhender les conditions qui ont donné naissance au concept de droit syndical au Cameroun.

II. Histoire du droit syndical au Cameroun

Avant l'arrivée des Occidentaux, l'Afrique noire en général et le Cameroun en particulier vivait en régime d'économie de subsistance. Le clan familial vivait en circuit fermé, subvenant à ses besoins, pratiquement sans aide extérieure[3]. La civilisation étant agraire, l'activité agricole était la préoccupation essentielle de l'immense majorité de la population. Les notions de travail salarié, salaire, dialogue social, liberté syndicale et droit syndical étaient totalement absentes du langage des populations indigènes[4].

La colonisation a apporté le travail forcé en masse[5]. Il consistait à faire travailler l'indigène contre son gré pour le compte de l'administration

---

[1] CORNU (G), *Vocabulaire juridique*, P.U.F., 10 ème édition 2014, p. 373.

[2] *Ibid*, p. 1009.

[3] ANAZETPOUO (Z), *Le système camerounais des relations professionnelles*, P.U.A, Yaoundé, 2010, p.24.

[4] TCHAKOUA (J.M), *Étude sur le dialogue social au Cameroun : états des lieux et plan de dynamisation* (rapport provisoire), (en cours de publication), p.10.

[5] Sur les apports de la colonisation au Cameroun, voir NGANDO (B.A), *La présence française au Cameroun (1916-1959) colonisation ou mission civilisatrice ?* P.U.A.M, 2009, p.98.

coloniale ou des particuliers. Au départ sans réglementation, le travail forcé va par la suite être réglementé dans le but d'éviter des abus[6].

Pendant la colonisation allemande, l'usage des peines corporelles est très courant. C'est l'ordonnance du chancelier d'empire en date du 22 avril 1896, qui réglemente l'application aux indigènes des peines disciplinaires. L'arrêté du 04 mars 1908 et l'ordonnance du 24 mai 1910 améliorent le régime de l'indigénat en contrôlant le recours à la main-d'œuvre indigène, et en imposant de meilleures conditions de travail à celle-ci[7]. Mais le concept de droit syndical reste ignoré dans les rapports de travail.

Lorsqu'après la Première Guerre mondiale, la France prend possession du Cameroun, elle supprime les châtiments corporels appliqués sous la domination allemande et les remplace par des peines d'emprisonnement. Les rapports de travail restent cependant dominés par un usage excessif de la force par le colonisateur. Le recrutement des indigènes repose sur les instructions du commissaire de la République et à aucun moment, ces derniers ne sont consultés pour quelque question que ce soit.

L'ex-Cameroun occidental administré par la Grande-Bretagne est rattaché par celle-ci au Nigeria. En conséquence, les lois et règlements qui y sont applicables sont ceux en vigueur au Nigeria. Dans le fond, ils ne sont pas très différents de ceux qu'on trouve au Cameroun sous administration française[8].

Les syndicats existent de fait dans le pays depuis 1932 avec la création de l'Association Syndicale des Fonctionnaires et Agents du Cameroun (A.S.F.A.C.)[9]. Les travailleurs noirs de cette époque avaient beaucoup de mal à s'organiser du fait des interdictions de l'administration coloniale. L'astuce utilisée consistera à adopter une dénomination de circonstance en l'occurrence « *amicale* », puis du fait du rejet du pouvoir colonial, « *amicaline* ». C'est ainsi que le 29 mai 1939, naît « *l'Amicaline des agents*

---

[6] Sur les détails de cette réglementation et l'évolution vers un droit du travail moderne, voir POUGOUE (P.G), *Droit du travail et de la prévoyance sociale au Cameroun*, tome 1, Yaoundé, P.U.C, 1988, pp. 10, 11 et 12.

[7] POUGOUE (P.G), *Droit du travail et de la prévoyance sociale au Cameroun, op.cit*, p.10.

[8] TCHAKOUA (J.M), *Étude sur le dialogue social au Cameroun : état des lieux et plan de dynamisation, op.cit.*, p.11.

[9] Un syndicaliste français des mineurs nommé Maurice SOULIER, affecté au Cameroun, constata l'absence d'une représentation des travailleurs dans le pays. Après l'obtention d'une autorisation de délégation de la C.G.T. (alors unique syndicat en France), il organisa à Douala, une réunion des cadres et fonctionnaires européens pour donner naissance à l'A.S.F.A.C.

des chemins de fer du Cameroun » sous la houlette de Manfred Eboy, Félix Dikoume, Samuel Makombe et Samuel Ewane.

Vers la fin de la Seconde Guerre mondiale, les choses s'accélèrent du côté du Cameroun sous administration française, surtout à partir de la conférence de Brazzaville qui se tient du 30 janvier au 08 février 1944. Les bases d'un système négocié des relations professionnelles vont être jetées grâce aux actions multiformes de la Société des Nations (S.D.N.), l'Organisation des Nations Unies (O.N.U.) et de l'Organisation Internationale du Travail (O.I.T.). Si la Seconde Guerre mondiale est, comme l'a prétendu le général de Gaulle, un conflit mondial pour la liberté, il fallait après la victoire, attribuer une part du butin aux colonies en leur reconnaissant le droit de participer activement aux affaires publiques[10]. Dès l'ouverture de la conférence, de Gaulle, qui la préside, va déclarer à l'intention des participants, essentiellement le haut personnel colonial : « *En Afrique française, comme dans tous les territoires où les hommes vivent sous notre drapeau, il n'y aurait aucun progrès si les hommes, sur leur terre natale, n'en profitaient pas moralement et matériellement, s'ils ne pouvaient s'élever peu à peu jusqu'au niveau où ils seront capables de participer chez eux à la gestion de leurs propres affaires* »[11].

Au plan social, la promesse est faite de supprimer le Code de l'indigénat, de promouvoir le libre accès à tous les postes d'exécution, de relever les salaires et d'améliorer les conditions de travail. C'est dans ce contexte que plusieurs décrets sont pris, dont celui du 07 août 1944 qui affirme sans équivoque le principe de la liberté syndicale.

Ce décret met en place les prémices ou les conditions d'un dialogue social à venir, car la création des syndicats est libre selon son article 2 qui dispose : « *Les métiers similaires ou des professions connexes concourant à l'établissement de produits déterminés ou la même profession libérale peuvent se constituer librement* ». Cependant, ce décret contient des restrictions à la liberté syndicale : la première est une exigence de niveau pour les dirigeants. En effet, l'article 6 du décret exige que les personnes chargées de l'administration et de la direction du syndicat doivent être non seulement capables de parler, lire et écrire couramment le français, mais aussi, doivent être titulaires au moins du certificat d'études primaires et élémentaires (C.E.P.E.) ou une attestation équivalente. La deuxième restriction est liée au contrôle de l'administration : le contrôle sur les

---

[10]TCHAKOUA (J.M), *Étude sur le dialogue social au Cameroun : états des lieux et plan de dynamisation, op.cit.*, p.11.

[11] DE GAULLE, *Discours d'ouverture de la conférence de Brazzaville le 30 janvier 1944*, document annexé au tome II des mémoires de DE GAULLE.

syndicats est exercé par le Procureur de la République à qui chaque promoteur de syndicat doit remettre avant le dernier jour du mois de février de chaque année, le bilan de la situation financière du groupement pour l'année précédente.

Le mouvement syndical camerounais va véritablement tirer son origine du courage et de l'opiniâtreté de Charles Assalé, Pierre Bama et Jacques Bita, tous infirmiers et fonctionnaires indigènes invités à une réunion organisée le 23 février 1944 par Ruben Um Nyobé, leader de l'Union des Populations du Cameroun (U.P.C.) et Philémon Sakuma qui avaient alors créé le cercle des évolués du Cameroun[12].

C'est à partir de la publication du décret du 07 août 1944 (dit « *décret pleben* ») sur la liberté syndicale qu'est créée l'union des syndicats confédérés du Cameroun (U.S.C.C.) affiliée à la C.G.T. française le 18 décembre 1944. Son siège est fixé à Douala et son premier président s'appelle monsieur Gaston Donnat. Le bureau de l'U.S.C.C. se compose comme suit :

- secrétaire général : Soulier Maurice ;
- secrétaire général adjoint : Moumé Etia ;
- membres : Lauri, Bonaventure, Eldin…[13].

- Les restrictions à la liberté syndicale contenues dans le décret du 07 août 1944 seront levées par la loi du 15 décembre 1952 portant Code du travail dans les territoires français d'outre-mer. Mais les espoirs suscités par ce code vont s'estomper à la suite de la crise qui survient en 1955 entre les syndicats et le pouvoir colonial[14]. Roland Pré, le nouveau haut-commissaire de la République française au Cameroun, va décider d'en finir avec toutes les organisations « *noyautées par le parti communiste* » français. Ces organisations sont : l'Union des Populations du Cameroun (U.P.C.), la Jeunesse du Cameroun (J.D.C.), l'Union des Femmes Camerounaises (U.D.F.C.) et l'Union des Syndicats Confédérés du Cameroun (U.S.C.C.).

Roland Pré tire prétexte des émeutes de 1955 intervenues dans le cours des revendications nationalistes pour neutraliser les activités syndicales.

---

[12] TSAFACK NANFOSSO (R), *Relations professionnelles et négociation collective,* publication du B.I.T., septembre 2011, p.2.

[13] EPEE EKWALLA (J), *Les syndicats au Cameroun, genèse, crises et mutations*, Harmattan 2009, p.32.

[14] La France vient d'être traumatisée en Indochine et effrayée en Algérie ; elle n'entend pas subir le même sort en Afrique Équatoriale. Le Cameroun est le champ choisi pour laver les affronts subis.

L'U.S.C.C. perd de nombreux militants et nombre de ses dirigeants sont tués, emprisonnés ou exilés[15].

Le Cameroun occidental (anglophone) est sous-tutelle britannique et de ce fait, administré comme un territoire nigérian. Contrairement au Cameroun oriental (francophone) sous tutelle française, sa structure administrative a pour base les administrations indigènes locales, connues sous le nom d'« *autorités indigènes* » fondées sur les tribus, les clans et autres organisations traditionnelles et fonctionnant sous la surveillance des administrateurs anglais. Dans cette partie du territoire, les formations politiques sont peu influencées par les mouvements syndicaux. Deux tendances sont observables : les mouvements favorables à une autonomisation des territoires camerounais du Nigeria et ceux qui sont favorables à leur rattachement au Cameroun (Kamerun National Congress, Kamerun People's Party). C'est à la suite du référendum des 11 et 12 février 1961 que le Cameroun occidental sera rattaché au Cameroun oriental le 1er octobre 1961.

Le 11 mars 1969, le Chef de l'État, son excellence Ahmadou Ahidjo lancera au congrès de l'U.N.C, un appel à la réunion de tous les regroupements syndicaux du pays dans une seule centrale syndicale dans le cadre du parti unique. À la suite de cet appel, naîtra le 10 février 1972, l'Union Nationale des Travailleurs du Cameroun (U.N.T.C.) avec comme président confédéral Moïse Satougle Defith. L'U.N.T.C. deviendra dans ce cadre un organe spécialisé de l'unique parti politique au pouvoir, à savoir l'U.N.C.[16].

En novembre 1982, le pouvoir change de main au Cameroun suite à la soudaine démission du président Ahmadou Ahidjo. C'est ainsi que le Premier ministre Paul Biya accède à la magistrature suprême. Entre 1972 et 1984, le mouvement syndical sera phagocyté par les évolutions de la politique nationale et l'on en parlera plus que de façon marginale. Mais à partir de 1985, le monopartisme va être renforcé avec la dissolution de l'U.N.C. et la naissance du R.D.P.C. Dans la foulée et pour faire bonne mesure, l'U.N.T.C. disparaît et une nouvelle appellation, Organisation Syndicale des Travailleurs Camerounais (O.S.T.C.) ressuscite. À la réalité, le "Renouveau" n'a rien innové en matière syndicale[17]. Les vieilles habitudes du régime précédent sont soigneusement préservées. Il n'y a qu'un syndicat pour tout le monde.

---

[15] TCHAKOUA (J.M), *Étude sur le dialogue social au Cameroun : états des lieux et plan de dynamisation*, *op.cit.*, p.9.

[16] TSAFACK NANFOSSO (R), *Relations professionnelles et négociation collective*, *op.cit.*, p.3.

[17] KAPTUE (L), *Droit et syndicalisme au Cameroun*, R.J.A., 1994, p.77.

Mais la fin des années 80 et le début des années 90 (emmenés par le vent de la Perestroïka) marqueront le début de véritables revendications politiques et syndicales à l'aune de la crise politique, économique et sociale[18]. Le retour du multipartisme a entraîné avec lui, le retour du multi syndicalisme. C'est ainsi que le 26 mai 1992, quelques mois avant l'entrée en vigueur du nouveau Code du travail, la centrale syndicale O.S.T.C. change à nouveau de dénomination et devient la C.S.T.C. entendue, Confédération Syndicale des Travailleurs du Cameroun. Le 15 avril 1995, une fraction de la C.S.T.C. entrée en dissidence quelques mois plus tôt, crée en conformité avec la nouvelle législation, une deuxième centrale syndicale du pays à savoir : l'Union des Syndicats Libres du Cameroun (U.S.L.C.).

Si la politique et l'influence des partis politiques ont toujours été déterminantes pour l'action syndicale et les négociations collectives au Cameroun, les années 2000 sont caractérisées par une renaissance des regroupements syndicaux, non plus sous la bannière des partis politiques, mais sous celle des professions et métiers. En 2005, on annonce un total de 497 syndicats relevant du Code du travail. En décembre 2018, le fichier des syndicats recensés au niveau de l'observatoire national du travail compte 245 organisations professionnelles, dont 214 syndicats de travailleurs (soit 87,35 %) et 31 syndicats d'employeurs (soit 12,65 %)[19]. En avril 2019, une liste de 236 organisations syndicales (d'employeurs et de travailleurs) est finalement rendue publique par le ministère du Travail et de la sécurité sociale[20]. Paradoxalement, on ne dénombre que huit (08) syndicats de fonctionnaires agréés par le ministère de l'Administration territoriale[21]. Ce recensement des organisations syndicales fonctionnelles sur toute l'étendue du territoire vise d'une part, à mettre à la disposition du public, le nombre exact des syndicats ouvriers et patronaux qui fonctionneraient légalement sur l'étendue du territoire national, d'autre part à envisager les conditions d'amélioration du fonctionnement du groupement syndical. Ce travail préliminaire permettra de jeter les bases d'une recherche de l'autonomie du droit syndical camerounais.

III/ La recherche de l'autonomie du droit syndical camerounais

S'interroger sur l'autonomie du droit syndical camerounais suppose que l'on a au préalable précisé la consistance, c'est-à-dire le contenu de la notion

[18] TSAFACK NANFOSSO (R), *Relations professionnelles et négociation collective, op.cit.*, p. 4.

[19] O.N.T., « États des lieux du fichier syndical du Cameroun », décembre 2018, (inédit).

[20] Cette liste est disponible au niveau des délégations régionales du travail et de la sécurité sociale de ce département ministériel (voir annexe). Il s'agit uniquement des syndicats professionnels régis par le Code du travail.

[21] Source : ministère de l'Administration territoriale, direction des affaires politiques, sous-direction des libertés publiques, juin 2019.

d'autonomie. Celle-ci est, selon le professeur André de Laubadere, susceptible d'appréhension à partir de deux angles : au plan formel et au plan matériel[22].

Dans sa dimension formelle, la notion d'autonomie renvoie selon le professeur Magloire Ondoa « [...] *à l'idée d'indépendance et de non-soumission* »[23]. D'après lui, on dit « [...] *qu'un système juridique est autonome, lorsque ses sources formelles émanent, non d'un autre, mais de lui-même. Il n'a guère besoin pour exister, fonctionner et se développer, des règles formelles extérieures, prises par des autorités étrangères. En clair, un système juridique autonome est celui dont les éléments formels sont édictés par ses propres organes ou institutions de décisions* »[24].

Dans sa dimension matérielle, la notion d'autonomie concerne le contenu des sources formelles du droit et donc les solutions de fond. Sous cette perception, évoquer l'autonomie d'un système juridique étatique ou inter étatique revient à préciser son originalité par rapport à un ou plusieurs autres. Ainsi, un système juridique qualifié d'original est essentiellement unique en ce qu'il est différent de tous les autres existants. Cette originalité pouvant être partielle ou totale selon que le système considéré partage ou non certains traits caractéristiques avec d'autres. Cela ne signifie nullement qu'il émane du néant ou qu'il ne dérive guère d'autres[25].

Au regard de ces précisions terminologiques, on est en droit de se demander si le droit syndical camerounais est autonome. Autrement dit, cette discipline juridique s'est-elle établie "chez elle" au point de ne plus emprunter aux autres disciplines ? Serait-elle devenue originale au point d'être totalement ou partiellement différente des autres disciplines juridiques ? La réponse à ces différentes questions devrait être nuancée, car l'observation générale qui est faite est celle d'un rejet systématique de l'autonomie du droit syndical par le droit positif camerounais. Ce rejet se justifie non seulement par la dépendance formelle du droit syndical au droit du travail et au droit de la fonction publique, mais également par le fait que le contenu de cette discipline est fortement calqué une fois encore, sur les règles du droit du travail dans les secteurs public et privé.

---

[22] DE LAUBADERE (A), *Les éléments de la responsabilité contractuelle de l'administration,* in MAESTRE (J.C), (Mél à), pp. 383 et s.

[23] ONDOA (M), *Introduction historique au droit camerounais : la formation initiale, éléments pour une théorie de l'autonomie des droits africains*, Edition le Kilimandjaro, 2013, p.29.

[24] *Ibid.*, pp. 29 à 30.

[25] *Ibid.*, pp.36 à 37.

Toutefois, l'on assiste au cours de ces dernières années, à une admission progressive de l'autonomie tant formelle que matérielle du droit syndical camerounais en droit prospectif à travers le projet de loi sur les syndicats au Cameroun. Sur le plan formel, ce projet de loi, rédigé en octobre 2016, constituera après son entrée en vigueur, une avancée majeure dans le domaine du droit syndical en ce qu'il visera à unifier les règles relatives à l'exercice de la liberté syndicale et la protection du droit syndical dans les secteurs public et privé, et de ce fait constituera la loi unique en matière syndicale. Sur le plan matériel, c'est-à-dire relativement à son contenu, cette loi en gestation entend combler le vide juridique actuellement constaté sur la capacité d'exercice du droit syndical par les travailleurs indépendants et ceux du secteur informel. À ce sujet, la mouture actuelle du projet intègre dans son champ d'application prévu à l'article 1 alinéa 2 (a) non seulement « *les travailleurs au sens de l'article 1er du Code du travail, et ceux régis par le statut général de la fonction publique, mais également les travailleurs indépendants et ceux du secteur informel* ». En considérant l'autonomie matérielle du droit syndical comme étant son originalité par rapport au droit du travail dans les secteurs public et privé, il ne fait pas de doute que l'admission de nouveaux acteurs dans le champ du droit syndical (travailleurs indépendants du secteur formel et informel) en droit prospectif, la reconnaissance du monopole de la grève[26] et de la négociation collective aux syndicats constituent des prémices d'un détachement progressif du régime juridique du groupement syndical des droits du travail et de la fonction publique.

Toutefois, cette admission progressive de l'autonomie du droit syndical camerounais en droit prospectif semble limitée. Au plan formel, on observe d'une part qu'il n'existe pas de juridictions spécifiques pour le traitement du contentieux de droit syndical. Celui-ci est du ressort tantôt des juridictions de l'ordre judiciaire, tantôt des juridictions de l'ordre administratif et sportif. Nous sommes favorables à la création de sections et chambres syndicales au sein des tribunaux et des Cours au Cameroun. Au plan matériel d'autre part, lorsqu'on analyse le contenu du projet de loi sur les syndicats, on est certainement perturbé par la réglementation des questions liées à la négociation collective, la grève et le lock-out, alors qu'il semble clair et constant que les droits positif et prospectif du travail n'entendent pas se décharger de ces questions[27]. Cette difficulté qu'il y a à rattacher les questions de négociations collectives, de grève et de lock-out tantôt au droit

[26] Même s'il n'est pas exclu que les travailleurs pris individuellement puissent, dans toutes les entreprises, se mettre en grève en l'absence de toute initiative syndicale.

[27] Sinon, l'actuel projet de loi portant Code de travail aurait exclu ces questions de son champ d'application comme il l'a fait pour les questions syndicales.

du travail (dans les secteurs public et privé) tantôt au droit syndical, se justifie par le fait qu'il n'est pas possible de dire avec exactitude de quelle discipline relèvent ces matières.

Il faudrait sans doute retenir de ces prolégomènes que le droit syndical est difficile à définir, son ancrage au Cameroun a connu une évolution en « dents de scie » alors que son autonomie n'est encore qu'embryonnaire.

Les réflexions contenues dans le présent travail s'articulent autour de deux axes principaux. Le premier a trait à la dimension non contentieuse du droit syndical **(première partie)** alors que le second concerne la dimension contentieuse de cette discipline juridique **(seconde partie).**

PREMIÈRE PARTIE:

LA DIMENSION NON CONTENTIEUSE DU DROIT SYNDICAL

La dimension non contentieuse du droit syndical renvoie aux différents aspects de cette discipline juridique qui, lorsqu'ils sont effectués conformément à la loi (au sens large) et aux statuts et règlements administratifs du groupement professionnel, ne sont pas susceptibles de déboucher sur une contestation ou un litige. Sont par conséquent concernées, les règles relatives à l'existence du groupement syndical (**chapitre I**) et celles concernant ses activités (**chapitre II**).

CHAPITRE I :

L'EXISTENCE DES SYNDICATS

Comme toute personne morale, le syndicat naît, vit et meurt. Un très grand foisonnement des règles d'origines interne et internationale place sous le sceau de la liberté, les règles de constitution (**section I**), de fonctionnement et de disparition (**section II**) des syndicats.

Section I: La constitution des syndicats

La première manifestation de la liberté syndicale semble être le respect de la libre constitution du syndicat qui garantit, dans une certaine mesure, l'indépendance du groupement vis-à-vis de l'État et d'autres groupements professionnels au moment de sa constitution. C'est du moins ce qui ressort de l'article 2 de la convention numéro 87 de l'O.I.T. qui dispose que : *« Les travailleurs et les employeurs, sans distinction d'aucune sorte, ont le droit, sans autorisation préalable, de constituer des organisations de leur choix ainsi que de s'affilier à ces organisations à la seule condition de se conformer aux statuts de cette dernière »*. De plus, la libre constitution des syndicats ne signifie non plus que l'Etat doit s'abstenir de manière absolue de toute intervention[28]. À ce titre, l'article 8 alinéa 1 de la convention numéro 87 dispose expressément que dans l'exercice des droits qui leur sont reconnus par la présente convention, les travailleurs, les employeurs et leurs organisations respectives sont tenus, à l'instar des autres personnes ou collectivités organisées, de respecter la légalité. C'est ainsi qu'il existe en droit camerounais, des règles de fond (**Paragraphe I**) et de procédure (**Paragraphe II**) nécessaires à la constitution du groupement syndical.

Paragraphe I : Les règles de fond

Elles concernent aussi bien la personne morale à constituer (**A**) que les personnes physiques susceptibles d'adhérer au groupement (**B**).

A. Les conditions relatives à la personne morale à constituer

Elles concernent le respect de l'objet social tel que mentionné dans les statuts (**1**) et l'exigence de production des statuts et règlements administratifs du groupement professionnel en cours de constitution (**2**).

---

[28] DIOH (A), *Les syndicats des travailleurs au Sénégal*, Harmattan, 2002, p. 75.

1. Le respect de l'objet ou le principe de spécialité des syndicats

Aux termes de l'article du Code du travail du 14 août 1992 : « *La loi reconnaît aux travailleurs et aux employeurs, sans restriction d'aucune sorte et sans autorisation préalable, le droit de créer librement des syndicats professionnels ayant pour objet l'étude, la défense, le développement et la protection de leurs intérêts notamment économiques, industriels, commerciaux et agricoles ainsi que le progrès social, économique, culturel et moral de leurs membres. Toute activité qui n'est pas de nature à promouvoir ces objectifs demeure interdite aux syndicats professionnels* ».

Cette disposition du Code du travail pose le principe de spécialité en matière syndicale. Ce qui signifie qu'un syndicat est habilité à intervenir sur tous les aspects de la vie sociale susceptible d'avoir une incidence sur les intérêts qu'il entend défendre. Selon Adrien Dioh, « *La raison d'être du syndicat est la défense de l'intérêt de la profession qu'il est chargé de représenter. Un tel intérêt paraît suffisamment important pour valoir au groupement une capacité juridique plus étendue que celle des autres personnes morales de droit privé. En contrepartie, l'action syndicale doit être orientée uniquement vers un but professionnel* ». Ce principe exclut tout de même qu'un syndicat se livre à certaines activités parmi lesquelles, l'activité commerciale[29], l'activité politique[30] ou l'activité religieuse[31]. Néanmoins, la loi[32] autorise expressément les syndicats à mener des activités économiques et sociales à condition de ne pas distribuer les bénéfices même sous forme de ristournes à leurs membres. Il s'agit des activités ci-après :

- acheter pour le louer, prêter ou répartir entre leurs membres tout ce qui est nécessaire à l'exercice de leur profession, notamment matières premières, outils, instruments, machines, engrais, semences, plantes, animaux et matières alimentaires pour le bétail ;

- prêter leur entreprise gratuite pour la vente des produits provenant exclusivement du travail personnel ou des exploitations des syndiqués ;

---

[29] L'exercice du commerce, l'accomplissement d'acte du commerce, sont interdits au syndicat, lequel ne peut donc acheter pour vendre, réaliser des bénéfices, les distribuer à ses adhérents ; voir dans ce sens, PELISSIER (J), AUZERO (G), DOCKES (E), *Droit du travail*, 26ème édition, Dalloz, 2012, p.979.

[30] Un syndicat ne saurait se constituer pour défendre une plate-forme politique et ne peut poursuivre des objectifs essentiellement politiques (voir PELLISSIER, AUZERO et DOCKES, *op.cit.*, p. 979.

[31] DIOH (A), *Les syndicats des travailleurs au Sénégal, op.cit.*, p. 208.

[32] Article 18 (2) du Code de travail.

- faciliter cette vente par des expositions, annonces, publications, groupements de commandes et d'expéditions sans pouvoir l'opérer, sans leur nom et sans leur responsabilité.

Ce faisant, la règle de la spécialité professionnelle permet de distinguer le syndicat de la société, de l'association et du parti politique. En effet, le syndicat n'est pas une société, car la société se définit comme un contrat par lequel deux ou plusieurs personnes mettent en commun des apports et constituent une personne morale pour les exploiter et se partager les profits et les pertes qui résulteront de cette activité. Il est clair que l'élément caractéristique fondamental du contrat de société est la recherche du lucre. Parce que la société ne vise ni l'intérêt général ni l'intérêt de la profession, elle est soumise à un régime juridique moins favorable que celui du syndicat s'agissant notamment de la dissolution et de l'assujettissement à certains impôts. Dans le même sens, il faut dire que le syndicat n'est pas une association ordinaire. La loi camerounaise de 1990[33] définit l'association comme un contrat par lequel deux ou plusieurs personnes mettent en commun leur activité, et au besoin certains biens dans un but déterminé autre que le partage des bénéfices. Pour la doctrine, elle est « *un groupement d'individus juridiquement unis dans une activité commune et pour un but non lucratif qui n'est pas l'enrichissement pécuniaire de ses membres* »[34]. Si cette définition ne permet pas de distinguer l'association du syndicat, il est toutefois important de dire que c'est l'objet social du groupement qui permet réellement de parvenir à cette fin. Alors qu'il est laissé une grande liberté aux membres d'une association dans la détermination de l'objet qu'ils entendent poursuivre, l'objet syndical est déterminé par la loi. Tout cela pour dire que le syndicat est une forme particulière d'association qui ne peut avoir pour objet ni la poursuite d'un but religieux ni celui d'un but désintéressé. En sens inverse, un groupement peut se constituer en association pour la défense, le développement et la protection de leurs intérêts notamment économiques, industriels, commerciaux et agricoles ainsi que le progrès social, économique, culturel et moral de ses membres. C'est le cas du groupement inter patronal du Cameroun (G.I.CAM.) qui s'est constitué non pas en syndicat patronal, mais en association. Enfin, le syndicat n'est pas un parti politique. Alors que l'objet d'un parti politique est la conquête et la conservation du pouvoir, la règle de la spécialité professionnelle du syndicat le dispose à la défense des seuls intérêts économiques, commerciaux, industriels, agricoles, moraux et culturels de ses membres. C'est dire qu'un

---

[33] Sur la liberté d'association

[34] DIOH (A), « *les syndicats des travailleurs au Sénégal,* op.cit., p.211.

syndicat ne saurait avoir un objet purement politique, cependant, il n'est pas interdit à ses membres de mener des activités politiques[35].

Lorsque l'objet social du syndicat est déterminé et conforme à la loi, il revient aux promoteurs le pouvoir de rédiger les statuts et règlements administratifs en tant qu'éléments requis pour l'enregistrement ou l'agrément du groupement à constituer.

2. La rédaction des statuts et règlements administratifs

Aux termes de l'article 15 du Code du travail, les statuts de tout syndicat doivent comporter les dispositions suivantes :

a) la dénomination du syndicat et l'adresse de son siège ;

b) les fins en vue desquelles le syndicat est créé ;

c) la destination de ses ressources, la quotité des cotisations réservées à ses œuvres sociales ;

d) le mode selon lequel les statuts sont établis, modifiés ou abrogés ;

e) le mode de désignation et de destitution de ses membres dirigeants ainsi que les sanctions dont peuvent être frappés ses adhérents ;

f) l'interdiction d'élection au poste de président, de secrétaire ou trésorier ou d'autres fonctions analogues, d'une personne ne sachant ni lire ni écrire en français ou en anglais ;

g) l'établissement d'une liste nominative des membres indiquant leurs métier, profession ou activité normale et le cas échéant, le nom de leur employeur ;

h) des dispositions concernant le placement des fonds ou leur dépôt en banque, la vérification fréquente et en tout cas, au moins annuelle des comptes ;

i) la tenue d'une comptabilité complète et correcte par le trésorier, la vérification régulière des comptes par des personnes habilitées à cet effet et la communication aux membres qui le demandent, d'un bilan préparé au moins une fois l'an par un comptable qualifié ;

j) le mode de dissolution du syndicat et le mode de dévolution de ses biens, ceux-ci ne pouvant en aucun cas, être répartis entre les membres adhérents.

---

[35] Voir dans ce sens, DIOH (A), *Les syndicats de travailleurs au Sénégal*, *op.cit.*, pp. 218 à 220.

Le caractère obligatoire et impératif des éléments devant figurer dans les statuts du syndicat ci-dessus énumérés s'observe dans la formulation de l'article 15 du Code qui emploie le verbe devoir « *les statuts de tout syndicat doivent...* » L'on comprend par-là que, même si les rédacteurs des statuts disposent d'une liberté totale dans leur office, les points énumérés par l'article 15 apparaissent néanmoins comme étant obligatoires. C'est dans ce sens que le syndicat national des journalistes du Cameroun (S.N.J.C.) a ajouté dans ses statuts, en plus des éléments obligatoires, un titre consacré à la discipline dans ses articles 36, 37 et 38. On peut lire à l'article 36 ce qui suit : « *Toutes infractions aux présents Statuts et Règlement intérieur du syndicat, tout manquement aux engagements pris envers lui, toute manœuvre pouvant porter atteinte aux syndicats du syndicat donnent lieu à l'une des sanctions suivantes :*

- *avertissement ;*

- *blâme ;*

- *suspensions de fonctions ;*

- *déchéances de fonctions ;*

- *exclusion temporaire ;*

- *exclusion définitive* ».

En ce qui concerne le règlement administratif ou intérieur du groupement, il faut constater pour le regretter que le régime de son contenu n'a pas été envisagé par le législateur social. On retiendra que la pratique lui assigne un contenu varié constitué des points ci-après :

- de la qualité de membre ;

- des instances du groupement (conseil syndical, bureau exécutif national, section régionale et d'entreprise et les organes spécialisés) ;

- des commissions (commission consultative, commission nationale des finances, commission des affaires sociales, sportives et culturelles, commission des relations publiques, commission des programmes et commission de politique générale)

- de la discipline.

L'absence d'encadrement du contenu du règlement intérieur applicable au sein d'un syndicat est une lacune que le législateur devrait rapidement combler en précisant par exemple, les éléments obligatoires et facultatifs devant y figurer. Bien heureusement, ce problème ne s'est posé que partiellement s'agissant du nombre minimum d'affiliés requis au moment de la constitution du groupement.

3. Le respect du nombre minimum d'affiliés

La problématique du nombre minimum d'affiliés d'un syndicat professionnel varie selon que le groupement professionnel à constituer est régi ou non par le Code du travail.

En ce qui concerne les syndicats professionnels régis par le Code du travail, l'article 8 précise que : « *Toute demande d'enregistrement doit porter la signature de vingt (20) personnes au moins dans le cas d'un syndicat de travailleurs ou de cinq (05) personnes au moins dans le cas d'un syndicat d'employeurs. Les statuts du syndicat doivent se conformer aux dispositions de la présente loi* ». Ce minimum semble être en conformité avec les principes dégagés par l'O.I.T. sur la question. En effet, selon le comité de la liberté syndicale : « *La création d'un syndicat peut être considérablement gênée ou même rendue impossible lorsque la législation fixe le nombre maximum de membres à un niveau manifestement trop élevé, ce qui est le cas par exemple, lorsque la législation dispose qu'un syndicat doit compter au moins cinquante (50) membres fondateurs* »[36].

Pour ce qui est des syndicats professionnels non régis par le Code du travail, l'article 9 du décret numéro 69-DF-7 du 06 janvier 1969 précité, entretien un flou sur le nombre minimum d'affiliés exigé lors de la constitution d'un syndicat lorsqu'il prévoit que : « *L'agrément peut être refusé si de l'avis du ministre chargé du contrôle des libertés publiques, le nombre de membres ne permet pas la constitution d'une association ou d'un syndicat de fonctionnaires viable* ». À l'analyse de cette disposition, on peut se demander à partir de combien de membres on peut être sûr que le ministre estimera que le syndicat qui sollicite l'agrément est viable. Ce pouvoir d'appréciation souverain reconnu au ministre, parce qu'il est susceptible d'entraîner des abus de sa part, constitue, nous semble-t-il, une atteinte au principe de la liberté de constitution des syndicats.

Les conditions relatives à la personne morale à constituer ayant été revisitées, il reste à présent à analyser celles qui sont relatives aux personnes physiques susceptibles d'adhérer à un syndicat.

B. Les conditions relatives aux personnes physiques susceptibles d'adhérer à un syndicat

Les textes juridiques nous renseignent que la condition particulière d'honorabilité requise pour avoir la qualité de promoteur d'un syndicat (2) vient compléter celle générale relative à la nature de l'activité requise à tous les membres (1).

---

[36] B.I.T., *La liberté syndicale, cinquième édition (révisée), op.cit*, p.63.

1. La condition générale d'acquisition de la qualité de membre d'un syndicat : l'identité ou la similarité de la profession

Cette condition tire son fondement des dispositions légales et statutaires.

Sur le plan légal, l'acquisition de la qualité de membre d'un syndicat obéit à une règle qui connaît néanmoins une exception. En effet, l'article 7 alinéa 1 et 2 précise que pour être membre d'un syndicat de travailleur, il faut exercer effectivement une profession salariée au moment de son adhésion. C'est dire que les chômeurs au sens de l'O.I.T. ainsi que les travailleurs indépendants ne peuvent pas adhérer à un syndicat. Cette règle connaît cependant une exception. Ceux qui ont cessé d'exercer leur fonction peuvent continuer à faire partie d'un syndicat professionnel de travailleur à la double condition d'avoir exercé celle-ci pendant au moins 6 mois et se consacrer à des fonctions syndicales ou être appelé à titre professionnel, à des fonctions prévues par les lois et règlements.

Sur le plan statutaire, on constate que la qualité de membre n'est reconnue qu'aux travailleurs subordonnés exerçant dans le champ d'activité professionnelle et (ou) géographique dans lequel le groupement professionnel entend protéger et défendre les intérêts collectifs des membres. C'est dans cette logique que le syndicat national des journalistes du Cameroun (S.N.J.C.) ne reconnaît la qualité de membre du groupement qu'à tout journaliste ou employé de presse (photojournaliste, infographiste de presse, caméraman…) exerçant depuis au moins six ans la profession au Cameroun et qui adhère aux statuts et règlements intérieurs dudit groupement[37]. À cet effet, il adresse sa demande au secrétaire général qui doit la soumettre au bureau exécutif national. En cas de refus, le postulant peut recourir au conseil syndical. Celui-ci se prononce à la majorité simple des membres présents ou représentés. Lorsqu'un membre a la qualité d'administrateur ou de dirigeant d'un syndicat, il doit en outre remplir la condition d'honorabilité.

2. La condition spécifique d'acquisition de la qualité d'administrateur ou de dirigeant d'un syndicat : l'honorabilité du candidat

Aux termes de l'article 10 (1) du Code du travail du 14 août 1992 : *« Les promoteurs d'un syndicat ainsi que les membres chargés de son administration ou de sa direction doivent jouir de leurs droits civiques et ne pas avoir encouru de condamnation emportant les déchéances prévues à l'article 30 alinéa 1, 2 et 3 du Code pénal ».* Les déchéances quant à elles

[37] Voir l'article 7 alinéa 1 des statuts du S.N.J.C.

consistent, aux termes de l'article 30 du Code pénal dans : « *(1) La destitution et l'exclusion de toutes fonctions, emplois ou offices publics ;*

(2) l'incapacité d'être juré, assesseur, expert, juré-expert ;

l'interdiction d'être tuteur, curateur, subrogé tuteur ou conseil de famille ;

l'interdiction de porter toute décoration ;

l'interdiction de servir dans les forces armées ;

l'interdiction de tenir une école ou même d'enseigner dans un établissement d'instruction et, d'une façon générale, d'occuper des fonctions se rapportant à l'éducation ou à la garde des enfants ».

Une comparaison des articles 10 alinéas 1 du Code du travail du 14 août 1992 et 30 du Code pénal du 12 juillet 2016 permet de constater que les déchéances indiquées par le premier texte se limitent aux trois premiers alinéas alors que les déchéances du second texte (qui reprend fidèlement les dispositions de l'article 30 du Code pénal du 12 juin 1967 en vigueur au moment de la promulgation du Code du travail du 14 août 1992) comportent six alinéas. Faudrait-il comprendre par-là qu'en cas de condamnation emportant des déchéances des alinéas 4 à 6 du Code pénal, d'un candidat au poste d'administrateur ou de dirigeant d'un syndicat, ces peines n'auront aucune incidence sur son éligibilité ? La réponse affirmative semble s'imposer en toute logique.

Pour ce qui est du domaine ou de champ d'application des déchéances, l'article 31 du Code pénal indique ce qui suit :

- la condamnation à une peine perpétuelle emporte à vie les déchéances prévues à l'article 30 ci-dessus ;

- toute autre condamnation pour crime emporte les mêmes déchéances, pendant la durée de la peine et pendant dix (10) ans qui suivent son expiration ou la libération conditionnelle si celle-ci n'a pas été révoquée ;

- la juridiction compétente peut, dans tous les cas prévus à l'alinéa 2 ci-dessus, par décision motivée, relever le condamné de tout ou partie de ces déchéances et en réduire la durée jusqu'à deux (02) ans ;

- en cas de condamnation pour délit et lorsque la loi les y autorise, les juridictions compétentes peuvent par décision motivée, prononcer pour une durée de cinq (05) ans au plus, tout ou partie des déchéances prévues à l'article 30 ci-dessus.

Sur le plan de l'évolution historique du droit syndical, il convient de dire que cette disposition du Code du travail (article 10 alinéa 2) constitue une avancée considérable en matière de liberté syndicale par rapport au décret colonial du 7 août 1944 sur la liberté syndicale dans l'ex-Cameroun oriental qui contenait au moins deux restrictions au principe de la liberté syndicale : le contrôle de l'administration et la restriction par l'instruction[38]. S'agissant de la restriction relative à l'instruction (qui nous intéresse pour la démonstration de l'évolution des conditions d'éligibilité au poste de promoteurs de syndicat), l'article 6 du décret du 7 août 1944 exigeait que les membres chargés de l'administration ou de la direction d'un syndicat, en plus de jouir de leurs droits civiques devaient être capables de parler, lire et écrire couramment le français et être titulaire au moins du certificat d'études primaires et élémentaires ou d'une attestation équivalente. Selon le professeur Léon Kaptué : « *La motivation de ces exigences semble être à l'analyse, d'assurer la mainmise des autorités coloniales sur les organes de direction des syndicats, par le canal d'indigènes érigés au statut fort convoité de sujet ou de protégé français* ». Le contexte politique ayant évolué, il était de bon ton que la condition liée à l'instruction soit levée. D'abord, sous l'emprise du Code du travail de 1967 suivi de celui de 1974, jusqu'à celui du 14 août 1992 actuellement en vigueur. À l'analyse de tous ces textes, on constate que la condition relative à la possession de diplôme a disparu. L'avant-projet de loi sur les syndicats professionnels épouse la même vision. Pour s'en convaincre, on pourra par exemple consulter l'article 3 (2) de ce texte qui indique ce qui suit : « *Les promoteurs d'un syndicat ainsi que les membres chargés de son administration doivent savoir lire et écrire le français ou l'anglais, jouir de leurs droits civiques et ne pas avoir été condamnés à des peines emportant les déchéances prévues à l'article 30 alinéa 1, 2 et 3 du Code pénal* ».

Une fois les conditions de fond réunies, le groupement professionnel en cours de constitution doit se soumettre à des règles de procédure.

Paragraphe II : Règles de procédure

En droit camerounais, la procédure d'obtention d'une autorisation d'existence (**A**) lorsqu'elle aboutit à la création effective d'un syndicat, emporte des conséquences juridiques à l'instar de toute personne morale (**B**).

A. Un aperçu de la procédure d'obtention d'une autorisation d'existence

La procédure d'enregistrement d'un syndicat varie selon qu'il s'agisse d'un syndicat régi par le Code du travail (**1**) ou d'un syndicat relevant du secteur public (**2**).

---

[38] KAPTUE (L), « Droit et syndicalisme au Cameroun », *Revue juridique africaine*, 1994, p.66.

1. L'enregistrement d'un syndicat relevant du Code du travail

Aux termes de l'article 6 alinéa 1 du Code du travail du 14 août 1992 : « *(1) Un syndicat professionnel n'a d'existence légale qu'à partir du jour où un certificat d'enregistrement lui est délivré par le greffier des syndicats.*

(2) Les promoteurs d'un syndicat non encore enregistré qui se comporteraient comme si ledit syndicat avait été enregistré sont passibles de poursuites judiciaires.

(3) Le greffier des syndicats est un fonctionnaire nommé par décret ».

Il ressort de ces dispositions du Code du travail que tout syndicat en voie de constitution doit se faire enregistrer. La demande d'enregistrement doit être adressée au greffier des syndicats, fonctionnaire nommé par décret. En pratique, c'est le secrétaire général du ministère du Travail et de la Sécurité sociale qui officie en qualité de greffier de syndicat.

Selon le Code du travail, l'enregistrement d'un syndicat s'effectue comme suit :

- une demande d'enregistrer le syndicat et ses statuts est présentée au greffier des syndicats. Cette demande est accompagnée de deux exemplaires des statuts du syndicat et d'une liste nominative des dirigeants avec indications des fonctions qu'ils remplissent ;

- le greffier accuse réception de la demande et procède à l'examen et à l'enregistrement du syndicat et de ses statuts dans un délai d'un (1) mois. Passé ce délai, l'enregistrement est réputé effectif ;

- le greffier n'enregistre aucun syndicat déjà enregistré sous une dénomination identique ou semblable à celle d'un autre syndicat déjà enregistré et de nature à induire en erreur les membres de ces syndicats ou les tiers ;

- si la demande d'enregistrement ne répond pas aux conditions requises, le greffier fait connaître par écrit à ceux qui l'ont présentée, ses observations en les invitant à présenter à nouveau leur requête[39]. Dès réception de la nouvelle demande, le greffier doit, soit procéder à l'enregistrement du syndicat, soit, s'il refuse de le faire, en aviser les demandeurs par écrit dans les trente (30) jours en motivant son refus[40].

La forme dans laquelle doivent être constitués les syndicats pour être admis à la procédure d'enregistrement est fixée par décret après avis de la commission nationale consultative[41]. À cet effet, c'est le décret N°

---

[39] Voir article 12 alinéa 1 du Code de travail.

[40] Voir article 12 alinéa 2 du Code de travail.

[41] Cf. article 9 du Code du travail.

93/574/PM du 15 juillet 1993 qui fixe la forme des syndicats professionnels admis à la procédure d'enregistrement. D'après l'article 1er alinéa 1 de ce texte, les syndicats professionnels d'employeurs ou de travailleurs admis à la procédure d'enregistrement doivent être constitués :

a) En un syndicat de base regroupant des membres employeurs ou travailleurs appartenant à la même branche d'activités ou à des branches d'activités connexes, suivant le cas.

b) En union regroupant des syndicats de professions ou des branches d'activités différentes.

c) En fédération regroupant les syndicats de base de la même profession ou de la même branche d'activité.

d) En confédération regroupant par affinité des fédérations des syndicats, des syndicats de base constitués à l'échelon national, des unions de syndicats.

La forme des syndicats prévue plus haut pouvant être constituée à l'échelle départementale, interdépartementale, provinciale, interprovinciale ou nationale.

Sur le terrain, le greffier des syndicats a allongé la liste des documents nécessaires à l'obtention du certificat d'enregistrement, quelle que soit la forme ou l'échelle du syndicat. Ainsi, doivent être fournis :

- **Pour les employeurs** :

a) Syndicat national d'employeurs

- une demande d'enregistrement ;
- un procès-verbal de l'assemblée constitutive ou du conseil ;
- deux exemplaires des statuts et du règlement intérieur ;
- cinq (5) extraits de casier judiciaire minimum (B3) des promoteurs ;
- la liste nominative des promoteurs ;
- la liste des membres du bureau ;
- la représentation des membres sur l'ensemble du territoire national ;
- les certificats d'immatriculation à la C.N.P.S. des promoteurs (5 au minimum) ;
- les attestations d'employeurs à la C.N.P.S. des promoteurs (5 ans minimum) ;
- les pièces justificatives de l'exercice de l'activité professionnelle.

b) Syndicat départemental d'employeurs

- une demande d'enregistrement ;
- un procès-verbal de l'assemblée constitutive ou du conseil ;
- deux exemplaires des statuts et du règlement intérieur ;
- cinq extraits du casier judiciaire minimum (B3) de promoteurs ;
- la liste nominative des promoteurs ;
- la liste des membres du bureau ;
- la représentation des membres sur l'ensemble du territoire national ;
- les certificats d'immatriculation à la C.N.P.S. des promoteurs (5 au minimum) ;
- les attestations d'employeurs à la C.N.P.S des promoteurs (5 ans minimum) ;
- les pièces justificatives de l'exercice de l'activité professionnelle.

c) Union départementale

- une demande d'enregistrement ;
- un procès-verbal de l'assemblée constitutive ou du conseil ;
- cinq statuts de casier judiciaire (B3) des promoteurs ;
- deux exemplaires des statuts et du règlement intérieur ;
- liste des syndicats affiliés à l'union concernée (minimum exigé : 3) ;
- photocopies des certificats d'enregistrement desdits syndicats ;
- l'acte d'affiliation de chaque syndicat de base ;
- l'acte de désaffiliation d'un syndicat de base d'une centrale pour une autre devra être fait sur convocation de l'instance habilitée à ce type de décision. Il devra être légalisé ;
- liste nominative des promoteurs ;
- liste des membres du bureau.

d) Union nationale

- une demande d'enregistrement ;
- un procès-verbal de l'assemblée constitutive ou du conseil ;
- deux exemplaires des statuts et du règlement intérieur ;
- liste des syndicats affiliés à l'union concernée ;
- extraits de casier judiciaire (B3) des promoteurs ;
- l'acte de désaffiliation d'un syndicat de base d'une centrale pour une autre devra être fait sur convocation de l'instance habilitée à ce type de décision. Il devra être légalisé ;

- liste nominative des promoteurs ;
- liste des membres du bureau.

- **Pour les travailleurs :**

a) Syndicat national de travailleurs

- une demande d'enregistrement ;
- un procès-verbal de l'assemblée constitutive ou du conseil ;
- deux exemplaires des statuts et du règlement intérieur ;
- vingt (20) extraits du casier judiciaire minimum (B3) des promoteurs ;
- la liste nominative des promoteurs ;
- la liste des membres du bureau ;
- la représentation des membres sur l'ensemble du territoire national ;
- les pièces justificatives de l'exercice de l'activité professionnelle.

b) Syndicat départemental de travailleurs

- une demande d'enregistrement ;
- un procès-verbal de l'assemblée constitutive ou du conseil ;
- deux exemplaires des statuts et du règlement intérieur ;
- vingt (20) extraits du casier judiciaire minimum (B3) des promoteurs ;
- la liste nominative des promoteurs ;
- la liste des membres du bureau ;
- les pièces justificatives de l'exercice de l'activité professionnelle.

c) Union départementale

- une demande d'enregistrement ;
- un procès-verbal de l'assemblée constitutive ou du conseil ;
- extrait de casier judiciaire minimum (B3) des promoteurs ;
- deux exemplaires des statuts et du règlement intérieur ;
- la liste des syndicats affiliés à l'union concernée (minimum exigé : 3) ;
- les photocopies des certificats d'enregistrement desdits syndicats ;
- l'acte d'affiliation de chaque syndicat de base ;
- l'acte de désaffiliation d'un syndicat de base d'une centrale pour une autre devra être fait sur convocation de l'instance habilitée à ce type de décision. Il devra être légalisé ;
- la liste nominative des promoteurs ;
- la liste des membres du bureau.

d) Union nationale

- une demande d'enregistrement ;
- un procès-verbal de l'assemblée constitutive ou du conseil ;
- un extrait de casier judiciaire minimum (B3) de chaque promoteur ;
- deux exemplaires des statuts et du règlement intérieur ;
- la liste des syndicats affiliés à l'union concernée ;
- les photocopies des certificats d'enregistrement desdits syndicats ;
- l'acte d'affiliation de chaque syndicat de base ;
- l'acte de désaffiliation d'un syndicat de base d'une centrale pour une autre devra être fait sur convocation de l'instance habilitée à ce type de décision. Il devra être légalisé ;
- la liste nominative des promoteurs ;
- la liste des membres du bureau.

e) Fédération départementale

- une demande d'enregistrement ;
- un procès-verbal de l'assemblée constitutive ou du conseil ;
- un extrait de casier judiciaire minimum (B3) de chaque promoteur ;
- deux exemplaires des statuts et du règlement intérieur ;
- la liste des syndicats affiliés à l'union concernée (minium exigé : 4) ;
- les photocopies des certificats d'enregistrement desdits syndicats ;
- l'acte d'affiliation de chaque syndicat de base ;
- l'acte de désaffiliation d'un syndicat de base d'une centrale pour une autre devra être fait sur convocation de l'instance habilitée à ce type de décision. Il devra être légalisé ;
- la liste nominative des promoteurs ;
- la liste des membres du bureau.

f) Fédération nationale

- une demande d'enregistrement ;
- un procès-verbal de l'assemblée constitutive ou du conseil ;
- extrait de casier judiciaire minimum (B3) des promoteurs ;
- deux exemplaires des statuts et du règlement intérieur ;
- la liste des syndicats affiliés à l'union concernée avec représentation à l'échelon national ;
- les photocopies des certificats d'enregistrement desdits syndicats ;
- l'acte d'affiliation de chaque syndicat de base ;

- l'acte de désaffiliation d'un syndicat de base d'une centrale pour une autre devra être fait sur convocation de l'instance habilitée à prendre ce type de décision. Il devra être légalisé ;
- la liste nominative des promoteurs ;
- la liste des membres du bureau.

g) Confédération

- une demande d'enregistrement ;
- un procès-verbal de l'assemblée constitutive ou du conseil ;
- le dossier des syndicats de base adhérents ou promoteurs (appartenant aux unions promotrices) ;
- le dossier des unions affiliées à la centrale en création ;
- dossiers des fédérations affiliées à la centrale en création ;
- deux exemplaires des statuts et du règlement intérieur ;
- liste des syndicats affiliés ;
- les photocopies des certificats d'enregistrement desdits syndicats ;
- l'acte d'affiliation de chaque syndicat de base ;
- l'acte de désaffiliation d'un syndicat de base d'une centrale pour une autre devra être fait sur convocation de l'instance habilitée à ce type de décision. Il devra être légalisé ;
- la liste nominative des promoteurs ;
- la liste des membres du bureau ;
- l'extrait de casier judiciaire minimum (B3) des promoteurs ;
- Selon la doctrine, on peut déplorer que certains de ces éléments nécessitent un peu de temps pour être rassemblés ; mais tous semblent découler des conditions prévues par la loi[42].

La procédure d'obtention d'un certificat d'enregistrement d'un syndicat régi par le Code du travail contraste quelque peu avec celle d'obtention d'un agrément pour la création d'un syndicat de fonctionnaires.

2. L'agrément d'un syndicat professionnel non régi par le Code du travail

La procédure d'agrément des syndicats professionnels non régis par le Code du travail est organisée par la loi n° 68/LF/19 du 18 novembre 1968 relative aux associations ou syndicats professionnels non régis par le Code

---

[42] TCHAKOUA (J.M), *Étude sur le dialogue social au Cameroun : Etat des lieux et plan de dynamisation*, *op.cit.*, p.121.

du travail et son décret d'application n° 69-DF-7 du 06 janvier 1969[43]. Aux termes de l'article 2 de ladite loi : « *Les associations ou syndicats professionnels prévus à l'article précédent n'ont d'existence juridique qu'à partir du lendemain du jour où ils ont été agréés par le ministre de l'Administration territoriale* ».

Le décret N° 69-DF-7 du 06 janvier 1969 prévoit que la demande soit déposée à la préfecture du département où l'association ou le syndicat à son siège. La décharge doit être donnée dans le délai de 20 jours suivant la date du dépôt de la demande. Le ministre chargé du contrôle des libertés publiques délivre dans le délai de deux mois suivant la date du dépôt de la demande, un agrément. La demande d'agrément n'est recevable que si elle porte la signature de tous les dirigeants et comprend en annexes deux exemplaires des statuts et la liste de tous les membres avec indication de leur emploi et de leur grade dans la fonction publique. Lorsque le préfet auprès duquel la demande est déposée estime qu'elle n'est pas recevable, il doit faire connaître ses objections aux déclarants par écrit dans un délai de 20 jours suivant le dépôt de la demande en les invitant à présenter à nouveau leur requête. S'il estime que la nouvelle requête n'est pas davantage recevable, il la transmet néanmoins au ministre chargé du contrôle des libertés publiques (administration territoriale) avec son avis motivé. L'agrément peut être refusé si de l'avis du ministre chargé du contrôle des libertés publiques, le nombre des membres ne permet pas la constitution d'une association ou d'un syndicat de fonctionnaires viable. Si le ministre chargé du contrôle des libertés publiques estime que la demande d'agrément est irrecevable et inacceptable quant au fond, il notifie par écrit son refus d'agrément aux demandeurs dans le délai de deux mois suivant le dépôt de la demande. L'absence de réponse pendant trois mois équivaut à un refus d'agrément.

La procédure d'agrément des syndicats non régis par le Code du travail susvisé appelle à quelques observations :

1- Le décret de 1969 qui prévoit que l'absence de réponse pendant une durée de trois mois équivaut à un refus d'agrément consacre la théorie du rejet implicite, règle qui pour le moins, n'a pas été entérinée dans le régime de constitution des syndicats professionnels relavant du Code du travail du 14 août 1992. L'article 11 (1) (b) de ce texte indique que : « *Le greffier accuse réception de la demande et procède à l'examen de l'enregistrement du syndicat et de ses statuts dans un délai d'un mois. Passé ce délai,*

---

[43] Fixant les modalités d'application de la loi N° 68-LF-19 du 18 novembre 1968 et déterminant l'organisation et les conditions d'agrément des associations ou syndicats professionnels non régis par le Code de travail.

l'enregistrement est réputé effectif ». Selon nous, cette divergence de solutions sur la même question s'explique difficilement lorsqu'on sait que ces deux textes juridiques devraient avoir pour socle commun la convention numéro 87 sur la liberté syndicale et la protection du droit syndical ratifiée par le Cameroun en juin 1960. En réalité, seule la voie d'une loi unique qui unifierait les règles de constitution des syndicats relevant du secteur privé et du secteur public pour véritablement enrayer ce contraste.

2- Lorsque l'article 2 de la loi n° 68 précité précise que : « *Les associations ou syndicats professionnels prévus à l'article précédent n'ont d'existence juridique qu'à partir du lendemain du jour où ils ont été agréés par le ministre de l'Administration territoriale* », l'on comprend que l'exigence d'un agrément pour la création des syndicats de fonctionnaires est contraire aux prescriptions de la convention N° 87 de l'O.I.T. concernant la liberté syndicale et la protection du droit syndical qui en son article 2 dispose que : « *Les travailleurs et les employeurs, sans distinction d'aucune sorte, ont le droit, sans autorisation préalable, de constituer des organisations de leur choix, ainsi que celui de s'affilier à ces organisations, à la seule condition de se conformer aux statuts de ces dernières* ». Du coup, on peut légitimement déduire que le législateur de 1968 a substitué au régime de déclaration prévu par la convention n° 87 de l'OIT, un régime d'autorisation, ce qui ne va pas sans conséquence au plan juridique.

B. Les conséquences de l'autorisation d'existence : l'acquisition de la personnalité juridique

Aux termes de l'article 17 du Code du travail : « *Les syndicats professionnels jouissent de la personnalité civile. Ils ont le droit d'ester en justice et d'acquérir sans autorisation, à titre gratuit ou à titre onéreux, des biens ou immeubles* ».

La personnalité civile ou juridique correspond à l'aptitude à être titulaire de droits et à avoir la faculté de les exercer qu'il s'agisse de personnes physiques ou d'un groupement de personnes, constitutif de personnes morales. Plus simplement, on peut définir la personnalité juridique comme étant l'aptitude à être sujet actif (titulaire de droits) et passif (débiteur d'obligations) de droits. En effet, les personnes morales à l'instar des syndicats correspondent à des groupements de personnes auxquels le droit confère, au même titre qu'aux personnes physiques, des droits et des obligations. Comme toute personne physique, le syndicat va se voir attribuer la personnalité juridique à compter de son enregistrement (pour les syndicats régis par le Code du travail), par le greffier des syndicats ou de son agrément (pour les syndicats non régis par le Code du travail) par le ministre en charge du contrôle des libertés publiques. À partir de ce moment, le syndicat acquiert et exerce des droits (**1**) en même temps qu'il accomplit des obligations (**2**).

1. L'aptitude du syndicat à acquérir et à exercer des droits

Grâce à la personnalité morale qui lui est conférée, le syndicat est mis en quelque sorte dans une situation comparable à celle d'une personne physique. Pour défendre ses droits et accomplir sa mission, il est admis à effectuer un certain nombre d'actes dont les modalités sont fixées par le droit positif. On dit alors qu'il a la capacité juridique qui se traduit par l'octroi des droits patrimoniaux (**b**) et des droits extrapatrimoniaux (**a**).

a. Les droits extrapatrimoniaux

À l'instar de la personne physique, une personne morale n'a pas exclusivement besoin que de biens matériels et immatériels pour mener à bien son existence. Sa personnalité juridique se nourrit aussi d'éléments d'ordre spirituel, de choix de façon d'être et d'agir. Ces éléments qui forment les droits extrapatrimoniaux s'articulent dans la matière syndicale autour des droits reconnus à un groupement professionnel de posséder une dénomination (**i**), une nationalité (**ii**) et d'ester en justice (**iii**).

i. Le droit à une dénomination

La dénomination du syndicat est librement choisie et précisée dans les statuts[44]. La règle du libre choix du nom du syndicat connaît toutefois une limite : ce choix ne doit pas être de nature à créer un risque de confusion avec les tiers et il ne doit pas porter atteinte à l'ordre public et aux bonnes mœurs. C'est pourquoi l'article 8 du décret N° 68 sur les syndicats professionnels non régis par le Code du travail indique que : « *Nulle association ou syndicat professionnel ne peut être agréée [...] si sa désignation est identique ou tellement ressemblante à celle d'un syndicat déjà créé qu'elle risque d'induire en erreur ses membres ou le public* ». Une disposition similaire est prévue à l'article 11 (1) (6) du Code du travail.

Dans le domaine juridique, le droit à la nationalité apparaît comme un autre attribut de la personnalité juridique des personnes morales.

ii. Le droit à la nationalité

En droit commun, la nationalité d'une personne morale est en principe déterminée par le lieu du siège social. Par exception, elle est fixée en prenant comme critère, la nationalité de ceux qui contrôlent ladite personne. À partir de ces critères, on peut considérer comme étant de nationalité camerounaise, un syndicat qui établit son siège social sur le territoire camerounais. Dans l'hypothèse où le promoteur d'un syndicat serait de nationalité étrangère[45],

[44] Voir article 15 (a) du code de travail et 6 (1) du décret N°69 sur les syndicats professionnels non régis par le Code de travail.

[45] Conformément aux dispositions de l'article 10 alinéa 2 du Code du travail.

cela pourrait-il entraîner un changement de nationalité comme c'est le cas en matière de création des associations au Cameroun [46]? À l'observation, la réponse est négative, car il nous semble que la reconnaissance de la qualité de promoteurs de syndicat ou de membres aux étrangers par le législateur social, loin de viser un quelconque changement de nationalité du groupement, n'avait pour seul but que de leur permettre, autant que les nationaux de défendre les intérêts collectifs des membres de la profession à laquelle ils appartiennent conformément à la formule « [...] *sans distinction d'aucune sorte* [...] » de l'article 2 de la convention numéro 87 qui vise la non-discrimination en matière syndicale. En tout état de cause, si les critères d'acquisition ou de perte de la nationalité par un syndicat n'ont pas expressément retenu l'attention du législateur, on ne saurait en dire autant pour le droit d'ester en justice.

iii. Le droit d'ester en justice

Le syndicat peut intervenir directement ou indirectement à toute instance judiciaire, non seulement pour la défense de ses propres intérêts de personne civile, mais aussi pour la défense des intérêts collectifs de la profession.

L'intervention directe du syndicat en justice suppose qu'il agit au sein de cette instance par voie de demande principale. L'intervention indirecte du syndicat en justice quant à elle, renvoie à l'habilitation légale à lui reconnue, de joindre son action à celle d'une personne physique ou morale demanderesse et ce, en raison de la menace qui pèserait sur l'intérêt collectif de ses membres. C'est dans ce sens que l'article 26 du décret N° 93/578/PM du 15 juillet 1993 fixant les conditions de fond et de forme applicables aux conventions collectives de travail indique : « *Lorsqu'une action née d'une convention collective est intentée par une personne physique ou morale, toute organisation syndicale dont les membres sont liés par ladite convention peut, sauf opposition de la personne physique ou morale qui intente cette action, intervenir à l'instance, à raison de l'intérêt collectif que la solution du litige peut présenter pour ses membres* ».

La reconnaissance de la personnalité civile aux syndicats professionnels permet à ceux-ci d'acquérir également des droits patrimoniaux.

---

[46] Aux termes de l'article 15 de la loi numéro 90/053 du 19 décembre 1990 : « sont réputés associations étrangères, quelle que soit la forme sous laquelle ils peuvent se présenter, les groupements présentant les caractéristiques d'une association, qui ont leur siège à l'étranger ou qui, ayant leur siège au Cameroun, sont dirigés en fait par des étrangers ou dont plus de la moitié des membres sont étrangers.

b. Les droits patrimoniaux : le droit de constituer un patrimoine syndical

Personne juridique, le syndicat a nécessairement un patrimoine. La doctrine le définit comme l'ensemble des droits et obligations d'une personne (physique ou morale) appréciable en argent, c'est-à-dire ayant une valeur économique[47]. Grâce aux cotisations qu'il perçoit et aux subventions qu'il reçoit, il peut acquérir des biens. C'est pourquoi l'article 21 (1) du Code du travail précise que « [...] *l'employeur prélève directement sur le salaire acquis par un travailleur relevant de son autorité, le montant des cotisations syndicales ordinaires dues par ce dernier, à charge d'en opérer le reversement immédiat à l'organisation syndicale désignée par l'intéressé* ». Une fois ces cotisations versées à l'organisation syndicale à laquelle appartient le travailleur, celle-ci peut acquérir des biens meubles ou immeubles conformément à l'article 17 du Code du travail. En outre, ces syndicats peuvent :

- affecter une partie de leurs ressources à la création de logements de travailleurs, à l'acquisition de terrains de culture ou de sport, à l'usage de leurs membres ;

- créer, administrer ou subventionner des œuvres professionnelles telles que : institutions de prévoyance, caisses de solidarité, laboratoires, champs d'expérience, œuvres d'éducation scientifique, agricole ou sociale, cours et publications intéressant la profession ;

- subventionner des sociétés coopératives de production ou de consommation ;

- passer des contrats ou conventions avec tous autres syndicats, sociétés, entreprises ou personnes ;

- acheter pour le louer, prêter ou répartir entre leurs membres tout ce qui est nécessaire à l'exercice de leur profession, notamment matières premières, outils, instruments, machines, engrais, semences, plantes, animaux et matières alimentaires pour le bétail ;

- prêter leur entremise gratuite pour la vente des produits provenant exclusivement du travail personnel ou des exploitants des syndiqués, faciliter cette vente par des expositions, annonces, publications, groupements de commandes et d'expéditions sans pouvoir l'opérer sous leur nom et sous leur responsabilité.

---

[47] TCHAKOUA (J.M), *Introduction générale au droit camerounais,* P.U.C.A.C, 2010, p. 140.

Pour protéger le patrimoine syndical, la loi frappe d'insaisissabilité les immeubles et objets mobiliers nécessaires à leurs réunions, à leurs bibliothèques et à leurs cours d'instructions professionnelles.

En contrepartie des prérogatives qui lui sont reconnues du fait de son existence légale, le syndicat est astreint au respect de nombreuses obligations.

2. L'aptitude d'un syndicat à respecter ses obligations

Une obligation peut être perçue comme une contrainte, un devoir imposé par des règles morales, sociales ou juridiques. Au plan juridique, elle implique forcément une idée de sanction en cas d'inobservation. Les obligations mises à la charge d'un syndicat nouvellement constitué consistent en la possession d'un siège social permettant sa localisation (**a**) et la tenue d'une comptabilité régulière (**b**).

a. L'obligation de posséder un siège social

Au même titre que les personnes physiques, toute personne morale a un domicile qui correspond au lieu du siège social nécessairement déterminé lors de la création de ladite personne[48].

S'agissant des syndicats professionnels relevant du Code du travail, l'article 16 alinéa 1 dudit Code prévoit que : « *Tout syndicat enregistré doit avoir un local auquel toutes les communications et tous les avis peuvent lui être adressés. Le greffier doit recevoir notification de l'adresse de ce local dans les trente jours à compter de son ouverture et tout changement d'adresse doit lui être notifié dans les 30 jours qui suivent ce changement* ».

Aux termes de l'article 16 (2) du Code du travail, tout syndicat enregistré qui a fonctionné pendant 3 mois sans avoir un tel local est passible des peines d'amende allant de 50 000 à 500 000 FCFA conformément à l'article 166. Le droit international du travail assure la protection des locaux et biens syndicaux. Ainsi dans son 300e rapport, le comité de la liberté syndicale indique : « *L'inviolabilité des locaux et biens syndicaux constitue l'une des libertés civiles essentielles pour l'exercice des droits syndicaux* »[49]. Ledit comité poursuit en précisant que « *l'occupation des locaux syndicaux par les forces de l'ordre sans mandat judiciaire les y autorisant, constitue une grave ingérence des autorités dans les activités syndicales* »[50]. Cela dit,

48 ALBIGES (C), *Introduction au droit*, 1ère édition LARCIER, juillet 2014, p.245.

49 Recueil 1996, 300e rapport, cas N°1795 paragraphe 189 et cas N°1791 paragraphe 342.

50 Recueil 1996, 300e rapport, cas N°1791, paragraphe 342, 321e rapport, cas N°2032 paragraphe 249, 325e rapport, cas N° 2052 paragraphe 411 et 33e rapport cas N° 2364, 325 paragraphe 980.

l'inviolabilité des locaux des organisations de travailleurs et d'employeurs a comme corollaire indispensable que les autorités publiques ne peuvent exiger de pénétrer dans ces locaux sans l'autorisation préalable des occupants ou sans être en possession d'un mandat judiciaire les y autorisant.

Le législateur de 1992 (en ce qui concerne les syndicats professionnels régis par le Code de travail) n'a organisé que de manière partielle la protection des locaux syndicaux. En effet, une protection contre l'insaisissabilité des immeubles et objets mobiliers nécessaires à leurs réunions est consacrée à l'article 18 alinéa 1(c) du Code du travail, cependant, une protection contre l'inviolabilité des locaux syndicaux n'existe guère. Fort heureusement, cette carence législative est en train d'être rattrapée par l'avant-projet de loi sur les syndicats professionnels (mouture d'octobre 2016) qui indique en son article 53 que : « *Le local abritant un syndicat professionnel est inviolable. Il ne peut faire l'objet de perquisitions que sur réquisition de l'autorité judiciaire compétente* ».

Lorsque le législateur parle de protection des biens mobiliers d'un syndicat contre l'insaisissabilité, il vise par exemple les documents comptables, car faut-il le rappeler, le groupement a une obligation de tenir une comptabilité régulière.

b. L'obligation pour le syndicat de tenir une comptabilité régulière

La tenue d'une comptabilité régulière apparaît comme une obligation pour tout syndicat professionnel. L'article 15 (i) du Code du travail précise que les statuts de tout syndicat doivent comporter les dispositions relatives à la tenue d'une comptabilité complète et correcte par le trésorier, la vérification régulière des comptes par des personnes habilitées à cet effet et la communication aux membres qui le demandent, d'un bilan préparé au moins une fois l'an par un comptable qualifié. Dans la même lancée, l'article 13 du décret N° 69 fixant les modalités d'application de la loi N° 68 sur les syndicats professionnels non régis par le Code du travail plus ancien, affirmait déjà que les associations et syndicats régis par ledit décret doivent tenir une comptabilité régulière ainsi que la liste à jour des membres. Ces documents devant être soumis au visa du ministre chargé du contrôle des libertés publiques au moins une fois par an. Selon le même texte : « *L'absence de comptabilité ou sa tenue défectueuse peut entraîner le retrait de l'agrément* ». À propos de ce contrôle des finances syndicales par les autorités administratives, une partie de la doctrine estime qu'il s'agit d'une ingérence des pouvoirs publics dans les affaires internes d'un syndicat et donc une atteinte directe à la liberté syndicale et semble se réjouir du fait que ce contrôle n'est pas effectif[51].

Cette position semble conforme à celle du comité de la liberté syndicale de l'OIT. En effet, selon ledit comité : « *Le contrôle exercé par les autorités publiques sur les finances syndicales ne devrait pas aller au-delà de l'obligation de soumettre des rapports périodes...* »[52]. C'est dire que si les documents comptables du syndicat sont soumis une fois par an au contrôle ou visa du ministre de l'Administration territoriale, le retrait d'agrément éventuel en cas de tenue d'une comptabilité défectueuse irait bien au-delà de l'obligation de soumettre des rapports périodiques. Au demeurant, l'article 13 *in fine* du décret numéro 69 précité sur le retrait d'agrément du fait de l'absence de tenue d'une comptabilité par un syndicat de fonctionnaires ou de sa tenue défectueuse devrait être considéré comme une atteinte directe à la liberté syndicale. Existeraient-ils également des atteintes à la liberté syndicale dans le régime actuel de fonctionnement et de disparition des syndicats ? Nous y apporterons des réponses dans les lignes qui suivent.

Section II : Le fonctionnement et la disparition des syndicats

Le fonctionnement et la disparition des syndicats obéissent à des règles établies par le législateur camerounais. Cependant, il arrive que l'on perçoive des contrariétés entre les textes nationaux et les conventions ratifiées de l'O.I.T. sur ces points précis. Les réformes en cours tentent plus ou moins d'apporter des réponses à ces difficultés d'ordre juridique. Pour l'instant, nous nous limiterons à l'examen des règles ou principes qui gouvernent le fonctionnement (**Paragraphe I**) et la disparition (**Paragraphe II**) du groupement en prenant le soin lorsque la nécessité s'impose de rappeler les critiques formulées par le comité de la liberté syndicale de l'O.I.T. à l'endroit des pouvoirs publics concernant chacun de ces aspects de son existence.

---

[51] TCHAKOUA (J.M), *Étude sur le dialogue social au Cameroun : Etat des lieux et plan de dynamisation (rapport provisoire)*, *op.cit.*, p.123.

[52] Comité de liberté syndicale, 308ᵉ rapport, cas n°1911 paragraphe 254 ; 323ᵉ rapport cas n°2081 paragraphe 569 ; 327ᵉ rapport, cas n°1581, paragraphe 110 ; 330ᵉ rapport, cas n°2229, paragraphe 944 et 331ᵉ rapport, cas n°2081, paragraphe 110.

Paragraphe I : Les principes gouvernant le fonctionnement des syndicats

Le fonctionnement des syndicats au Cameroun s'appuie sur deux principes cardinaux du droit syndical : le principe de l'autonomie syndicale (**A**) et celui de la représentativité syndicale (**B**).

A. Le principe de l'autonomie syndicale

Les activités syndicales doivent être menées dans l'autonomie, c'est-à-dire en toute indépendance non seulement à l'égard d'autres organisations, mais aussi à l'égard des employeurs et du gouvernement.

En effet, la convention n° 87 sur la liberté syndicale en son article 3 prévoit que : « *1) Les organisations de travailleurs et d'employeurs ont le droit d'élaborer leurs statuts et règlements administratifs, d'élire librement leur représentant, d'organiser leur gestion et leur activité et de formuler leur programme d'action.*

2) Les autorités publiques doivent s'abstenir de toute intervention de nature à limiter ce droit ou à en entraver l'exercice légal ».

Au regard de ce texte, on peut déceler 4 niveaux d'expressions de l'autonomie syndicale ou de liberté d'action des syndicats : le droit reconnu aux organisations syndicales d'élaborer leurs statuts et règlements, d'élire librement leurs représentants, d'organiser leur gestion et enfin d'exercer librement leurs activités et de formuler leur programme d'action.

S'agissant du premier démembrement du principe de l'autonomie syndicale relatif au droit des organisations d'élaborer leurs statuts et règlements, le comité de la liberté syndicale précise qu'« *en vue de garantir pleinement le droit des organisations de travailleurs d'élaborer leurs statuts et règlements en toute liberté, la législation nationale ne devrait fixer que des conditions de forme en ce qui concerne les statuts des syndicats et les statuts et règlements ne devraient pas être soumis à l'accord préalable des pouvoirs publics pour entrer en vigueur* »[53]. Ledit comité poursuit en estimant que : « *La rédaction des statuts des centrales syndicales par les autorités publiques est contraire aux principes de la liberté syndicale* »[54]. De même : « *Lorsque l'approbation des statuts des syndicats dépend du pouvoir discrétionnaire d'une autorité compétente, cela n'est pas compatible avec le*

---

[53] Voir recueil 1996, paragraphe 333 ; 302 rapport ; cas N°1817 paragraphe 323, 321e rapport…

[54] Voir recueil 1996, paragraphe 335 et 299e rapport cas N°1772 paragraphe 132.

principe généralement admis que les organisations de travailleurs devraient avoir le droit d'élaborer leurs statuts et règlements en toute liberté »[55].

Concernant le deuxième démembrement du principe de l'autonomie syndicale, le comité de la liberté syndicale affirme que : « *Le droit des organisations de travailleurs d'élire librement leurs dirigeants constitue une condition indispensable pour qu'elles puissent effectivement agir en toute indépendance et promouvoir avec efficacité les intérêts de leurs membres. Pour que ce droit soit pleinement reconnu, il importe que les autorités publiques s'abstiennent de toute intervention de nature à en entraver l'exercice que ce soit dans la détermination des conditions d'éligibilité des dirigeants ou dans le déroulement des élections elles-mêmes* »[56].

Quant au troisième démembrement du principe de l'autonomie syndicale, qui est le droit des syndicats d'organiser librement leur gestion, il convient de signaler que cette liberté de gestion a deux dimensions : la gestion interne et la gestion financière.

S'agissant de la gestion interne des organisations syndicales, le comité de liberté syndicale déclare que : « *Le congrès des membres (assemblée générale) est l'instance syndicale suprême qui détermine les règles qui doivent présider à la gestion et à l'activité des syndicats et qui fixe leur programme d'action, l'interdiction de tels congrès semblerait impliquer une atteinte à la liberté syndicale* »[57]. Il poursuit en indiquant que : « *La liberté syndicale implique le droit des organisations d'employeurs et de travailleurs de résoudre elles-mêmes leurs différends sans ingérence des autorités, et il appartient au gouvernement de créer un climat qui permette de conduire à la résolution de ces différends* ». Toutefois, le contrôle des activités internes des syndicats est possible, notamment lorsque celles-ci violent les dispositions légales ou statutaires. Dans ce cas, précise le comité de la liberté syndicale : « *[...] L'adoption de mesures de suspension et de dissolution demeure entre les mains des autorités judiciaires et cela non seulement pour garantir une procédure impartiale et objective et pour assurer les droits de défense, mais aussi pour éviter que les mesures adoptées par les autorités administratives ne paraissent arbitraires* ». C'est dans ce sens qu'on peut considérer comme portant atteinte à la liberté syndicale, l'article 13 (1) (b) du Code du travail camerounais du 14 août 1992 qui dispose que : « *Le greffier (des syndicats) peut annuler l'enregistrement d'un syndicat s'il est*

---

[55] Voir recueil 1996, paragraphe 336.

[56] Voir recueil 1996, paragraphe 353 ; 302e rapport, cas n°1817, paragraphe 322 ; 304e rapport, cas N°1865 paragraphe 251.

[57] Voir recueil 1996, paragraphe 418.

établi (qu'il) a délibérément violé une disposition de la présente loi ou mené des activités non statutaires ».

Pour terminer sur ce point, il faut constater que la solidarité syndicale internationale constitue l'un des objectifs fondamentaux de tout mouvement syndical. C'est elle qui a inspiré l'article 5 de la convention N° 87 selon lequel, toute organisation, fédération ou confédération a le droit de s'affilier à des organisations internationales de travailleurs et d'employeurs. Les syndicats et les fédérations devraient être libres de s'affilier aux fédérations ou confédérations internationales de leur choix sans intervention des autorités politiques[58].

Au Cameroun, si les syndicats régis par le Code du travail peuvent librement s'affilier à des organisations internationales[59], les syndicats de fonctionnaires en revanche, doivent solliciter un agrément pour le faire. En effet, l'article 19 du décret du 06 janvier 1969, pris en application de la loi du 18 novembre 1968 prévoit qu'aucune association ou syndicat professionnel de fonctionnaires ne peut adhérer à une organisation syndicale étrangère s'il n'a, au préalable, obtenu à cet effet, l'autorisation du ministre chargé du contrôle des libertés publiques, c'est-à-dire dans le contexte camerounais, le ministre de l'Administration territoriale. Cette conditionnalité à l'affiliation d'une organisation syndicale nationale au mouvement syndical international constitue une atteinte injustifiée à la liberté syndicale.

Quant à la gestion financière des syndicats, le comité de la liberté syndicale affirme que : « *Le droit des travailleurs de constituer des organisations de leur choix et celui des organisations d'élaborer leurs statuts et règlements administratifs et d'organiser leur gestion et leur activité supposent l'indépendance financière. Celle-ci implique que les organisations de travailleurs ne sont pas financées d'une manière qui les place à la discrétion des pouvoirs publics* »[60]. C'est à juste titre que le S.N.J.C. a consacré le chapitre V de ses statuts aux « Ressources » de

---

[58] B.I.T., *La liberté syndicale*, Genève, 2006, paragraphe 732 et 733.

[59] C'est le cas de l'Association des footballeurs camerounais (A.F.C.) créé en 1996 et devenue syndicat national des footballeurs camerounais (SY.NA.FO.C.) en 2011 qui est membre de la Fédération internationale des footballeurs professionnels (F.I.F.PRO.) depuis 2001. Le SY.NA.FO.C. compte à ce jour plus de 2600 membres. Ce syndicat se veut être l'interlocuteur privilégié des footballeurs camerounais auprès de la FE.CA.FOOT., la C.A.F. et la F.I.F.A. Il a vocation à créer plus de solidarité entre footballeurs, de promouvoir et de développer le football camerounais.

[60] Voir recueil 1996, paragraphe 428 ; 300e rapport, cas N°1793, paragraphe 267 et 304e rapport, cas N°1865, paragraphe 248.

l'organisation. L'article 32 dudit statut indique « Les ressources du syndicat sont constituées par :

- les cotisations syndicales ;
- les droits d'adhésion ;
- les dons et legs ;
- les subventions diverses ;
- les ressources diverses compatibles avec l'objectif du syndicat et conformément aux lois et règlements en vigueur ».

Le principe de l'autonomie ou de l'indépendance de gestion financière des syndicats n'est pas incompatible avec la subvention de l'État comme le précise le comité de la liberté syndicale : « *Si la formation syndicale mérite d'être encouragée, il appartient aux syndicats eux-mêmes de s'en occuper, quitte à ce que ces derniers bénéficient à cette occasion, de l'aide matérielle et morale que pourra leur offrir le gouvernement* »[61]. On peut tout de même se poser la question de savoir si l'État pourra exercer un contrôle de l'utilisation de ses ressources. À cette épineuse question, le comité répond par la négative en estimant que toute forme de contrôle de l'État est incompatible avec les principes de la liberté syndicale et devrait être abolie puisqu'elle permettrait une ingérence des autorités dans la gestion financière des syndicats[62].

Enfin, pour ce qui est du quatrième démembrement ou manifestation de l'autonomie syndicale qui est le droit des organisations d'exercer librement leurs activités et de formuler leur programme d'action, le comité de la liberté syndicale déclare : « *La liberté syndicale n'implique pas seulement le droit pour les travailleurs et les employeurs, de constituer librement des associations de leur choix, mais encore celui, pour les associations professionnelles elles-mêmes, de se livrer à une activité licite de défense de leurs intérêts professionnels* »[63]. Toute disposition qui conférerait aux autorités le droit, par exemple, de limiter les activités syndicales par rapport aux activités déployées et aux objectifs poursuivis par les syndicats, en vue de promouvoir et de défendre les intérêts de leurs membres, serait incompatible avec les principes de la liberté syndicale[64]. En sens inverse, le fait pour des syndicats de base de se regrouper en unions, fédérations ou confédérations syndicales afin d'être suffisamment représentatifs pour exercer à l'échelle nationale ou internationale des prérogatives d'une

---

[61] Voir recueil 1996, paragraphe 432.

[62] Voir recueil 1996, paragraphe 429.

[63] Voir recueil 1996, paragraphe 447 ; 308e rapport, cas N°1934 paragraphe 127.

[64] Voir recueil 1996, paragraphe 448.

importance particulière ne semble pas incompatible à la liberté syndicale au sens du comité. Ces prérogatives découlent du principe de la représentativité syndicale.

B. Le principe de la représentativité syndicale

Le concept de représentativité a été inventé pour sélectionner, parmi les syndicats existants, ceux qui peuvent exercer certaines prérogatives[65]. C'est le caractère d'un groupement qui reflète la catégorie professionnelle pour laquelle il agit. Il faut en effet que les catégories professionnelles au nom desquelles les groupements agissent, puissent se reconnaître dans ces groupements[66].

Ce concept intéresse toutes les organisations engagées dans la défense des intérêts collectifs, c'est-à-dire les syndicats de travailleurs et d'employeurs ainsi que les organisations professionnelles qui n'ont pas pris la forme syndicale. Selon la doctrine, le concept de représentativité revêt une importance singulière en ce qui concerne les syndicats des travailleurs, parce que ceux-ci sont créés pour défendre les intérêts non seulement de leurs adhérents, mais aussi des travailleurs qui n'y adhèrent pas[67]. En tout cas, la représentativité est un concept qui a la vertu de permettre à un syndicat de poser des actes qui retombent sur des salariés qui ne sont pas ses membres et peuvent même ignorer son existence. Les salariés bénéficiaires des efforts du syndicat peuvent même avoir combattu ce dernier. Ce n'est donc pas un problème de mandat. Le choix des critères de représentativité des organisations est très délicat parce que de lui, dépend la qualité de la démocratie sociale. Ce choix a presque toujours quelque chose à voir avec l'histoire, parfois politique du pays concerné : en tout état de cause, le comité de la liberté syndicale de l'O.I.T. précise que : « *Des critères objectifs précis et préétablis pour déterminer la représentativité d'une organisation d'employeurs ou de travailleurs doivent exister dans la législation et cette appréciation ne saurait être laissée à la discrétion des gouvernements* »[68].

Au Cameroun, le législateur prévoit des critères de représentativité différents selon qu'il s'agit des syndicats de travailleurs ou des syndicats d'employeurs. En effet, l'article 20 du Code du travail du 14 août 1992 dispose que : « *Le caractère représentatif d'un syndicat professionnel est*

---

65 TCHAKOUA (J.M), *Étude sur le dialogue social au Cameroun ; Etat des lieux et plan de dynamisation, op.cit.*, p.103.

66 *Idem.*

67 *Idem.*

68 Voir BIT, *La liberté syndicale*,5e édition, *op.cit.*, p.78.

constaté, en tant que de besoin, par arrêté du ministre chargé du travail en tenant compte :

a) pour les syndicats de travailleurs, des effectifs des adhérents ;

b) pour les syndicats d'employeurs, des effectifs des travailleurs employés ».

Cependant, sur le terrain, l'arrêté du ministre du Travail et de la Sécurité sociale devant constater le caractère représentatif d'un syndicat d'employeurs prévu par l'article 20 du Code du travail n'a jusqu'ici jamais été pris. Par contre, s'agissant des syndicats des travailleurs, une pratique courante consiste à considérer comme représentatifs les syndicats figurant dans l'arrêté portant classement des confédérations syndicales à l'issue des élections des délégués du personnel. On l'a vu à la suite de l'édiction de l'arrêté N° 070/MINTSS/CEB du 27 décembre 2005, celui n° 0101/MINTSS/SG du 11 juillet 2016 et plus récemment, l'arrêté n° 0136/MINTSS/SG du 23 juillet 2018 portant constatation du classement national des confédérations syndicales à l'issue des élections des délégués du personnel du 1er mars 2018. Cette pratique n'est pas à l'abri des critiques de certaines confédérations syndicales, l'U.G.T.C., par exemple, y voit une violation de l'article 20 du Code du travail qui a prévu le nombre des adhérents comme seul critère de la représentativité des syndicats des travailleurs.

Un regard sur les critères de représentativité dans quelques pays étrangers pourra certainement inspirer les pouvoirs publics du Cameroun lors d'une éventuelle révision de ses textes.

- Au Tchad, d'après l'article 310 du Code du travail, la représentativité syndicale est fonction des critères ci-après :

- effectif des adhérents cotisant effectivement ;
- pourcentage obtenu aux dernières élections des délégués du personnel (au moins 15 % des délégués du personnel élu) ;
- indépendance de l'organisation vis-à-vis du gouvernement des partis politiques et du patronat ;
- nombre des organisations syndicales affiliées (des fédérations professionnelles ou syndicats nationaux et des unions syndicales préfectorales).

- En Côte d'Ivoire, l'article 54 (1) du Code du travail prévoit que pour être représentative, une organisation syndicale doit avoir une audience suffisante dans le secteur d'activité et le secteur géographique qui est le sien. L'audience des organisations syndicales est déterminée par les résultats des élections professionnelles.

- En République centrafricaine (R.C.A.), le critère de représentativité est prévu aux articles 53 et 54 du Code du travail. Le critère est l'audience syndicale considérée comme suffisante si :

- le syndicat a obtenu lors des dernières élections des délégués du personnel, au premier ou au second tour, au moins 30 % des suffrages valablement exprimés, représentant au moins 15 % des électeurs inscrits ;

- à un niveau supérieur, l'audience est suffisante lorsque l'organisation est représentative dans une ou plusieurs entreprises employant ensemble au moins 15 % des travailleurs dans le secteur professionnel et géographique considéré.

- Au Bénin, l'article 83 alinéa 3 du Code du travail dispose que la représentativité est fonction du résultat des élections professionnelles. Le classement est constaté par arrêté du ministre chargé du travail.

- Au Sénégal, c'est l'article L.85 du Code du travail qui fixe les critères de la représentativité. Ainsi, le caractère représentatif d'un syndicat ou d'un groupement professionnel est déterminé par le ministre chargé du travail, qui réunira tous les éléments d'appréciation, après avis de l'inspecteur du travail et de la sécurité sociale du ressort. Les éléments d'appréciation comprendront notamment :

- les effectifs et les résultats des élections des délégués du personnel ;
- l'indépendance ;
- les cotisations ;
- l'expérience du syndicat, l'étendue et la nature de ses activités.

C'est au regard de l'expérience des États étrangers suscités et de la dénonciation permanente des pratiques illégales en cours en matière de représentativité syndicale au Cameroun que les rédacteurs de l'avant-projet de loi sur les syndicats professionnels (mouture d'octobre 2016) ont modifié les critères de représentativité syndicale. Ainsi, on pourra lire à l'article 21 (1) dudit avant-projet ce qui suit : « *Le caractère représentatif d'un syndicat est constaté tous les trois (03) ans, en tenant compte des critères et proportions suivants :*

a) Pour les syndicats des travailleurs :

- *le nombre de ses adhérents : 40 %*
- *les résultats obtenus aux élections sociales : 30 %*
- *les activités de défense (nombre d'accords collectifs signés) : 10 %*
- *l'ancienneté : 5 %*
- *l'indépendance vis-à-vis des groupements d'influence externe à l'organisation : 5 %*

b) Pour les syndicats d'employeurs :

- *l'effectif des travailleurs employés : 40 %*
- *le niveau de cotisations sociales effectivement versées à l'organisme de sécurité sociale : 40 %*
- *l'implantation géographique : 10 %*
- *l'ancienneté : 5 %*
- *l'indépendance vis-à-vis des groupements d'influence externe à l'organisation : 5 %* ».

Le syndicat, comme toute organisation, est appelé à disparaître. En droit camerounais, le législateur semble avoir consacré des modes de disparition tantôt compatibles, tantôt incompatibles au principe de la liberté syndicale.

Paragraphe II : La disparition des syndicats

Le Code du travail camerounais du 14 août 1992 a consacré pour ce qui est de la disparition des syndicats, deux modes : la disparition par voie d'annulation ou de refus d'agrément (**A**) et la disparition par voie de dissolution (**B**).

A. La disparition par voie d'annulation ou de retrait d'agrément

Le droit camerounais prévoit ce mode de disparition des syndicats aussi bien s'agissant des syndicats régis par le Code du travail qu'en ce qui concerne les syndicats des fonctionnaires. En effet, l'article 13 du Code du travail indique ce qui suit : « *(1) Le greffier (des syndicats) peut annuler l'enregistrement d'un syndicat s'il est établi :*

a) que le certificat d'enregistrement a été obtenu par fraude ;

b) qu'un syndicat enregistré a délibérément violé une disposition de la présente loi ou mené des activités non statutaires ;

c) qu'un syndicat enregistré a cessé d'exister.

(2) avant d'annuler l'enregistrement, le greffier notifie au syndicat intéressé un préavis de deux (02) mois en y indiquant le motif de sa décision.

3) lorsque le greffier a procédé à l'annulation de l'enregistrement d'un syndicat, il doit donner à cette mesure toute la publicité nécessaire, notamment en la faisant publier au journal officiel ».

Des dispositions quasiment similaires sont prévues par le décret n° 69-DF-7 du 06 janvier 1969 pris en application de la loi n° 69 du 18 novembre 1968 sur les syndicats professionnels non régis par le Code du travail. En effet, l'article 10 dudit décret prévoit que : « *l'agrément peut être retiré notamment :*

- *s'il a été obtenu par fraude ou par erreur ;*
- *si l'association ou le syndicat agréé a délibérément violé une disposition légale ;*
- *si l'association ou le syndicat utilise des moyens d'action autres que ceux que confèrent la loi ;*
- *si l'association ou le syndicat a cessé d'exister ».*

Il ne fait aucun doute que ces dispositions de droit interne sur la disparition des syndicats constituent une atteinte à la convention N° 87 de l'O.I.T. concernant la liberté syndicale et la protection du droit syndical qui dispose en son article 4 que : « *Les organisations de travailleurs et d'employeurs ne sont pas sujettes à dissolution ou à suspension par voie administrative* ». Lui emboîtant le pas, le comité de la liberté syndicale a souligné que l'annulation par le greffier des syndicats de l'enregistrement ou la radiation du registre des syndicats d'une organisation équivaut à la dissolution de ladite organisation par voie administrative [69] ; avant de conclure que : « *l'annulation de l'enregistrement d'un syndicat ne devrait être possible que par voie judiciaire* »[70].

C'est conscient de la gravité et de l'impertinence des dispositions actuellement en vigueur qui reconnaissent au greffier des syndicats ou au ministre chargé des libertés publiques, selon le cas, le droit d'annuler le certificat d'enregistrement ou de retirer l'agrément des syndicats que les rédacteurs de l'avant-projet de loi sur les syndicats (mouture d'octobre 2016) ont esquivé ce mode de disparition des syndicats[71] au profit du mode par voie de dissolution qui, elle, serait empreinte de moins d'arbitraire.

B. La disparition par voie de dissolution

La convention n° 87 de l'O.I.T. sur la liberté syndicale n'indique pas expressément les modes de dissolution des syndicats. Toutefois l'interprétation *a contrario* de l'article 4 de ladite convention permet de penser qu'à l'exclusion de la dissolution par voie administrative, il est possible de dissoudre un syndicat soit volontairement, soit statutairement[72] ou par voie judiciaire. Le comité de la liberté syndicale semble convenir pour ces modes de dissolution lorsqu'il déclare que : « *la dissolution d'une organisation syndicale ayant été décidée volontairement par un congrès*

---

[69] Voir recueil 1996, paragraphe 669 ; 318e rapport, cas N°2006 paragraphe 348.

[70] Voir recueil 1996, paragraphe 670 ; 310e rapport, cas N°1888, paragraphe 382.

[71] Voir article 48 (1) de l'avant- projet de loi sur les syndicats professionnels.

[72] L'article 39 des statuts du syndicat national des journalistes du Cameroun indique : « La dissolution du syndicat peut intervenir soit par décision prise à la majorité des 2/3 des membres du Congrès extraordinaire convoqué à cet effet [...] ».

régulièrement convoqué par tous les travailleurs intéressés, le comité a considéré que ladite dissolution, ou les conséquences qu'elle a entraînées ne saurait être considérée comme ayant constitué une atteinte aux droits syndicaux »[73] ; avant de préciser que : « *l'annulation de l'enregistrement d'un syndicat ne devrait être possible que par voie judiciaire* »[74]. Si le comité ne semble pas réfractaire à la dissolution volontaire et statutaire des syndicats, il ne cache non plus sa préférence pour la dissolution judiciaire, notamment lorsqu'il indique sans gêne ou ambages « [...] *qu'il est essentiel que toute dissolution d'organisation de travailleurs ou d'employeurs soit prononcée par les autorités judiciaires qui, seules peuvent garantir les droits de la défense* [...]»[75].

Quant aux effets de la dissolution, le comité de la liberté syndicale précise que « *lorsqu'un syndicat cesse d'exister, ses biens peuvent être transférés à l'association qui lui succède ou répartis conformément à ses propres statuts. En l'absence de disparitions statutaires spécifiques, les biens des syndicats devraient être mis à la disposition des travailleurs concernés* »[76]. Cette règle semble en contrariété avec les droits positif et prospectif camerounais. En effet, le Code du travail et l'avant-projet de loi sur les syndicats professionnels au Cameroun interdisent de façon expresse, la répartition des biens du syndicat dissout entre les adhérents[77].

---

[73] Voir recueil 1996, paragraphe 660.

[74] Voir recueil 1996, paragraphe 670 ; 310e rapport cas N°1888 paragraphe 382.

[75] Voir recueil 1996, paragraphe 676.

[76] Voir recueil 1996, paragraphe 685.

[77] Voir article 15 (j) du code de travail du 14 août 1992 et 48 (3) de l'avant- projet de loi sur les syndicats professionnels au Cameroun.

Conclusion du chapitre I

Le groupement syndical au Cameroun fait face à un ensemble de vicissitudes et de soubresauts qui rendent cette personne morale atypique et énigmatique. À sa constitution, il est prévu des règles de fond et de procédure à respecter. Seulement, il existe une certaine résistance de la législation nationale à se conformer (sur certains aspects de cette constitution) à la norme internationale ratifiée. Au régime de déclaration d'existence prévue par la convention numéro 87 de l'O.I.T. concernant la liberté syndicale et la protection du droit syndical, la législation nationale a semblé lui préférer le régime d'autorisation tant pour la constitution des syndicats relevant du Code du travail que pour la création des syndicats des fonctionnaires.

Cette inadéquation entre la norme nationale et la norme internationale s'observe également dans le fonctionnement et la disparition des syndicats. En effet, sur le premier point, des atteintes à la liberté syndicale s'observent dans l'appréciation de l'autonomie de gestion de ces organisations professionnelles et des critères de la représentativité syndicale. Autant on pourrait voir dans la condition d'obtention d'un agrément du ministre chargé des libertés publiques pour l'affiliation des syndicats de fonctionnaires à des organisations syndicales internationales une atteinte directe à la liberté syndicale, autant on pourrait considérer la violation fréquente et répétée des critères de la représentativité syndicale posée par l'article 20 du Code du travail par le ministre du Travail et de la Sécurité sociale comme une atteinte indirecte à ladite liberté. Sur le second point, l'annulation d'un syndicat et le retrait d'agrément par voie administrative qui en fait, constituent des modes de disparition des syndicats par voie administrative sont perçus par les instances de l'O.I.T. comme des atteintes à l'autonomie de gestion des syndicats et par voie de conséquence à la liberté syndicale.

CHAPITRE II :

LES ATTRIBUTIONS DES SYNDICATS

En droit camerounais, les missions des syndicats sont éparses et diverses. Cependant à l'observation, on constate que certaines sont communes à tout groupement (**section I**) alors que d'autres sont spécifiques aux seuls syndicats représentatifs ou les plus représentatifs (**section II**).

Section I : Les attributions communes à tous les syndicats

Les attributions communes à tous les syndicats sont diversifiées. Certaines sont à connotation juridique (**Paragraphe I**), alors que d'autres sont à connotation socio-économique (**Paragraphe II**).

Paragraphe I : Les attributions à connotation juridique

On dénombre parmi les attributions à connotation juridique, la défense de l'intérêt collectif de la profession (**A**), l'éducation ouvrière et syndicale (**B**) et enfin, l'exercice des libertés publiques (**C**).

A. La défense de l'intérêt collectif de la profession

Ni le législateur ni le juge n'ont défini la notion d'intérêt collectif. Selon la doctrine, l'intérêt collectif n'est ni l'intérêt individuel, ni l'intérêt commun, mais plutôt les intérêts pour lesquels le syndicat s'est constitué, l'objet social du groupement[78].

L'action syndicale est une prérogative reconnue à un syndicat visant la défense des intérêts de la profession tout entière. Elle est exercée en faveur de l'ensemble de ses membres et pour les travailleurs pris individuellement. Elle est utilisée pour défendre les intérêts tant matériels que moraux du syndicat. Aux termes de l'article 18 de la loi N° 69, les moyens d'action dont disposent les associations ou syndicats professionnels de fonctionnaires pour la défense des intérêts de leurs membres sont :

- le dialogue écrit ou oral ;
- la représentation du personnel dans les diverses commissions ou réunions administratives traitant les problèmes du personnel ;
- la représentation des membres en justice ;

---

[78] DIOH (A), *Les syndicats de travailleurs au Sénégal*, *op.cit.*, pp. 326 à 330.

- la formation civique, intellectuelle ou morale des membres ;
- l'étude de toute question intéressant les fonctionnaires.

Ces moyens d'action sont également utilisés par des syndicats professionnels relevant du Code du travail. C'est ainsi que dans son statut, le S.N.J.C. se présente comme une force de proposition, de lobbying et de négociation collective en vue de la réalisation des objectifs suivants :

- l'amélioration des conditions de vie et de travail des journalistes par la négociation collective, la dénonciation des abus de tous ordres dans l'exercice du métier, la formulation des propositions concrètes à l'intention de toute autorité ou organisation compétente et le lobbying de toute nature pour atteindre ces objectifs ;
- la protection des adhérents contre les abus de tous genres de leurs employeurs et de l'environnement en leur fournissant un canal d'expression sur leurs problèmes et ceux de la société ;
- la défense de la liberté de la presse, intimement liée à la liberté d'expression et d'opinion ;
- la promotion du respect du droit social et partant du droit du travail en vigueur, de la liberté et du droit syndical des journalistes et autres employés de la presse ainsi que des principes professionnels ;
- la contribution au règlement des conflits (sociaux, judiciaires, juridiques et politiques) pouvant survenir et impliquant les journalistes membres ou non membres à certaines conditions… »

En droit camerounais, la problématique de l'exercice syndical de la grève se pose avec acuité. En effet, en l'état actuel du droit positif, aucune disposition légale ou conventionnelle ne fait de la grève, un droit syndical. Et pourtant à partir de la conception selon laquelle la grève serait l'arrêt collectif et concerté du travail par tout ou partie des travailleurs d'un établissement en vue d'amener l'employeur à satisfaire leurs réclamations ou revendications, il ne fait pas de doute qu'il s'agit d'un droit individuel s'exerçant collectivement.

Si la reconnaissance explicite du droit de grève aux syndicats est incertaine, il faut néanmoins dire que certaines dispositions du Code du travail et de l'O.I.T. permettent de réfléchir sur une possible reconnaissance implicite. Lorsque le Code du travail reconnaît aux syndicats professionnels des prérogatives aux termes de son article 3 consistant en : « […] *la défense* […] *et la protection de leurs intérêts notamment économiques, industriels, commerciaux et agricoles, ainsi que le progrès social, économique, culturel et moral de leurs membres »,* et l'article 3 de la convention numéro 87 de l'O.I.T. concernant la liberté syndicale et la protection du droit syndical requiert que les organisations d'employeurs et de travailleurs aient, sans aucune restriction, le droit d'organiser leur gestion, leur activité et de formuler leur programme d'action ; il est par conséquent possible, sur cette base, de soutenir que la grève est une activité et un moyen d'action ordinaire et important des syndicats.

Le droit prospectif entend lever toute équivoque sur la reconnaissance et l'exercice du droit de grève par les syndicats. En effet, les articles 35 à 45 de l'avant-projet de loi sur les syndicats (mouture de 2015) organisent les modalités d'exercice de la grève par les syndicats. Ainsi, quel que soit le secteur d'activité, public ou privé, la grève est initiée par les organisations syndicales locales ou nationales des travailleurs ayant qualité pour négocier ou représenter. En cas de revendications, l'organisation syndicale des travailleurs concernée adresse une lettre avec accusé de réception à l'employeur. Celle-ci doit clairement déterminer l'objet de la revendication et les propositions concrètes pour son règlement. Ampliation doit être faite à l'inspecteur du travail du ressort. Huit (08 jours) ouvrables à compter de la date de réception de la correspondance, et si aucune réponse n'est parvenue à l'organisation des travailleurs concernée, celle-ci dépose un préavis de grève de huit jours auprès de l'employeur, de l'autorité administrative et de l'inspecteur du travail du ressort. Le préavis précise les motifs du recours à la grève. Il fixe le lieu, la date et l'heure de début ainsi que la durée de la grève envisagée. L'inspecteur du ressort doit, pendant le préavis de grève, tenter un règlement à l'amiable du différend. Toute organisation syndicale qui initie une grève illégale engage sa responsabilité. Sont considérées comme illégales :

- la grève à durée indéterminée ;
- la grève à caractère purement politique ;
- la grève déclenchée sans respect du préavis ;
- la grève avec violence, voies de fait, menaces, manœuvres dans le but de porter atteinte à l'exercice de l'industrie et à la liberté de travail ;
- la grève en violation du service minimum.

En cas de grève légale, aucune sanction ne doit être prise à l'encontre des travailleurs impliqués. Toute décision contraire est nulle et de nul effet. La responsabilité collective de tous les travailleurs grévistes en raison des agissements fautifs de certains d'entre eux est proscrite. Le salaire n'est pas dû aux travailleurs en grève. À l'issue de la grève, un protocole d'accord est signé par les parties à la négociation devant l'inspecteur du travail compétent.

On peut juste regretter le fait que l'encadrement du droit syndical de la grève par l'avant-projet de loi sur les syndicats ne concerne que les syndicats professionnels des travailleurs subordonnés. Les modalités d'exercice du droit de grève par les syndicats des travailleurs indépendants semblent avoir été oubliées. Des modifications de ce texte s'imposent avant qu'il ne soit déposé au parlement, et dans l'hypothèse où il venait à être promulgué, cela ouvrirait le flanc à la mission d'éducation ouvrière et syndicale dévolue aux syndicats.

B. L'éducation ouvrière et syndicale

L'éducation ouvrière et l'éducation syndicale ne renvoient pas à la même réalité. Cependant, elles visent un objectif commun qui est la promotion du travail décent, concept cher à l'O.I.T. De fait, il nous semble important d'analyser le rôle des syndicats en matière d'éducation ouvrière (**1**) et syndicale (**2**) au Cameroun.

1. Le rôle des syndicats en matière d'éducation ouvrière

Dans la préface de la deuxième édition du manuel d'éducation ouvrière, publication du B.I.T., Francis Blanchard affirmait que l'éducation ouvrière a pour action fondamentale l'information des acteurs sociaux et que savoir, c'est pouvoir[79].

En effet, la paternité de la définition de ce concept revient au secrétariat général de l'UNESCO. Ce dernier avait été saisi par le comité consultatif de l'organisation le 05 novembre 1951 dans le but de mieux délimiter le champ d'action de l'UNESCO en matière d'éducation des travailleurs. Il ressort des recherches menées par le secrétariat général de l'Organisation qu'il existe deux courants nettement marqués dont l'un correspond à une conception large et l'autre à une conception étroite de l'éducation ouvrière. Sur le continent américain, il y a une tendance à limiter l'éducation ouvrière à l'examen des problèmes qui ont directement trait aux intérêts professionnels des travailleurs. En Europe, on trouve généralement une conception plus large. Elle englobe d'une part, les activités et les préoccupations de l'ouvrier en tant qu'agent de production et, d'autre part, des besoins culturels plus profonds.

S'inspirant de ces deux conceptions de l'éducation ouvrière, le comité consultatif de l'éducation des adultes de l'UNESCO, lors d'une conférence tenue du 05 au 09 novembre 1951 a adopté la définition suivante : « *L'éducation ouvrière n'est pas une fin en soi. Elle est un des facteurs du processus général d'émancipation. Mais ce processus ne touchera à son but que lorsque la plus grande masse des ouvriers et leurs représentants auront*

[79] B.I.T., *La liberté syndicale, manuel d'éducation ouvrière*, deuxième édition, (voir préface).

pu acquérir les connaissances et l'expérience nécessaires pour transformer la société et pour faire disparaître à jamais le besoin et la peur »[80].

Il ressort de cette définition, de façon générale, l'éducation ouvrière est la formation donnée par les syndicats aux travailleurs ou à leurs représentants élus au sein de l'entreprise afin qu'ils acquièrent une éducation qui leur permettent de comprendre la société dans laquelle ils vivent, d'acquérir les moyens de transformer cette société s'ils le désirent et de participer plus efficacement à la vie des divers groupements ouvriers, associations ou partis politiques auxquels ils appartiennent. L'éducation syndicale quant à elle semble couvrir un champ personnel plus large que l'éducation ouvrière.

2. Le rôle des syndicats en matière d'éducation syndicale

À la différence de l'éducation ouvrière, l'éducation syndicale concerne non pas seulement les travailleurs, mais également les employeurs. Elle tire son origine de la conférence européenne sur l'éducation de la confédération internationale des syndicats libres tenue au mois d'octobre 1950 et du 2e congrès mondial de la même confédération tenu à Milan du 04 au 12 juillet 1951 qui ont adopté la définition suivante : « *Les syndicats doivent pourvoir à l'éducation de leurs membres, sans distinction de croyance ou d'idéologie politique. L'éducation syndicale vise à faire des syndiqués, des syndicalistes mieux à même de servir le mouvement syndical et la société soit, comme permanents syndicaux, soit comme représentants bénévoles du mouvement syndical. Dans certains cas, il serait nécessaire de donner une formation spéciale à ceux qui seraient appelés à assumer les fonctions d'administration ou de direction dans les entreprises nationalisées ou dans les comités et organismes de cogestion créés en vue de la réorganisation et de la modernisation de l'industrie* ».[81]

En effet, tous les syndiqués ont besoin d'une large formation générale et c'est le devoir du mouvement syndical de veiller à ce que des possibilités d'éducation adéquates leur soient offertes. En plus de la formation générale, il est nécessaire de leur donner une formation technique spécialisée, adaptée aux tâches particulières de militants déterminés.

Selon le comité consultatif de l'éducation des adultes de l'UNESCO, l'éducation syndicale devrait comprendre par exemple :

- le syndicalisme (histoire, développement, rôle dans la société contemporaine) ;

---

[80] UNESCO, *rapport du comité consultatif de l'éducation des adultes,* Paris, 05-09 novembre 1951, p. 2.

[81] *Ibid.,* p. 1.

- l'économie politique (salaires et prix, productivité, plein-emploi, problèmes de direction, relations internationales dans le domaine économique) ;
- le progrès social et la législation du travail, l'O.I.T. ;
- les causes des conflits économiques et sociaux ;
- la place du travailleur dans l'État, la société et l'industrie (en insistant sur l'évolution de la société) ;
- les relations industrielles ;
- la tâche des syndicats (en insistant sur les salaires, les conventions collectives, l'arbitrage et la cogestion) ;
- l'histoire contemporaine ;
- l'histoire des doctrines économiques ;
- l'évolution des systèmes économiques[82].

Au Cameroun, l'éducation syndicale vise l'épanouissement collectif des syndiqués travailleurs et employeurs par le perfectionnement et le développement de leurs représentants élus ou désignés (délégués syndicaux) afin que ceux-ci soient aptes à comprendre et à définir les enjeux collectifs des actions du mouvement syndical. En général, pour mener à bien leurs missions, les délégués syndicaux reçoivent des formations qui intègrent les points suivants :

- la législation et la réglementation du travail et de la sécurité sociale ;
- la législation sur les salaires en particulier ;
- les dispositions de la ou des convention (s) collective (s) et des accords collectifs applicables à leur secteur d'activité ;
- les règles concernant les conditions de travail dans leur secteur d'activité ;
- les règles générales relatives à la sécurité sociale ;
- les moyens d'action des syndicats ;
- la procédure d'élaboration des conventions collectives ;
- le tripartisme dans les relations professionnelles ;
- l'élaboration des divers rapports d'activités.

L'O.I.T. reconnaît aux syndicats le droit d'exercer toutes les libertés publiques reconnues au sein de leurs États sous réserve du respect des lois et règlements.

---

[82] *Ibid.*, p. 2.

C. L'exercice des libertés publiques

La conférence internationale du travail lors de sa 47e session en 1970 a adopté une résolution concernant les droits syndicaux et leurs relations avec les libertés civiles[83]. Il en ressort que le droit de réunion, la liberté d'opinion et d'expression et en particulier le droit de ne pas être inquiété pour ses opinions et celui de chercher, de recevoir et de divulguer, sans considération de frontières, les informations et les idées par quelque moyen d'expression que ce soit, constitueraient des libertés civiles qui sont essentielles à l'exercice normal des droits syndicaux. Ainsi, tout gouvernement devrait avoir pour politique de veiller au respect des droits de l'Homme.

Parmi ces libertés civiles, celles qui posent le plus de problèmes en droit africain en général et en droit camerounais en particulier sont les libertés de réunion et de manifestation.

Selon l'O.I.T., il existe deux types de réunions : les réunions des organisations dans leurs locaux ou à l'occasion des conflits de travail et les réunions et manifestations publiques. S'agissant des premières, l'Organisation affirme que le droit des organisations professionnelles de tenir des réunions dans leurs propres locaux pour y examiner des questions professionnelles, sans autorisation préalable ni ingérence des autorités, constitue un élément essentiel de la liberté d'association, et les autorités devraient s'abstenir de toute intervention de nature à limiter le droit ou à entraver l'exercice, à moins que cet exercice ne trouble l'ordre public ou ne le menace de manière grave ou imminente[84].

Pour ce qui est des secondes, c'est-à-dire l'exercice des réunions et manifestations publiques, le comité de la liberté syndicale, tout en reconnaissant l'importance de ce droit pour la défense des intérêts professionnels[85], indique par ailleurs que les organisations syndicales doivent respecter les dispositions générales relatives aux réunions publiques applicables à tous et se conformer aux limites raisonnables que pourraient fixer les autorités, en vue d'éviter des désordres sur la voie publique[86]. En droit camerounais, le régime des réunions et des manifestations publiques est organisé par la loi N° 90-055 du 19 décembre 1990. Selon ce texte, a un caractère public, toute réunion qui se tient dans un lieu public ou ouvert au public (article 2) ; la manifestation publique, quant à elle, est toute manifestation sur la voie publique (article 6 al 1). Il s'agit des cortèges,

---

[83] BIT, *La liberté syndicale*, Recueil des décisions et des principes du comité de la liberté syndicale du conseil d'administration du BIT, 5e édition révisée, 2006, p.14.

[84] Voir recueil 1996 paragraphe 130, 350e rapport.

[85] Voir recueil 1996, paragraphe 132 ; 306e rapport, cas N°1884, paragraphe 695.

[86] Voir recueil 1996, paragraphe 141 ; 300e rapport, cas N°1791, paragraphe 339.

défilés, marches et de rassemblement de personnes. La lecture combinée des articles 3 et 6 de cette loi, fait ressortir l'idée selon laquelle, les réunions et manifestations publiques sont soumises au régime de la déclaration auprès du Sous-préfet sur le territoire duquel la réunion ou la manifestation est prévue, respectivement 3 jours et 7 jours francs au moins avant la date de ladite réunion ou manifestation. L'autorité qui reçoit la déclaration délivre immédiatement un récépissé. Enfin, en cas d'interdiction de la manifestation (ou de la réunion), l'organisation peut, par simple requête, saisir le président du tribunal de grande instance compétente qui statue par ordonnance dans un délai de 08 jours de sa saisine, les parties entendues en chambre de conseil.

La question syndicale est transversale et ne concerne pas uniquement les matières telles que le droit du travail, le droit de la fonction publique et le droit pénal. Des disciplines juridiques telles le droit des assurances et le droit de l'emploi s'y intéressent de plus en plus. On les voit d'ailleurs, reconnaître aux syndicats, des attributions à connotations économique et sociale.

Paragraphe II : Les attributions à connotations économique et sociale

Les premières ont trait aux différentes activités économiques que peuvent mener les syndicats tout au long de leur existence (**A**) alors que les secondes concernent les missions dévolues aux syndicats sur le plan social (**B**).

A. Les attributions à connotation économique

Certaines sont prévues par le Code du travail (**1**), tandis que d'autres figurent dans le Code de la conférence inter-états des marchés de l'assurance (CIMA) (**2**).

1. Les attributions économiques des syndicats consacrées par le Code du travail

Elles sont consacrées par l'article 18 (1) (b) à (e) et (2) du Code du travail. Pour l'essentiel, l'on retiendra que les syndicats professionnels peuvent affecter une partie de leurs ressources à la création de logements de travailleurs, à l'acquisition de terrains de cultures ou de sport à l'usage de leurs membres ; créer, administrer ou subventionner des œuvres professionnelles telles que les instituts de prévoyance, caisses de solidarité, laboratoires, champs d'expérience, œuvres d'éducation scientifique, agricole ou sociale, cours et publications intéressant la profession. Les immeubles et objets mobiliers nécessaires à leurs réunions, à leurs bibliothèques et à leurs cours d'instructions professionnelles sont insaisissables. Les syndicats peuvent également subventionner des sociétés coopératives de production ou de consommation, passer des contrats ou conventions avec tous les autres syndicats, sociétés, entreprises ou personnes. S'ils sont autorisés par leurs statuts et à condition de ne pas distribuer des bénéfices même sous forme de ristournes à leurs membres, ils peuvent acheter pour le louer, prêter ou répartir entre leurs membres, tout ce qui est nécessaire à l'exercice de leur profession, notamment matières premières, outils, instruments, machines, engrais, bétail ; prêter leur entremise gratuite pour la vente des produits provenant exclusivement du travail personnel ou des exploitants des syndiqués ; faciliter cette vente par des expositions, annonces, publications, groupements de commandes et d'expéditions, sans pouvoir l'opérer sous leur nom et sous leur responsabilité. Ces attributions d'ordre économique des syndicats prévues par le Code du travail ne s'éloignent pas substantiellement de celles consacrées par le Code C.I.M.A. à l'intention des mêmes acteurs.

2. Les attributions économiques des syndicats consacrées par le Code C.I.M.A.

Le Code C.I.M.A. 2019 actuellement en vigueur habilite les syndicats professionnels à présenter des opérations de micro assurance auprès du public conformément à l'article 731 qui indique : « *sont autorisées à présenter des opérations de micro assurance auprès du public, à condition d'obtenir une carte professionnelle délivrée par le ministre en charge des assurances, les personnes suivantes ou leurs mandataires* [...] *12) les syndicats* [...] ». L'article 700 quant à lui, définit la micro assurance comme un mécanisme d'assurance caractérisé principalement par la faiblesse des primes et/ou des capitaux assurés, par la simplicité des couvertures, des formalités de souscription, de gestion des contrats, de déclaration de sinistre, d'indemnisation des victimes.

La micro assurance vise à protéger les personnes à faible revenu contre des risques spécifiques en contrepartie du paiement des primes ou de cotisations. La souscription d'un contrat de micro assurance peut être effectuée par une personne morale, une entreprise ou une communauté pour le compte de ses employés, de ses clients ou de ses membres. Le contrat de micro assurance doit être rédigé dans un langage simple, clair et facilement compréhensible par la population cible. Enfin, dans le cas de la souscription d'un contrat de micro assurance par une personne morale, une entreprise ou une communauté, une attestation ou un certificat d'assurance doit être remis à chaque assuré par le souscripteur.

De plus, l'article 717 du Code C.I.M.A. indique que pour les entreprises d'assurance et de micro assurance, l'agrément est accordé branche par branche. À cet effet, les opérations de micro assurance sont classées en branches de la manière suivante :

Branches non vie	Branches vie
1- Accidents corporels ;	1- Décès ;
2- Maladies ;	2- Vie ;
3- Pertes de récolte ;	3- Épargne ;
4- Pertes de bétail ;	4- Capitalisation.
5- Pêche ;	
6- Autres assurances agricoles ;	
7- Dommages aux biens.	

Enfin, l'article 721 prévoit des peines d'emprisonnement et d'amende ou de l'une de ces deux peines seulement à l'égard de ceux qui, sciemment, auront proposé ou commercialisé des produits de micro assurance au public sans en avoir la qualité, la carte professionnelle et l'agrément.

La loi camerounaise régissant la formation professionnelle du 11 juillet 2018 fait du syndicat, un partenaire de l'Etat en matière de formation professionnelle. Il s'agit là d'une mission à connotation sociale d'une importance indéniable.

B. Les attributions à connotation sociale : la reconnaissance des syndicats comme partenaire de l'État en matière de formation professionnelle

L'article 45 (2) de la loi N° 2018/010 du 11 juillet 2018 régissant la formation professionnelle au Cameroun, fait des groupements professionnels des partenaires des milieux socio-professionnels. Ces partenaires sont à travers leurs organisations reconnues, associés à l'élaboration, à la validation et à la mise en œuvre de la politique et des stratégies de formation et d'orientations professionnelles. Des contrats de stage peuvent être signés par ces partenaires en vue de valider la formation professionnelle reçue par des apprenants ou des étudiants dans leurs institutions. Lesdits contrats doivent impérativement être conclus avant l'entrée du stagiaire dans l'entreprise et sont exempts de tous droits de timbre et d'enregistrement.

Aux termes de la loi N° 2018 régissant la formation professionnelle au Cameroun, les partenaires socio-professionnels que sont les syndicats peuvent offrir trois types de formation aux apprenants :

- la formation professionnelle initiale ;
- la formation professionnelle continue ;
- l'apprentissage.

La formation professionnelle initiale vise à transmettre et à faire acquérir les compétences, les connaissances et le savoir-faire indispensables à l'exercice d'une activité professionnelle. Elle permet à la personne en formation d'acquérir notamment :

- les qualifications spécifiques qui lui permettent d'exercer son activité professionnelle avec compétence en toute sécurité ;
- la culture générale de base qui lui permet d'accéder au monde du travail et d'y rester ainsi que de s'intégrer dans la société ;
- les connaissances et les compétences économiques, écologiques, sociales et culturelles qui lui permettent de contribuer au développement durable ;
- l'aptitude et la disponibilité à apprendre tout au long de sa vie, d'exercer son sens critique et de prendre des décisions.

La formation professionnelle continue quant à elle, vise à assurer aux professionnels, leur recyclage ou leur perfectionnement. Elle peut s'effectuer dans une structure de formation professionnelle ou en entreprise.

Elle a pour objectifs de favoriser l'insertion, la réinsertion et la mobilité professionnelle d'une part ; et, d'adapter les capacités des travailleurs à l'évolution des techniques, de la technologie et des métiers d'autre part.

Enfin, l'apprentissage qui est défini par la loi N° 2018 comme un mode de formation alternée de longue durée qui se déroule pour une part importante en entreprise, mais aussi en complément dans un établissement de formation, ayant pour but la transmission, en cours d'emploi, entre une personne qualifiée, reconnue « *maître d'apprentissage* » et une personne dite « *apprenti* » d'une qualification professionnelle initiale reconnue, permettant l'exercice d'un métier. L'apprentissage fait l'objet d'un contrat écrit entre le maître d'apprentissage et l'apprenti ou son représentant légal. Nul ne peut être engagé sans contrat d'apprentissage avant l'âge de 14 ans. Le maître d'apprentissage quant à lui, doit être âgé d'au moins 21 ans et n'avoir jamais fait l'objet de condamnation pour crime, délit contre les bonnes mœurs, ou pour tout autre motif ayant entraîné une peine privative de liberté.

Au-delà des attributions suscitées qui sont communes à tous les syndicats, la loi reconnaît aux organisations professionnelles dites représentatives, des prérogatives qui lui sont spécifiques sans que cela ne constitue au sens du comité de la liberté syndicale de l'O.I.T., une discrimination antisyndicale et par voie de conséquence, une atteinte à la liberté syndicale.

Section II : Les attributions spécifiques aux organisations syndicales représentatives

Parce que la vocation première d'un syndicat consiste à défendre les intérêts collectifs de ses membres, les organisations syndicales sont mises sur un même pied d'égalité en ce qui concerne leur action revendicative[87]. Cependant, cette égalité est rompue (sans que cela ne constitue une atteinte à la liberté syndicale) lorsqu'il est question d'accompagner les pouvoirs publics dans l'organisation de la profession et l'élaboration de la politique économique et sociale. À ce moment, le choix est porté sur le ou les groupements professionnels à même de représenter le mieux les intérêts des travailleurs ou des employeurs. C'est dans ce sens que le comité de la liberté syndicale de l'O.I.T. a plusieurs fois montré son intérêt pour la problématique de la représentativité syndicale et a admis la distinction opérée entre divers syndicats en présence, selon leur degré de représentativité. De son côté, l'article 3 paragraphe 5 de la constitution de l'O.I.T. consacre la notion d'*« organisations professionnelles les plus représentatives »*. C'est dire en définitive que lorsqu'une législation nationale établit une distinction entre les organisations syndicales les plus représentatives et les autres organisations syndicales, cela ne saurait en soi, prêter à critique encore faut-il, précise le comité : *« qu'une telle distinction n'ait pas pour conséquence d'accorder aux organisations les plus représentatives (caractère qui découle du nombre plus important de leurs affiliés) des privilèges allant au-delà d'une priorité en matière de représentation aux fins de négociation collective, de consultation par les gouvernements ou encore en matière de désignation des délégués auprès d'organismes internationaux… »*[88]. En droit camerounais, les syndicats représentatifs contribuent à l'élaboration des normes de travail qui à certains égards visent à prévenir les différends de travail (**Paragraphe I**) et s'investissent dans la résolution des différends sociaux (**Paragraphe II**).

Paragraphe I : La contribution des syndicats représentatifs à l'élaboration des normes de travail et à la prévention des différends de travail

La compréhension de cet élément suppose que l'on recherche la relation qu'entretiendraient les syndicats représentatifs avec le dialogue consultatif (**A**) et décisoire (**B**).

---

[87] DIOH (A), *Les syndicats des travailleurs au Sénégal, op.cit.*, p.225.

[88] B.I.T., *La liberté syndicale, op.cit.*, p. 78.

A. Syndicats représentatifs et dialogue consultatif

Dans le secteur privé et parapublic, le dialogue consultatif est systématisé dans la prise d'un certain nombre de normes de travail. En effet, le Code du travail indique les règles qui ne peuvent être prises par le législateur qu'après un avis de la commission nationale consultative du travail, instance au sein de laquelle siègent en nombre égal des représentants des travailleurs et des employeurs nommés par le ministre du Travail sur proposition des organisations syndicales les plus représentatives[89].

À l'examen des missions reconnues à la commission, l'on constate qu'elle participe non seulement à l'élaboration de la politique de travail, mais également à l'harmonisation des différentes tendances que peuvent opposer employeurs, travailleurs et États[90].

C'est pratiquement toute l'ossature de la législation du travail qui doit être élaborée après avis de la commission nationale consultative du travail. Celle-ci doit être en effet consultée en ce qui concerne la forme dans laquelle doivent être constitués les syndicats pour être admis à la procédure d'enregistrement (article 9 du Code du travail), les conditions d'emploi des travailleurs saisonniers (article 25 alinéa 5 du Code du travail), les modalités d'organisation et de fonctionnement des entreprises de travail temporaire, les conditions d'emploi des travailleurs de nationalité étrangère (article 26 alinéa 7 du Code du travail), les modalités de l'engagement à l'essai (article 27 alinéa 5 du Code du travail), les modalités de communication, de dépôt et d'affichage du règlement intérieur ainsi que le nombre de travailleurs de l'entreprise au-dessus duquel l'existence du règlement intérieur est obligatoire. Dans la fonction publique, le dialogue consultatif est prévu dans diverses instances. La plus importante est le conseil supérieur de la fonction publique. Selon la doctrine[91], si on fait un rapprochement entre la pratique du dialogue dans cette instance et celle dans les instances consultatives prévues par la législation du travail, on devra remarquer au moins deux choses :

D'une part, la réglementation est très statique dans le secteur public, ce qui rend extrêmement rares les sessions du conseil supérieur de la fonction publique. D'autre part, faute d'être désignés suivant le mode prévu par les textes, les fonctionnaires qui siègent au conseil supérieur de la Fonction publique et dans d'autres instances manquent de légitimité. Ils doivent au

---

[89] TCHAKOUA (J.M.), *Étude sur le dialogue social au Cameroun : état des lieux et plan de dynamisation, op.cit.*, p. 47.

[90] TJOUEN (A.D), « Les institutions professionnelles », R.J.A. 1994, *op.cit.*, p.232.

[91] TCHAKOUA (J.M), *Étude sur le dialogue social au Cameroun : état des lieux et plan de dynamisation, op.cit.*, p. 49.

gouvernement employeur, leur présence au sein de ces instances, ce qui ne peut que biaiser les discussions et donc dénaturer le dialogue social.

Le décret n° 2000/694/PM du 13 septembre 2000 fixant les modalités d'exercer du droit à la participation des fonctionnaires dispose que ces derniers pourraient aussi participer au dialogue social à travers leurs syndicats. Mais cette participation des syndicats n'est pas organisée et ces derniers ne trouvent pas dans la fonction publique, de meilleures conditions d'existence. Qu'en est-il de la place des syndicats représentatifs dans le dialogue décisoire ?

B. Syndicats représentatifs et dialogue décisoire

Le dialogue décisoire n'est organisé que par le Code du travail dans le cadre des conventions collectives et accords d'établissement.

L'essentiel de son dispositif juridique résulte des articles 52 et 57 du Code du travail. Dans ses alinéas 1 à 3, le premier article dispose : « *(1) La convention collective de travail et son accord ayant pour objet de régler les rapports professionnels entre les employeurs et les travailleurs soit d'une entreprise ou d'un groupe d'entreprises, soit d'une ou plusieurs branches d'activités. Cet accord est conclu entre :*

- d'une part les représentants d'un ou plusieurs syndicats ou d'une union de syndicats de travailleurs ;

- d'autre part, les représentants d'une ou plusieurs organisations syndicales d'employeurs ou de tout autre groupement d'employeurs ou un ou plusieurs employeurs pris individuellement.

(2) La convention collective peut mentionner des dispositions plus favorables aux travailleurs que celles des lois et règlements. Elle ne peut déroger aux dispositions d'ordre public.

(3) Les conventions collectives déterminent leur champ d'application. Celui-ci peut être national, interdépartemental ou local ».

Dans ses 4 alinéas, le second article prévoit : « *(1) Des accords concernant un ou plusieurs établissements déterminés peuvent être conclus entre, d'une part, un employeur ou un groupe d'employeurs et, d'autre part, des représentants des syndicats les plus représentatifs du personnel de l'établissement ou des établissements intéressés.*

(2) Les accords d'établissement ont pour objet d'adapter aux conditions particulières de l'établissement ou des établissements considérés, les dispositions des conventions collectives et, notamment, les conditions d'attribution et le mode de calcul de la rémunération au rendement, des primes à la production individuelle et collective et des primes à la productivité.

(3) Ils peuvent prévoir des dispositions nouvelles et des clauses plus favorables aux travailleurs.

(4) À défaut de convention collective, les accords d'établissement ne peuvent porter que sur la fixation des salaires et des accessoires de salaires ».

En effet, après une période de carence qu'on jugeait déjà trop longue (plus de 6 ans après la promulgation de la loi N° 92/007 du 14 août 1992 portant Code du travail qui avait renvoyé les catégories professionnelles et salaires à la négociation collective), la négociation collective a finalement commencé et connaît aujourd'hui une certaine vitalité. Les partenaires sociaux ont pris conscience du pouvoir que le législateur leur a concédé en matière de création des normes.

La loi impose un contenu minimum et suggère un contenu complémentaire facultatif des conventions collectives. En effet, l'article 7 du décret N° 93/578/PM du 15 juillet 1993 fixant les conditions de fond et de forme applicables aux conventions collectives de travail dispose : « *Outre les indications relatives à son champ d'application professionnel et territorial, au lieu et à la date de sa conclusion, à la désignation des parties contractantes, aux noms et qualités des signataires, la convention collective doit obligatoirement comporter des dispositions concernant :*

- *le libre exercice du droit syndical et la liberté d'opinion des travailleurs ;*
- *les conditions d'embauche et le licenciement des travailleurs sans que les dispositions prévues puissent porter atteinte au libre choix du syndicat par le travailleur ;*
- *la durée de la période d'essai, les conditions et la durée du préavis ;*
- *l'indemnité de licenciement ;*
- *la classification professionnelle et la grille des salaires y afférentes ;*
- *l'institution d'une commission paritaire de classement à laquelle sont soumises les contestations individuelles sur la classification des travailleurs qui n'auraient pu être réglées dans le cadre de l'entreprise ;*
- *les modalités particulières concernant l'attribution du logement ;*
- *l'indemnité de déplacement ;*
- *les conditions particulières du travail ; heures supplémentaires, travail de nuit, du dimanche et des jours fériés, travail par roulement ;*
- *les majorations de congé pour l'ancienneté ;*
- *les voyages et les transports quand ceux-ci sont à la charge de l'employeur ;*

- *l'organisation et le fonctionnement de l'apprentissage et de la formation professionnelle dans le cadre de la branche d'activité considérée ;*
- *la procédure de révision, de modification et de dénonciation de tout ou partie de la convention collective. Elle peut également contenir, sans que cette limitation ne soit limitative, des dispositions concernant :*
  - *la prime d'assiduité ;*
  - *l'indemnité pour frais professionnels et assimilés ;*
  - *la prime de panier pour les travailleurs devant prendre leur repas sur le lieu de travail ;*
  - *les majorations pour travaux pénibles, dangereux, insalubres et en général toutes dispositions ayant pour but de régler ou d'améliorer les rapports professionnels entre les employeurs et les travailleurs et non prévus par les lois et règlements en vigueur* ».

Dans la pratique, les fruits du dialogue décisoire sont assez diversifiés. En effet, il a fallu attendre pratiquement 8 ans après l'entrée en vigueur de l'actuel Code du travail pour voir conclue la première convention collective nationale de l'ère nouvelle, la convention collective nationale de la manutention portuaire signée le 15 mars 2000[92]. Par la suite, à la faveur d'une forte volonté politique de la part des pouvoirs publics[93], la négociation collective s'est enclenchée et s'est développée. En 2018, on notait à peu près 38 conventions collectives négociées et conclues. Il s'agit de :

- la convention collective nationale de la manutention portuaire ;
- la convention collective nationale des sociétés de gardiennage ;
- la convention collective nationale des entreprises du bâtiment des travaux publics et des activités connexes ;
- la convention collective nationale de la pharmacie ;
- la convention collective nationale des industries polygraphiques et des activités connexes ;

---

[92] Voir une brève note de présentation de cette convention par TCHAKOUA (J.M), dans le bulletin de droit comparé du travail et de la sécurité sociale, 2000, p.201 et s.

[93] La négociation collective a connu une accélération remarquable avec l'arrivée à la tête du département ministériel en charge du travail et de la sécurité sociale du ministre Robert NKILI qui en a fait l'un des axes majeurs de son action. Le ministre Grégoire OWONA qui l'a remplacé a maintenu le cap.

- la convention collective nationale des assurances ;
- la convention collective nationale des journalistes et des professionnels des métiers connexes de la communication sociale ;
- la convention collective nationale de l'agriculture et des activités connexes ;
- la convention collective nationale du commerce ;
- la convention collective nationale des transporteurs maritimes, transitaires et auxiliaires de transports ;
- la convention collective nationale des banques et autres établissements financiers ;
- la convention collective nationale des transports routiers ;
- la convention collective nationale des experts techniques du Cameroun ;
- la convention collective nationale des hôpitaux publics de première catégorie ;
- la convention collective nationale des télécommunications et activités connexes du Cameroun ;
- la convention collective nationale des entreprises d'exploitation, de transformation des produits forestiers et activités annexes ;
- la convention collective nationale des entreprises de stockage et de distribution des produits pétroliers ;
- la convention collective nationale des industries de transformation ;
- la convention collective nationale des entreprises relevant de l'exploration, de la production et du raffinage des hydrocarbures au Cameroun ;
- la convention collective nationale des hôtels, bars et restaurants ;
- la convention collective nationale des experts techniques du Cameroun ;
- la convention collective nationale des hôpitaux publics de première catégorie ;
- la convention collective nationale des télécommunications et activités connexes du Cameroun ;
- la convention collective nationale d'entreprise d'AES-SONEL (devenue ENEO) ;
- la convention collective nationale de la CAMPOST ;
- la convention collective nationale de CAMRAIL ;

Depuis lors, certaines conventions ont été renégociées et de nouvelles ont été conclues. Il s'agit de :

- la convention collective nationale des entreprises de stockage et de distribution des produits pétroliers (renégociée) ;
- la convention collective nationale du commerce (renégociée) ;
- la convention collective nationale de transporteurs maritimes, transitaires et auxiliaires de transport (renégociée) ;
- la convention collective nationale des transports urbains et inter-urbains ;
- la convention collective nationale des industries de transformation ;
- la convention collective nationale des entreprises du secteur de l'eau potable et de l'assainissement liquide ;
- la convention collective nationale de la navigation maritime ;
- la convention collective d'entreprise du fonds spécial d'équipement et d'intervention intercommunale (F.E.I.COM.) ;
- la convention collective d'entreprise de S.I.TRA.FER. ;
- la convention collective d'entreprise d'ORANGE Cameroun ;
- la convention collective d'entreprise du Chantier Naval et Industriel du Cameroun ;
- la convention collective nationale d'entreprise du fonds spécial d'équipement et d'intervention intercommunale (F.E.I.COM.).

Les syndicats représentatifs interviennent dans la plupart des instances de règlement des différends de travail instituées par les textes légaux et réglementaires.

Paragraphe II : La contribution des syndicats représentatifs à la résolution des différends de travail

Cette contribution est visible aussi bien au plan national (**A**) qu'international (**B**).

A. Syndicats professionnels et résolution des différends de travail au niveau national

Au niveau national, l'action des syndicats représentatifs dans la résolution des différends de travail est observable à la fois au sein des organes non juridictionnels (**1**) et juridictionnels (**2**).

1. L'action syndicale dans la résolution non juridictionnelle des différends individuels de travail

Dès qu'il y a survenance d'un conflit social opposant un travailleur à un employeur, la loi impose à l'un ou à l'autre de saisir au préalable, l'inspecteur (du travail) du lieu d'exécution du travail afin qu'il tente de régler à l'amiable leur différend. Cette étape est appelée tentative de conciliation. Elle est prévue par l'article 139 du Code de travail et organisée par l'Arrêté N° 050/MINTSS/CAB du 06 octobre 2009 fixant les modalités de convocation et de comparution des parties devant l'inspecteur du travail. C'est une phase indispensable dans la procédure de résolution d'un litige social dont l'omission ou le défaut de constater dans le jugement entraîne l'annulation de la procédure. Durant la phase de conciliation, chaque partie a intérêt à comprendre les enjeux du litige, à maîtriser la législation du travail.

Dans ce domaine, il est indiqué que les parties doivent comparaître en personne ou se faire représenter devant l'inspecteur du travail[94]. Hormis les avocats, tout autre représentant doit être muni d'un mandat y compris les syndicats professionnels[95]. Toutefois, la pratique n'exige pas la présence d'un mandat explicite du syndicat professionnel pour assister son membre devant l'inspecteur du travail. Mais lorsqu'au terme de la procédure, il y a eu conciliation ou non et pour qu'il signe le procès-verbal de tentative de conciliation, le représentant syndical doit absolument produire le mandat qui sera joint en annexe dudit procès-verbal. Par contre, lorsque le syndicat professionnel est appelé à représenter un travailleur ou un employé absent devant l'inspecteur du travail, il doit produire un mandat avant tout commencement de la procédure de tentative de conciliation. Selon la doctrine : « *L'expertise et la compétence en matière de droit, contentieux et pratique du travail reconnues aux syndicats professionnels, font en sorte que, lorsqu'ils assistent ou représentent l'une ou l'autre partie au conflit auprès de l'inspection du travail, il y a plus de chance que les intéressés résolvent leur litige à ce stage* »[96].

L'institution de l'assessorat dans la composition des juridictions statuant en matière de conflits individuels de travail consacre de façon implicite l'action syndicale dans la résolution juridictionnelle des différends de travail.

2. L'action syndicale dans la résolution juridictionnelle des différends individuels de travail à travers la participation à la désignation des assesseurs

La résolution des conflits individuels de travail tant au niveau administratif que judiciaire brille par certaines spécificités qui sont relatives non seulement à la gratuité, mais aussi à la composition des juridictions.

---

[94] Cf. article 3 de l'arrêté N°050/MINTSS/CAB du 06 octobre 2009 fixant les modalités de convocation et de comparution des parties devant l'inspecteur du travail.

[95] Voir article 142 alinéa 1 et 2 du Code du travail du 14 août 1992.

[96] KEKNA BESPA, *Le rôle des syndicats professionnels dans la promotion du travail décent au Cameroun*, mémoire de Master professionnel en droit, contentieux et pratique du travail et de la sécurité sociale, UYII, année académique 2015/2016, p.33.

En effet, la composition des juridictions de fond (tribunaux et cours d'appel), en matière sociale fait intervenir les syndicats professionnels à travers les assesseurs. Il ressort de l'article 133 du Code du travail que les tribunaux se composent d'un magistrat (président), d'un assesseur employeur, d'un assesseur travailleur et d'un greffier qui assure le secrétariat. Les assesseurs sont nommés par arrêté du ministre chargé du travail. Ils sont choisis sur des listes comportant au moins trois noms pour chaque poste à pourvoir, présentées par les organisations syndicales les plus représentatives pour un mandat de deux ans (années judiciaires) renouvelables.

S'agissant de leurs rôles, il faut dire que la jurisprudence de la Cour suprême précise qu'il n'est pas consultatif, mais délibératif, c'est-à-dire qu'ils participent effectivement à la délibération de la décision qui doit être rendue, et mention de cette participation au délibéré doit être faite dans la décision, sinon elle encourt cassation[97].

Au niveau international, les syndicats représentatifs contribuent à la résolution des différends au travers des plaintes (orales et écrites) et dénonciations qu'ils adressent aux organes de règlements des différends de l'Organisation Internationale du Travail.

B. Syndicats professionnels et résolution des différends de travail au niveau international

Le dialogue social est l'un des quatre piliers fondamentaux du travail décent et son exercice ne saurait être effectif que si la liberté syndicale est garantie. Consciente de cette réalité, l'O.I.T. a consacré le principe du tripartisme et adopté la convention 87 sur la liberté syndicale et la protection du Droit syndical en 1948, laquelle a été ratifiée par le Cameroun en 1960. Ainsi, dans l'optique de garantir l'exercice de la liberté syndicale et par ricochet le travail décent, les syndicats professionnels ont la possibilité de saisir afin de porter leurs plaintes et réclamations, soit le comité de la liberté syndicale (**1**) soit les autres instances de l'O.I.T. (**2**).

1. Le recours des syndicats au comité de la liberté syndicale

Institué en 1951 comme organisme tripartite de neuf membres du conseil d'administration et présidé depuis 1978 par une personnalité indépendante, le comité de la liberté syndicale examine les plaintes contenant les allégations de violations des conventions sur la liberté syndicale que les pays en cause aient ou non ratifié ces instruments. Le consentement des

---

[97] Voir TSASSE SAHA (G.G), « L'assesseur et le délibéré », in les grandes décisions du droit du travail et de la sécurité sociale sous la direction de TCHAKOUA (J.M), JUSPRINT, juin 2016.

gouvernements intéressés n'est pas nécessaire : le fondement juridique de cette conception repose sur la constitution de l'O.I.T. et la déclaration de Philadelphie en vertu desquelles, du fait de leur adhésion à l'organisation, les États membres sont tenus de respecter les principes fondamentaux contenus dans la constitution, notamment ceux concernant la liberté syndicale même s'ils n'ont pas ratifié les conventions en cette matière. Le comité procède à un examen systématique quant au fond des affaires qui lui sont soumises et présente ses conclusions, adoptées à l'unanimité, au conseil d'administration en lui recommandant le cas échéant d'attirer l'attention des gouvernements intéressés sur les principes mis en cause, et en particulier sur les recommandations formulées pour régler les difficultés soulevées dans la plainte[98].

Le comité, faut-il le rappeler, a aussi la plénitude de sa souveraineté fonctionnelle et ne saurait aucunement être lié par les définitions nationales d'une organisation professionnelle. Il est libre de décider si une organisation peut être considérée comme une organisation professionnelle au sens de la constitution de l'O.I.T. Il peut également recevoir des plaintes des syndicats professionnels dissouts, clandestins ou en exil[99]. De même, cette plénitude de souveraineté du comité dont l'objectif principal est la protection des syndicats professionnels plaignants, se traduit par son pouvoir de ne pas se dessaisir d'une affaire lorsque la demande de retrait de plainte a été introduite par le même syndicat professionnel qui l'avait saisi auparavant. Il est seul compétent pour apprécier les raisons évoquées par un syndicat pour éviter des situations où cette dernière aurait agi sous le coup d'une influence indue ou d'une pression exercée par son gouvernement[100]. Le comité a réservé sa décision jusqu'à la réception des précisions sur les motifs à l'origine du retrait pour pouvoir ensuite déterminer conformément à sa procédure que la décision de retrait de la plainte avait été prise en toute indépendance par le syndicat plaignant[101].

À la différence de plusieurs organes internationaux de règlements des différends, la saisine du comité n'est pas subordonnée à l'épuisement préalable des voies de recours internes. L'existence d'une procédure

---

[98] BIT, *Droit syndical de l'O.I.T.*, 1996, p. 126.

[99] À ce titre, le comité a eu à recevoir et à accepter d'examiner des plaintes provenant de l'Union Générale des Travailleurs (U.G.T.) en Espagne sous le régime Franquiste, de la SOLIDARNOSC en Pologne et plus récemment de la Confédération des Syndicats Coréens (K.C.T.U.) et du syndicat indonésien du progrès (S.B.S.I.) (voir les cas n°1629, 1865 et 1773).

[100] Ce fut le cas de l'affaire concernant le Mexique. Le comité a reçu une communication du syndicat de travailleurs qui souhaitait retirer sa plainte.

[101] Recueil sur la liberté syndicale 1996, cas numéro 2039.

nationale de recours constitue néanmoins un élément dont le comité doit en tenir compte, mais cette considération n'empêche pas l'ouverture d'un recours devant le comité.

Lors de l'examen d'une affaire, le comité peut surseoir pendant une durée de temps raisonnable qui ne constitue aucunement une mesure dilatoire[102], mais dans l'attente d'être en possession d'un éventuel jugement national. L'objet étant de pouvoir réunir toutes les informations pertinentes et de collaborer avec les systèmes judiciaires nationaux dans l'optique de prendre une décision juste et équitable.

Le comité de la liberté syndicale procède à l'examen des cas qui lui sont soumis essentiellement à partir des preuves documentaires. Les plaintes sont communiquées au gouvernement mis en cause et examinées en même temps que les commentaires reçus de celui-ci en guise de réponse. Il recherche une décision unanime et à date, toutes ses recommandations ont été adoptées par consensus. Cette méthodologie permet de renforcer la crédibilité de ses décisions tout en assurant un équilibre entre les intérêts défendus par les membres du gouvernement, les employeurs et les travailleurs.

Dans l'optique d'assurer un meilleur contrôle en matière de liberté syndicale, le comité opère une distinction entre les cas relatifs à des conventions ratifiées et ceux qui ne le font pas. Ceci permet une complémentarité en fonction des compétences propres aux différents mécanismes de contrôle.

En matière de liberté syndicale et de la protection du droit syndical (C.87, 1948, ratifiée par le Cameroun en 1960), le gouvernement camerounais a fait l'objet en 2014 d'un rappel à l'ordre à la suite des plaintes et dénonciations faites par certaines confédérations syndicales. En effet, l'union générale des travailleurs du Cameroun (U.G.T.C.) s'était plainte de certains cas de violation de droits syndicaux qui ont fait l'objet d'un examen par le comité et d'une réponse du gouvernement. Ces cas de violation de la liberté syndicale étaient relatifs à certaines dispositions législatives ou réglementaires qui ne sont pas conformes aux prescriptions des articles 2 et 5 de la convention. Les recommandations ci-dessous ont été faites au gouvernement camerounais :

- modifier la loi N° 68/LF/19 du 18 novembre 1968 relative aux associations ou syndicats professionnels non régis par le Code du travail qui soumet l'existence juridique d'un syndicat ou d'une

---

102 En effet, la durée moyenne d'examen d'un cas par le comité, de la date du dépôt de la plainte jusqu'à l'adoption des recommandations du comité est d'environ dix (10) mois.

association professionnelle de fonctionnaires à l'agrément préalable du ministre en charge de l'administration territoriale ;

- modifier les articles 6 (2) et 166 du Code du travail du 14 août 1992 portant sur la sanction des promoteurs d'un syndicat non encore enregistré qui se comporteraient comme si le syndicat avait été enregistré ;
- abroger l'article 19 du décret N° 69/DF/7 du 06 janvier 1969 qui prévoit l'autorisation préalable pour l'affiliation des syndicats de fonctionnaires à une organisation syndicale internationale.

Il arrive également que les syndicats représentatifs au niveau national recourent à d'autres organes de l'O.I.T. en l'occurrence, ceux chargés d'assurer le contrôle régulier de l'Organisation.

2. Le recours des syndicats aux organes chargés d'assurer le contrôle régulier de l'O.I.T.

Le contrôle régulier de l'observation par les États membres des obligations résultant des conventions et recommandations ou y relatives est assuré par la commission d'experts pour l'application des conventions et recommandations de la conférence (**a**) et la commission de l'application des conventions et recommandations de la conférence (**b**). Ces organes ont été créés sur la base d'une résolution adoptée par la conférence en 1926[103].

a. La commission d'experts pour l'application des conventions et recommandations (C.E.A.C.R.)

La convention d'experts pour l'application des conventions et recommandations est compétente pour examiner :

i) les rapports annuels prévus par l'article 22 de la constitution de l'O.I.T. et portant sur les mesures prises par les membres afin de donner effet aux dispositions des conventions auxquelles ils sont partis ainsi que les informations fournies par les membres concernant les résultats des inspections ;

ii) les informations et rapports concernant les conventions et recommandations communiqués par les membres, conformément à l'article 19 de la constitution de l'O.I.T. ;

iii) les informations et rapports sur les mesures prises par les membres en vertu de l'article 35 de la constitution de l'O.I.T.

Les membres de la commission sont nommés à titre personnel par le conseil d'administration, sur proposition du Directeur Général, pour une

103 BIT, *Droit syndical de l'O.I.T.*, *op.cit.*, p.155.

durée de 3 ans. Leur mandat peut être renouvelé pour des périodes successives de trois (03) ans. Selon les principes adoptés par le conseil d'administration lors de la création de la commission, ses membres sont choisis sur la base de leurs indépendances, impartialités et compétences. Ils proviennent de toutes les parties du monde, afin d'avoir une expérience directe des différents systèmes juridiques, économiques et sociaux[104].

La commission se réunit chaque année aux dates fixées par le conseil d'administration (fin novembre – début décembre) pour examiner les matières entrant dans sa compétence.

En 2012, 2014, 2015 et 2016, la C.E.A.C.R. a fait des observations sur des cas concernant le Cameroun et relatifs à l'application des conventions. Ces observations ont été faites à l'endroit du gouvernement camerounais à la suite des dénonciations de certains syndicats professionnels des travailleurs.

Dans son rapport de 2012, la C.E.A.C.R. indique que depuis des années, elle demande au gouvernement du Cameroun de prendre les mesures qui s'imposent en vue de modifier la loi numéro 68/LF/19 du 18 novembre 1968 qui soumet l'existence juridique d'un syndicat ou d'une association professionnelle de fonctionnaires à l'agrément préalable du ministre en charge des libertés publiques. En outre, la commission prie le gouvernement de prendre les mesures nécessaires en vue de modifier l'article 6 (2) du Code du travail de 1992 qui dispose que les promoteurs d'un syndicat non encore enregistré qui se comporteraient comme si ledit syndicat avait été enregistré sont passibles de poursuites pénales conformément à l'article 166 dudit Code.

La commission rappelle que le gouvernement avait indiqué dans son précédent rapport que l'adoption des amendements considérés remplacerait le système actuel d'enregistrement des syndicats qui consacre un régime d'autorisation préalable, par un régime de déclaration, ce qui impliquerait la disparition des peines d'amende en cas de violation de la loi. Et que par ailleurs, l'annulation de l'enregistrement d'un syndicat relèverait de la seule autorité judiciaire mettant ainsi fin aux possibilités de dissolution des organisations par voie administrative[105].

Dans son rapport de 2014, la C.E.A.C.R. a interpellé le gouvernement camerounais suite à des plaintes faites par la conférence syndicale internationale (C.S.I.) et l'union générale des travailleurs du Cameroun (U.G.T.C.) en 2013 sur l'application de la convention 87 sur la liberté

---

[104] BIT, *Droit syndical de l'O.I.T.*, *op.cit.*, p.156.

[105] Conférence internationale du travail, 101eme session, rapport de la commission d'experts pour l'application des conventions et recommandations, partie 1A, 2012, p. 99.

syndicale et la protection du Droit syndical (1948). Cette convention a été ratifiée par le Cameroun en 1960 et n'a jamais été dénoncée. À l'occasion de l'examen desdites plaintes par la commission, le gouvernement camerounais avait apporté une réponse qui ne semblait pas la satisfaire ; c'est pourquoi, elle a prié instamment celui-ci de : « *[...] prendre les mesures nécessaires pour s'assurer que le processus de réforme législative qui a débuté depuis de très nombreuses années (révision du Code du travail, adoption de la loi sur les syndicats, abrogation des textes réglementaires qui ne sont pas conformes à la convention) aboutira dans un proche avenir et rendra la législation nationale conforme aux prescriptions de la convention sur les points rappelés* »[106].

Dans son rapport de 2016 (1) sur l'application des normes internationales du travail, la C.E.A.C.R. a de nouveau interpellé le Cameroun suite aux dénonciations et plaintes de certains syndicats des travailleurs. En effet, les 25 septembre et 3 décembre 2015, l'U.G.T.C. a de nouveau fait des observations portant sur la discrimination en rapport avec l'application de la convention 122 relative à la politique de l'emploi. Des réponses ont été apportées par le gouvernement en date du 03 décembre 2015 auprès de la C.E.A.C.R. Il en ressort qu'il a élaboré le « *Document de stratégie pour la croissance et l'emploi* ». Dans la mise en œuvre de sa politique de l'éducation et de la formation et de sa politique d'emploi, il a choisi de collaborer uniquement avec le G.I.C.A.M. comme représentant des syndicats professionnels d'employeurs (alors que le G.I.C.A.M. n'est pas un syndicat d'employeurs inscrit au greffe des syndicats, mais plutôt une association régie par la loi N° 90/053 du 19 décembre 1990 sur la liberté d'association). Ne partageant pas le choix exclusif du G.I.C.A.M. fait par le gouvernement, l'U.G.T.C. a voulu comprendre les raisons qui ont motivé cet acte gouvernemental, car selon cette organisation professionnelle, il serait plus approprié d'associer les organisations représentatives de travailleurs au processus d'adoption desdites politiques par l'instauration d'une commission tripartite à cette fin. Le gouvernement a justifié son choix en indiquant que ce sont les services du Premier ministre qui assurent la coordination des comités interministériels relatifs à la mise en place desdites politiques en collaboration avec le G.I.C.A.M., organisation d'employeurs la plus représentative. N'étant pas satisfaite des réponses du gouvernement, la commission a prié le gouvernement camerounais de lui communiquer de plus amples informations sur les mesures de coordination des politiques de l'éducation et de la formation en précisant leur impact en termes d'insertion durable des catégories de travailleurs les plus vulnérables sur le marché du

[106] Conférence internationale du travail, rapport de la commission d'experts pour l'application des conventions et recommandations, 2014.

travail et de lui communiquer les informations sur la manière dont la participation des organisations d'employeurs et de travailleurs est assurée dans la pratique.

Le dernier cas de dénonciation est relatif aux pires formes de travail des enfants. En effet, lors de la 104e session de la conférence internationale du travail, la C.E.A.C.R. a examiné le mercredi 03 juin 2015, le cas camerounais relatif à l'application de la convention 182 sur les pires formes de travail des enfants ratifiée par le Cameroun en 2002. Suite aux dénonciations faites par l'U.G.T.C. le 25 septembre 2015, la confédération des travailleurs unis du Cameroun (C.T.U.C.) le 29 septembre 2015, la confédération syndicale internationale (C.S.I.) le 1er septembre 2015 et le rapport de l'étude menée conjointement par le gouvernement et le programme « *comprendre le travail des enfants et l'emploi des jeunes* » en 2012, la C.E.A.C.R. a conclu qu'il existe effectivement les pires formes de travail des enfants au Cameroun. À cet effet, elle a présenté les éléments statistiques suivants qui corroborent ses affirmations. Il s'agit de :

- six cent mille (600 000) à trois millions (3 000 000) d'enfants victimes de la traite ;
- environ cent soixante-quatre mille (164 000) enfants âgés entre 14 et 17 ans exercent des activités dangereuses ;
- plus d'un million cinq cent mille (1 500 000) enfants de 05 à 14 ans, soit 28 % de cette tranche d'âge, travaillent dans des conditions dangereuses ;
- dans le cadre du travail domestique des enfants, on note une prédominance de filles 70 % ayant une moyenne d'âge de 15 ans qui exercent dans de dangereuses conditions de travail (pour 85 % des enfants) ;
- près de quatre mille (4 000) enfants de 11 à 17 ans, majoritairement des filles, font l'objet d'exploitation sexuelle à des fins lucratives.

On a aussi souvent observé des dénonciations de certaines pratiques gouvernementales faites par des syndicats représentatifs auprès de la commission de l'application des normes de la conférence internationale du travail.

b. La commission de l'application des normes de la conférence internationale du travail (C.A.N-C.I.T.)

La commission de l'application des normes de la conférence internationale du travail est un organe permanent de composition tripartite de la conférence (représentants des gouvernements, des employeurs et des travailleurs, au total on a 150 membres constitués conformément à l'article 7 du Règlement de la Conférence Internationale du travail adopté le

21 novembre 1919 lors de la 1re session de la conférence, révisé et codifié au cours de la 27e session). Elle se saisit chaque année du rapport publié par la commission d'experts pour l'application des conventions et recommandations qui constituent son document de travail de base. Suite à l'examen technique et indépendant des rapports des gouvernements effectués par la commission d'experts, la procédure de la commission de la conférence donne aux représentants des gouvernements, des employeurs et des travailleurs, l'occasion d'étudier ensemble la manière dont les États s'acquittent de leurs obligations résultant des conventions et recommandations.

Les syndicats professionnels des travailleurs ont dénoncé auprès de la commission le gouvernement camerounais à propos de certaines pratiques :

- la non-révision de sa liste de travaux dangereux conformément aux dispositions de la loi N° 17 de 1969 ;

- le mutisme sur les travaux sous l'eau et à des hauteurs dangereuses comme dans le cas d'enfants employés dans la pêche ou dans la récolte de bananes.

Quant à la délégation des employeurs à la commission, elle a révélé l'information suivant laquelle, 1,6 million d'enfants sont engagés dans les pires formes de travail au Cameroun.

Après l'interpellation du gouvernement camerounais suivi de sa réponse, la commission a prié « *instantanément ledit gouvernement de :*

-prendre les mesures nécessaires afin de veiller à ce que les mécanismes de surveillance soient suffisamment appropriés pour détecter les cas de vente et de traite des enfants... de redoubler ses efforts pour veiller à ce que ces enfants ne soient engagés dans les pires formes de travail ;

-réviser de toute urgence, en consultation avec les partenaires sociaux, la liste des travaux dangereux établie par la loi numéro 17 de 1969 afin d'empêcher les enfants de moins de 18 ans de s'engager dans les activités dangereuses y compris les travaux effectués sous l'eau ou à des hauteurs dangereuses ;

-adopter et de mettre en œuvre le Code de protection de l'enfant en suspens depuis près de 10 ans afin d'interdire l'utilisation, le recrutement ou l'offre d'enfants aux fins d'activités illicites ;

- réduire le nombre extrêmement élevé d'enfants de moins de 14 ans engagés dans l'emploi par :

a) une augmentation significative du nombre d'inspecteurs de travail ;

b) une augmentation significative des ressources qui leur sont allouées ;

c) l'amendement du Code du travail pour limiter les exceptions à l'interdiction générale de travail des enfants âgés de 14 ans et moins ;

- s'assurer, conformément au décret présidentiel numéro 2001/041 et aux exigences posées par l'article 7 paragraphe 2 (C) de la convention numéro 182 sur les pires formes de travail des enfants 1999 (ratifiée par le Cameroun en 2002) que les enfants ont accès à l'éducation de base gratuite et sont donc moins exposés aux pires formes de travail »[107].

[107] B.I.T. Commission de l'application des normes de la conférence internationale du travail, *extrait du compte rendu des travaux, 104 ème session*, Genève, 2015, pp.163 à 164.

Conclusion du chapitre II

Mener une réflexion sur les attributions des syndicats revient à analyser comment ces organisations professionnelles exercent les diverses missions qui leur sont dévolues par les lois et règlements de la République. Comme on a pu le constater, certaines missions sont communes à tous les syndicats, quelle que soit leur branche d'activité ou lieu d'implantation alors que d'autres sont spécifiques aux seuls syndicats représentatifs. La difficulté actuellement rencontrée à ce stade de l'analyse est liée à la disparité de textes en matière syndicale ; laquelle entraîne inéluctablement une disparité des missions des syndicats. Les modalités d'action reconnues aux syndicats de fonctionnaires par le décret de 1969 ne sont pas identiques à celles reconnues aux syndicats régis par le Code du travail. De même, l'encadrement de l'exercice du droit de grève par les syndicats est flou et quasi inexistant. Des efforts sont menés par les pouvoirs publics pour remédier à cette situation à travers l'élaboration d'un texte unique en matière syndicale : il s'agit de l'avant-projet de loi sur les syndicats au Cameroun. Cependant, des insuffisances persistent à l'analyse de ce texte. Le régime de la grève qui y est contenu fait la part belle aux seuls syndicats de travailleurs subordonnés, à l'exclusion des syndicats des travailleurs indépendants et de ceux du secteur informel ; cela au mépris du champ d'application de ce texte qui intègre pourtant ces nouveaux acteurs du monde du travail.

CONCLUSION DE LA PREMIÈRE PARTIE

Comme nous venons de le voir, la dimension non contentieuse du droit syndical comporte deux versants : un versant relatif à l'existence normale du groupement syndical et un autre se rapportant à ses attributions.

Relativement au premier versant, la démonstration a consisté à dire que, comme toute personne morale, le syndicat naît, fonctionne et meurt. Ces différentes étapes de la vie du syndicat sont placées sous le sceau de la liberté. Au Cameroun, un important travail reste à faire en ce qui concerne la mise en conformité des textes nationaux qui encadrent les syndicats à la norme internationale en l'occurrence la convention numéro 87 de l'O.I.T. concernant la liberté syndicale et la protection du droit syndical ratifiée par ledit pays en juin 1960. À en croire les organes en charge du contrôle de l'application des conventions et recommandations de l'O.I.T. (le comité de la liberté syndicale, la commission d'experts pour l'application des conventions et recommandations et la commission de l'application des normes de la conférence internationale du travail), il faudrait mettre en place, un texte unique en la matière qui, non seulement harmoniserait le régime actuellement éparse de la vie et de l'activité syndicales, mais surtout qui se conformerait dans son intégralité à la norme internationale qui lui sera supérieure.

Quant au second versant se rapportant aux attributions des syndicats, il importe de signaler que certaines sont communes à tous les groupements professionnels, alors que d'autres sont particulières aux seules organisations reconnues comme représentatives ou les plus représentatives par l'État. Cependant, les critères légaux de représentativité syndicale n'étant pas toujours respectés par le partenaire social qu'est l'État, l'on ne sera pas surpris de constater que certaines organisations syndicales ne cessent de se plaindre des atteintes à la liberté syndicale dans notre espace géographique, tantôt auprès du comité de la liberté syndicale de l'O.I.T. ou des organes chargés du contrôle régulier de la même institution, tantôt auprès des juridictions nationales, ce qui donne à réfléchir sur la dimension contentieuse du droit syndical.

SECONDE PARTIE :

LA DIMENSION CONTENTIEUSE DU DROIT SYNDICAL

Au sens strict, la dimension contentieuse du droit syndical renvoie à toutes les actions en justice initiées par le syndicat en vue de la défense de ses intérêts propres ainsi que des intérêts collectifs de ses membres. Alors qu'au sens large, l'étude de la dimension contentieuse du droit syndical revient à l'analyse des différentes questions relatives à la matière syndicale qui impliquent un syndicat ou toute autre personne morale de droit privé ou encore toute personne physique (en qualité de demandeur ou de défendeur) et qui peuvent faire l'objet d'une contestation devant les juridictions. Cette partie intègre aussi bien les questions liées à l'action en justice d'un syndicat que celles concernant la responsabilité (civile, pénale, sociale et administrative) du groupement, de ses promoteurs et membres. L'essentiel de ce contentieux relève soit de la compétence des juridictions de l'ordre judiciaire (**chapitre I)** soit de la compétence des juridictions des ordres administratif[108] et sportif (**chapitre II**).

---

[108] Ce découpage vertical de l'organisation judiciaire du Cameroun par ordre de juridiction en lieu et place d'un découpage horizontal par degré de juridiction nous est inspiré par le professeur Jean Marie TCHAKOUA, in *Introduction générale au droit camerounais*, P.U.C.A.C. 2008, p. 226.

CHAPITRE I :

LE TRAITEMENT DU CONTENTIEUX DE DROIT SYNDICAL DEVANT LES JURIDICTIONS DE L'ORDRE JUDICIAIRE

Selon le Vocabulaire Juridique de Gérard CORNU, un ordre de juridiction est un ensemble distinct et hiérarchisé de juridictions de même nature[109]. Pour la doctrine, en raison de leur diversité, les juridictions de l'ordre judiciaire ne s'offrent pas facilement à une présentation cohérente[110]. En effet, des études doctrinales sur la question procèdent à des découpages scientifiques qui varient les uns des autres. Tandis que certaines études distinguent les juridictions de droit commun de celles d'exception[111], d'autres préfèrent une présentation tirée du critère hiérarchique en termes de juridictions de première saisine et juridictions saisies sur recours[112]. Une troisième tendance à laquelle nous adhérons présente les juridictions de l'ordre judiciaire par matière : la matière civile, la matière sociale, la matière pénale, le droit traditionnel. Suivant ce découpage, nous envisagerons les juridictions sociales (**section I**) d'une part, suivies des juridictions civiles et pénales statuant en matière de contentieux de droit syndical (**section II**) d'autre part.

Section I : Les juridictions sociales statuant en matière de contentieux de droit syndical

Il arrive qu'un syndicat soit impliqué dans des litiges de travail n'ayant aucun lien avec des questions syndicales ou des contestations ne se rapportant pas directement au droit syndical. Dans le premier cas, on imagine bien qu'un syndicat, en sa qualité d'employeur ou de maître, peut être parti à un litige ordinaire dérivant de la formation, l'exécution ou de la cessation de sa relation professionnelle avec l'un de ses préposés (travailleur ou apprenti). Ce cas de figure ne nous intéresse pas dans le cadre de cette

---

[109] CORNU (G), *Vocabulaire juridique,* 10e édition, P.U.F, p. 716.

[110] TCHAKOUA (J.M), *Introduction générale au droit camerounais, op.cit.,* p.227.

[111] GOUDEM (J), *L'organisation juridictionnelle du Cameroun*, thèse de doctorat 3e cycle, Université de Yaoundé, 1983 ; GUERMANN (M), « L'organisation judiciaire de la République unie du Cameroun », R.C.D., numéro 5, p. 10.

[112] *Idem.*

étude, car il relève purement et simplement du droit et du contentieux de travail.

Cependant, lorsque le litige est spécifique à l'exécution d'une convention collective ou à un cas de discrimination antisyndicale, on est en plein dans un contentieux de droit syndical. C'est dire que le domaine du contentieux de droit syndical qui relève de la compétence des juridictions sociales est spécifique (**Paragraphe I**) en ce qu'il se distingue du domaine du contentieux du travail relevant des mêmes juridictions, même si la procédure contentieuse leur est finalement commune (**Paragraphe II**).

Paragraphe I : Un domaine de compétence spécifique

Il est important de distinguer la compétence des juridictions sociales suivant que la difficulté à résoudre relève du contentieux du travail ou du contentieux de droit syndical. Alors que les litiges qui dérivent du contrat de travail et du contrat d'apprentissage relèvent du contentieux du travail, ceux découlant du refus d'appliquer les conventions collectives (**A**) ou des discriminations antisyndicales (**B**), parce qu'ils préjudicient ou mettent en cause directement les intérêts collectifs des membres du groupement professionnel, relèvent du contentieux de droit syndical.

A. Les litiges découlant du refus d'appliquer les conventions collectives

Aux termes des dispositions de l'article 25 (1) du décret N° 93/578/PM du 15 juillet 1993 applicables aux conventions collectives de travail : « *Une organisation syndicale liée par une convention peut, en son nom propre, intenter une action en dommages et intérêts contre tout autre syndicat ou groupement, ainsi que contre ses propres membres ou toute autre personne, liée par la convention qui en violerait les dispositions ou en entraverait l'exécution* ». Cette disposition illustre à suffisance la théorie des acteurs collectifs dans le contentieux du travail. Au regard de cette disposition du décret N° 93, plusieurs cas de figure peuvent se présenter :

- chacune des organisations syndicales signataires pourra agir contre d'autres syndicats ou groupements professionnels pour manquements dans leurs engagements. Par exemple, un syndicat des salariés pourra agir contre un syndicat d'employeurs qui aurait faussement interprété dans une circulaire destinée à ses adhérents, le sens d'une clause relative à une prime de rendement[113]. De même, l'action d'un groupement d'employeurs contre un syndicat ouvrier est également possible[114].

---

[113] Soc, 24 avril 1964, Droit social, 1964, page 576.

[114] Soc, 15 février 1965, JCP 1965, II, 14212, note SINAY.

- Chacun des groupements peut agir contre ses propres membres qui ne respecteraient pas la convention signée. Dans ce cas, l'action s'interprétera comme une mesure disciplinaire manifeste du groupement patronal contre un patron indiscipliné[115].

- Enfin, chacun des groupements signataires peut agir contre toute personne liée par la convention et qui ne la respecterait pas. Exemple : un syndicat de travailleurs poursuit un employeur isolé, lié par la convention et qui en violerait les dispositions[116].

Non seulement l'action du syndicat peut être exercée à titre principal conformément à l'article 25 (1) du décret N° 93, mais également, celui-ci peut agir par voie d'intervention à l'instance principale engagée par l'un de ses adhérents. Il le fera en raison de l'intérêt collectif que la solution du litige peut présenter pour l'ensemble de ses membres. Cela ressort clairement dans les dispositions de l'article 26 du décret N° 93 qui indiquent : « *Lorsqu'une action, née d'une convention collective est intentée par une personne physique ou morale, toute organisation syndicale dont les membres sont liés par ladite convention peut, sauf opposition de la personne physique ou morale qui intente cette action, intervenir à l'instance, à raison de l'intérêt collectif que la solution du litige peut présenter pour ses membres* ». Cette action en intervention syndicale pourrait par exemple concerner les actes de discriminations antisyndicales.

B. Les actes de discriminations antisyndicales

La discrimination antisyndicale est une des violations les plus graves de la liberté syndicale puisqu'elle peut compromettre l'existence même des syndicats[117]. C'est ce qu'a certainement compris la Conférence générale de l'Organisation internationale du travail lorsqu'elle a fait voter en 1949, la convention numéro 98 sur le droit d'organisation et de négociation collective. On peut lire à l'article 1 de cette convention ce qui suit : « *1) Les travailleurs doivent bénéficier d'une protection adéquate contre tous actes de discrimination tendant à porter atteinte à la liberté syndicale en matière d'emploi.*

2) Une telle protection doit notamment s'appliquer en ce qui concerne les actes ayant pour but de :

a) subordonner l'emploi d'un travailleur à la condition qu'il ne s'affilie pas à un syndicat ou cesse de faire partie d'un syndicat ;

---

[115] Voir PELLISSIER (J), AUZERO (G), DOCKES (E), *Droit du travail*, Précis Dalloz, 26ème édition, 2012, p. 1015.

[116] Voir PELISSIER (J), AUZERO (G), DOCKES (E), *Droit du travail*, *op.cit.*, p.1015.

[117]Voir recueil 2006, 331ème rapport, cas numéro 2169, paragraphe 639, p. 164.

b) congédier un travailleur ou lui porter préjudice par tout autre moyen, en raison de son affiliation syndicale ou de sa participation à des activités syndicales en dehors des heures de travail ou, avec le consentement de l'employeur, durant les heures de travail ».

Des dispositions similaires existent dans le Code camerounais du travail du 14 août 1992, cependant avec des conséquences contrastées. Ainsi, aux termes des dispositions de l'article 4 alinéas 2 et 3 dudit Code : « *(2) Sont interdits à l'égard des travailleurs :*

tout acte de discrimination tendant à porter atteinte à la liberté syndicale en matière d'emploi ;

toute pratique tendant à :

- subordonner leur emploi à leur affiliation ou à leur non affiliation à un syndicat ;

- les licencier ou leur causer un préjudice quelconque en raison de leur affiliation ou leur non affiliation à un syndicat ou de leur participation à des activités syndicales.

(3) est nul et de nul effet, tout acte contraire aux dispositions du présent article ».

Il ressort de cet article que la protection contre les actes de discrimination antisyndicale couvre non seulement l'embauchage et le licenciement, mais aussi toute mesure discriminatoire qui interviendrait en cours d'exécution de la relation de travail. Dans ce dernier cas justement, le comité de la liberté syndicale a précisé que : « *Le non renouvellement d'un contrat d'emploi pour des raisons de discrimination antisyndicale constitue un préjudice au sens de l'article 1 de la convention numéro 98* »[118]. Poursuivant sur ce point, ledit comité observera que : « *Le harcèlement et les manœuvres d'intimidation perpétrées à l'encontre de travailleurs au motif de leur affiliation syndicale ou de leur participation à des activités syndicales légitimes peuvent, bien qu'ils ne portent pas nécessairement préjudice aux travailleurs dans leur emploi, les décourager de s'affilier aux organisations de leur choix et, par là même, violer leur droit d'organisation »*[119].

Pour terminer sur ce point, il convient d'observer la contradiction entre l'article 4 alinéa 3 du Code du travail et l'article 39 alinéa 1 du même texte s'agissant de la sanction des actes de discrimination antisyndicale. Alors que le premier texte sanctionne de nullité tout licenciement discriminatoire, le second lui, préfère la qualification de licenciement abusif avec pour

[118] Recueil 2006, 327e rapport, cas numéro 2147, paragraphe 866.

[119] Recueil 2006, voir 302e rapport, cas numéro 1826, paragraphe 166.

conséquence, le versement des dommages et intérêts à la victime. À notre avis, la première disposition accorde une meilleure protection au salarié contre les actes de discrimination antisyndicale par rapport à la seconde disposition. En attendant une réforme qui viendrait certainement clarifier le régime de la sanction des discriminations antisyndicales à la cessation des relations de travail, intéressons-nous à la procédure contentieuse.

Paragraphe II : Une procédure contentieuse classique

La procédure contentieuse se déroule en deux étapes : la phase non juridictionnelle (**A**) et la phase juridictionnelle (**B**).

A. La phase non juridictionnelle

La phase non juridictionnelle de règlement des différends individuels de travail passe par le préalable de tentative de conciliation qui se tient soit devant l'inspecteur du travail (**1**) soit devant la commission paritaire d'interprétation et de conciliation (**2**) selon les cas de figure.

1. Le Préalable de tentative de conciliation devant l'inspecteur du travail

L'évolution du droit camerounais du travail démontre à suffisance, l'importance que les différents législateurs ont toujours accordée au préalable de conciliation dans la procédure de règlement des différends de travail[120].

La procédure de tentative de conciliation tend au rapprochement des points de vue antagonistes jusqu'à l'acceptation d'une solution négociée. En droit camerounais, le législateur a pensé qu'il serait judicieux que les différends individuels de travail s'éteignent de façon amiable, c'est pourquoi il a rendu obligatoire la tentative de conciliation devant l'inspecteur du travail du lieu du travail avant la saisine des juridictions compétentes. La tentative de conciliation est par conséquent une étape obligatoire dont l'omission ou le défaut de constatation dans le jugement entraîne la nullité de la procédure. Toutefois, en cas de saisine du tribunal après l'échec de la tentative de conciliation, les parties sont en droit de formuler les demandes reconventionnelles ou en compensation qui échappent au préalable de conciliation conformément à l'article 153 du Code du travail.

L'arrêté n° 050/MINTSS/CA du MINTRAVAIL du 06 octobre 2009 fixe les modalités de convocation et de comparution des parties devant

[120] Pour en savoir plus sur une telle évolution, lire C.S, arrêt N°2/S du 02 octobre 1980, affaire KEMO Thomas contre coopérative agricole de planteurs café arabica, observation sous TSASSE SAHA (G.G), in *les grandes décisions du droit du travail de la sécurité sociale*, TCHAKOUA (J.M), (sous la direction de), JUSPRINT, 2016, p. 503.

l'inspecteur du travail. Une fois saisi, l'inspecteur du travail convoque, au plus tard dans les 5 jours suivant le dépôt de la plainte, les parties pour une tentative de conciliation en audience non publique. La convocation datée et signée doit comporter les mentions suivantes pour chacune des parties :

- noms, prénoms et profession (ou raison sociale) ;
- adresse exacte ;
- date de la tentative de conciliation (jour, mois, année et heure) ;
- lieu avec indication précise du bureau.

Elle est adressée aux parties par tous les moyens de transmission laissant trace écrite, au moins 10 jours francs avant la date fixée pour la comparution. Les parties doivent comparaître en personne ou se faire valablement représenter. Hormis les avocats, les autres représentants des parties doivent être munis d'un mandat. Dans le cas où l'une ou les deux parties ne se présentent pas aux jours et heures indiqués, une seconde convocation leur est immédiatement adressée dans les formes et délais précédemment indiqués. Sauf cas de force majeure, si le demandeur ne comparaît pas après la seconde convocation ou ne se fait pas valablement représenter conformément aux dispositions de l'article 3 paragraphe 2 ci-dessus et s'il est prouvé que la convention lui est effectivement parvenue, la plainte est classée purement et simplement. À l'issue de la tentative de conciliation, un procès-verbal constatant soit la conciliation totale ou partielle, soit la non conciliation est signé par les parties et cosigné par l'inspecteur du travail (ou son délégué) qui peut également être appelé à exercer son office devant la commission paritaire d'interprétation et de conciliation prévue par les conventions collectives.

2. La tentative de conciliation devant la commission mixte paritaire d'interprétation et de conciliation

Bien que simplement suggérée par la loi, la commission mixte paritaire d'interprétation et de conciliation est prévue par les conventions collectives. Elle est dédiée à la résolution de tous les différends nés de l'interprétation ou de l'application des conventions collectives qui n'auraient pas été réglés directement par les parties intéressées. C'est dire que si un syndicat entend se plaindre contre un autre syndicat ou une personne physique (employeur par exemple) signataire d'une convention collective qu'il ne respecte pas, celui-ci devra préalablement à la saisine des juridictions sociales s'adresser à la commission mixte paritaire d'interprétation et de conciliation.

La commission est saisie par lettre recommandée adressée soit à l'inspecteur du travail du ressort s'il a été désigné dans la convention collective nationale de la branche d'activité concernée comme président de la commission, soit au ministre chargé des questions de travail, soit un représentant du ministère en charge des questions de travail à l'initiative de la partie signataire de la convention la plus diligente. Cette commission est composée en nombre égal d'un côté des représentants des travailleurs issus des syndicats les plus représentatifs et d'un autre côté, les représentants des employeurs. Elle est présidée, soit par un représentant du ministre en charge des questions de travail, soit par l'inspecteur du travail du ressort. Enfin, les décisions de la commission sont prises sous la forme d'accord de conciliation à la majorité des membres, le président participant au vote.

Reste à présent à analyser les suites de l'échec de la conciliation auprès de la commission paritaire d'interprétation et de conciliation. À ce sujet, deux thèses s'affrontent : la première, en se fondant sur l'argument de célérité, estime que : « *Le législateur a remplacé la phase de préliminaire de conciliation devant l'inspecteur du travail par l'instance devant la commission paritaire de classement professionnel (dans un cas où il s'est posé le problème de la suite à réserver à une procédure de classement professionnel qui aurait échoué devant la commission paritaire de classement, la solution étant transposable en matière de commission paritaire de conciliation et d'interprétation)* »[121].

La deuxième thèse à laquelle nous adhérons estime plutôt que l'échec de la conciliation devant la commission paritaire de conciliation et d'interprétation ouvre la voie à la procédure de règlements des différends individuels de travail qui est une procédure à deux étapes : une tentative de conciliation préalable devant l'inspecteur du travail, et la saisine des juridictions sociales le cas échéant. Deux arguments de droit contribuent à soutenir cette thèse. Le premier est contenu dans le Code du travail à l'article 140 qui indique ce qui suit : « *(1) En cas d'échec total ou partiel de la tentative de conciliation définie à l'article précédent, l'action est introduite par déclaration orale ou écrite faite au greffe du tribunal compétent, par la partie la plus diligente (2) la déclaration doit,* ***à peine d'irrecevabilité***[122]*, être accompagnée d'un exemplaire du procès-verbal de non conciliation ou de conciliation partielle* ».

À l'observation, si l'on s'en tient à la première thèse, la requête introductive d'instance ne saurait être accompagnée d'un procès-verbal de non conciliation ou de conciliation partielle, car la commission paritaire ne délivre pas de tels documents, bien qu'elle ait la qualité pour concilier les parties. La décision de la commission constatant l'échec de la conciliation ne saurait être assimilée à un procès-verbal de non conciliation. C'est dire qu'au plan formel, le demandeur verra sa requête déclarée irrecevable par le

---

[121] GOUAMBE (S.), Observation sous, Cour suprême, arrêt numéro 27 du 14 juillet 1977, affaire BIAO Cameroun, in *Les grandes décisions du droit du travail et de la sécurité sociale* (sous la direction de TCHAKOUA (J-M.)), Jusprint, juin 2016, p. 618.
[122] C'est nous qui soulignons.

tribunal pour absence de procès-verbal de non conciliation ou de conciliation partielle. Plus loin, l'article 158 (1) *in fine* indique qu'« *à défaut de conciliation prévue par la convention collective ou en cas d'échec de ladite procédure, l'inspecteur du travail du ressort convoque sans délai, les parties et procède à une tentative de règlement amiable* ». Cela signifie que l'échec de la conciliation tant devant la commission paritaire de classement et de reclassement ou devant la commission paritaire d'interprétation et de conciliation entraîne *ipso facto* la saisine de l'inspecteur du travail pour la tentative de conciliation. Cette saisine étant la seule possibilité pour obtenir un procès-verbal à son issue. Et, dans l'hypothèse d'un échec total ou partiel de cette tentative de conciliation, un procès-verbal de non conciliation ou de conciliation partielle sera délivré afin de permettre à la partie la plus diligente de saisir les juridictions sociales compétentes.

Au demeurant, la plupart des conventions collectives nationales en vigueur confortent cette position. Celle par exemple des banques et autres établissements financiers (article 7 alinéa 1) ou des hôtels, restaurants, cafés, bars, dancing et activités annexes, indique clairement que tous les différends nés de l'interprétation ou de l'application de la présente convention et qui n'auraient pas pu être réglés directement par les parties intéressées sont soumis par les soins de la partie la plus diligente à une commission paritaire d'interprétation et de conciliation avant tout recours à la procédure légale.

La procédure légale ou conventionnelle de règlement des différends individuels de travail qui commence par la phase de tentative de conciliation respectivement devant l'inspecteur du travail ou la commission mixte paritaire d'interprétation et de conciliation peut éventuellement se poursuivre devant les juridictions sociales.

B. La phase juridictionnelle

Nous nous intéresserons successivement à la composition des juridictions sociales (**1**) et la procédure devant lesdites juridictions (**2**).

1. La composition des juridictions sociales

Aux termes de l'article 133 alinéa 1 du Code du travail : « *Les tribunaux statuant en matière sociale se composent :*

- *d'un magistrat, président ;*
- *d'un assesseur employeur et d'un assesseur travailleur choisi parmi ceux figurant sur les listes établies conformément à l'article 134 ci-dessus ;*
- *d'un greffier* ».

Le tribunal désigne pour chaque affaire des assesseurs employeur et travailleur appelés à siéger. La parité ainsi édictée doit être respectée pour le jugement de chaque affaire sociale inscrite au rôle du tribunal. Il s'agit là d'une règle d'ordre public dictée par un souci d'équité et commandée par l'intérêt d'une bonne administration de la justice.

Sous la législation de 1992, les juges n'ont cessé de rappeler le caractère d'ordre public de la parité dans la composition des tribunaux. Dans l'affaire Boulangerie pâtisserie provinciale de MBOUDA c/ DADJIO Paul, la Cour d'appel de Bafoussam[123] a annulé la décision rendue par le premier juge pour mauvaise composition du tribunal. Pour annuler le jugement querellé, le juge d'appel précise que : « *Considérant que le premier juge a statué seul et n'a pas dit si les assesseurs dûment convoqués à deux reprises ne se sont pas présentés ; qu'en statuant ainsi, il a violé le texte susvisé* ». La parité est-elle toujours assurée en cas de récusation d'un assesseur ?

La récusation est la procédure par laquelle le plaideur demande que tel magistrat (arbitre, assesseur) s'abstienne de siéger, parce qu'il a des raisons de suspecter sa partialité à son égard[124]. Aux termes de l'article 144 alinéa 1 du Code du travail, les assesseurs peuvent être récusés :

- quand ils ont un intérêt personnel à la contestation ;
- quand ils sont parents ou alliés de l'une des parties jusqu'au sixième degré ;
- s'il y a eu procès pénal ou civil entre eux et l'une des parties ou son conjoint ou allié en ligne directe ;
- s'ils ont donné un avis écrit ou oral sur la contestation ;
- s'ils sont employeurs ou travailleurs de l'une des parties en cause.

L'alinéa 2 du même article dispose : « *La récusation est formée avant tout débat. Le président statue immédiatement. Si la demande est rejetée, il est passé outre, si elle est admise, l'affaire est renvoyée à la prochaine audience* ».

Reste à savoir quelle sera la nouvelle composition du tribunal en cas de récusation d'un ou des deux assesseurs ? Dans la pratique, le président de la juridiction compétente, à la demande du président du tribunal, pourvoit au remplacement de l'assesseur ou des assesseurs récusés afin de rétablir la parité.

---

[123] C.A de l'Ouest, arrêt n°13/Soc. Du 7 décembre 2006, affaire Boulangerie pâtisserie provinciale de MBOUDA C/ DADJIO Paul, obs. ANAZETPOUO (Z), Juridis périodique, n°77, Janv-Févr-Mars 2009.

[124] GINCHARD (S), MONTAGNIER (G), *Lexique des termes juridiques,* 17e édition, Dalloz, 2010, voir récusation.

Pour ce qui est de la composition de la Cour d'appel, il faut dire que lorsqu'elle statue en matière sociale, elle est composée de la même façon que les tribunaux comme le soutien le conseiller D. NZONGANG de la Cour suprême dans son rapport sur l'arrêt n° 15/5 du 3 novembre 1983 :

« [...] *Il résulte des textes visés au moyen que la Cour d'appel statuant en matière sociale est une juridiction paritaire composée :*

- d'un magistrat du siège membre de ladite Cour (président).

- d'un assesseur employeur et d'un assesseur travailleur pris parmi ceux figurant sur les listes établies en conformité de l'article 141 du Code du travail (devenu l'article 134 du Code du travail du 14 août 1992).

- d'un greffier

Le tribunal désigne pour chaque affaire des assesseurs employeur et travailleur appelés à siéger. La parité ainsi édictée doit être respectée pour le jugement de chaque affaire sociale inscrite au rôle du tribunal ou de la Cour d'appel. Il s'agit là d'une règle d'ordre public dictée par un souci d'équité et commandée par l'intérêt d'une bonne administration de la justice. D'où l'obligation faite à toute juridiction statuant en matière de différend individuel de travail, de mentionner au jugement ou à l'arrêt, la catégorie sociale dont relève chacun des assesseurs (jurisprudence constante de la Cour de Céans)... »[125].

Le caractère d'ordre public de la parité dans la composition des juridictions sociales est constamment rappelé dans les arrêts de la Cour suprême. Le non-respect entraîne cassation de l'arrêt attaqué comme le démontre cet arrêt de la Cour suprême rendu le 18 août 1983 :

« - *attendu que le préambule de l'arrêt querellé énonce qu'il a été rendu par la Cour d'appel de Douala siégeant comme chambre sociale (...) en son audience publique ordinaire tenue au palais de justice de ladite ville, en la salle ordinaire de ses audiences, le vendredi 4 juin 1982... et en laquelle siégeaient : M. Martin RISSOUK, président de la Cour d'appel de Douala, président ; M. TOUNA ATANGANA, NBOUMBE EPPE, membres avec l'assistance de Me KONGOUDEK Paul, greffier ;*

- attendu qu'il ressort de ce qui précède que non seulement le président de la Cour d'appel de Douala s'est adjoint deux autres membres du siège de ladite Cour, mais également que ce magistrat a, en l'espèce écarté la participation des assesseurs « employeur » et « travailleur » aux débats et à la décision ;

[125] C.S, arrêt numéro 15/5 du 03 novembre 1983.

- attendu que ce faisant, la Cour d'appel a violé les textes visés au moyen ;

d'où il suit que celui-ci est fondé et que l'arrêt attaqué encourt la cassation ».

Au lendemain de la promulgation de la loi numéro 2006/015 du 29 décembre 2006 portant organisation judiciaire au Cameroun, il s'est posé en doctrine et en jurisprudence, un problème d'interprétation de textes. En effet, une apparente contradiction entre ladite loi et le Code du travail autour de la composition de la cour d'appel fut soulevée. En effet, selon les termes du débat, l'article 21 alinéa 1 de la loi de 2006 portant organisation judiciaire qui dispose que « toute affaire relevant de la Cour suprême est jugée par 3 magistrats du siège, membre de la Cour » n'est pas conforme à l'article 133 alinéa 1 du Code du travail sur la composition des juridictions statuant en matière sociale (dont fait partie la cour d'appel). Fort heureusement, la Cour suprême dans l'affaire INADES Formation contre POL Florentine rendue en date du 05 décembre 2013 apportera une réponse claire à ce débat. Dans cette affaire, la Cour indique : *« attendu qu'il résulte de la combinaison des différentes dispositions légales susvisées (article 4 alinéa 1, article 21 alinéa 1 et article 32 de la loi numéro 2006/015 du 29 décembre 2006 portant judiciaire au Cameroun), qu'en attendant l'intervention des textes prévus à l'article 4, les juridictions compétentes appliquent les procédures, usages et pratiques antérieurement en vigueur qui ne lui sont pas contraires ; qu'il s'agit en matière sociale de l'article 133 du Code du travail dont la teneur suit :*

Article 133 alinéa 1 : les tribunaux statuant en matière sociale se composent :

- *d'un magistrat président ;*
- *d'un assesseur employeur ;*
- *d'un assesseur travailleur choisi parmi ceux figurant sur les listes établies conformément à l'article 134 ci-dessus ;*
- *d'un greffier ;*

attendu qu'il ressort cependant du présent arrêt (querellé de la Cour d'appel du Sud numéro 14/Soc du 28 juillet 2011) qu'une collégialité de trois magistrats a statué sans justifier la carence des assesseurs convoqués ;

attendu qu'en application de la règle selon laquelle le spécial déroge au général, la Cour d'appel ne saurait siéger en collégialité de trois magistrats (...) ».

Il ressort de cette décision salutaire de la Cour suprême que dans le principe, la Cour d'appel lorsqu'elle est appelée à statuer en matière sociale est composée conformément à l'article 132 alinéa 1 du Code du travail du

14 août 1992. Cependant, en cas de carence des assesseurs appelés à statuer, la Cour siège en collégialité de trois magistrats. Mais avant d'y parvenir, des préalables procéduraux sont nécessaires.

2. La procédure devant les juridictions sociales

Après l'échec de la tentative de conciliation, chaque partie peut saisir le tribunal compétent pour y porter le différend qui l'oppose à l'autre partie. La procédure devant ledit tribunal est basée sur un certain nombre de caractéristiques énumérées par la loi, qu'il importe de rappeler (**a**) avant d'insister sur les règles de compétence (**b**).

a. Caractéristiques de la procédure en matière sociale

D'après l'article 138 du Code du travail : « *La procédure de règlement des différends individuels du travail est gratuite tant en premier ressort que devant la juridiction d'appel.*

Les décisions et documents produits sont enregistrés en débet et toutes les dépenses de procédure sont assimilées aux frais de justice criminelle en ce qui concerne leur paiement, leur imputation, leur liquidation et leur mode de recouvrement ».

La procédure en matière sociale est donc gratuite, mais elle est aussi simple et rapide. Aucune partie ne peut être condamnée aux dépens et le tribunal, tout comme l'inspecteur du travail, peuvent être saisis par simple déclaration orale ou écrite.

b. Règles de compétence

La compétence d'une juridiction, définie comme étant l'aptitude à instruire et à juger une affaire comporte deux dimensions : la dimension matérielle (**i**) et la dimension territoriale (**ii**).

i. La compétence matérielle

L'article 131 du Code du travail énonce : « *Les différends individuels pouvant s'élever à l'occasion du contrat de travail entre les travailleurs et employeurs et du contrat d'apprentissage relèvent de la compétence des tribunaux statuant en matière sociale conformément à la législation portant organisation judiciaire* ».

Cette compétence matérielle du tribunal du travail est surtout fonction du montant de la demande. D'après l'article 15 alinéa 1 (b) de la loi n° 2006/015 du 29 décembre 2006 portant organisation judiciaire, le tribunal de première instance est compétent en matière sociale pour connaître des différends dont le montant de la demande est inférieur ou égal à 10 millions de F.C.F.A.

Le tribunal de grande instance est quant à lui compétent en matière sociale pour connaître des demandes de paiement des sommes d'argent supérieures ou égales à 10 millions de F.C.F.A. (article 18 alinéa 1(b)).

Une fois les règles de compétence matérielle déterminées, il faudra rechercher les règles de compétence territoriale des juridictions sociales.

ii. La compétence territoriale

L'article 132 du Code du travail prévoit que : *« Le tribunal compétent est en principe celui du lieu du travail. Il demeure toutefois loisible à un travailleur qui ne réside plus au lieu où il exécutait un contrat de travail, de porter tout litige né de la résiliation dudit contrat, soit devant le tribunal du lieu du travail, soit devant celui de sa résidence, à la condition que l'un et l'autre soient situés au Cameroun ».*

La faculté donnée par la loi au travailleur, en cas de rupture du contrat de travail, de saisir à son choix le tribunal devant lequel il compte porter son différend s'explique par le fait que cette rupture peut intervenir alors qu'il avait été déplacé par son employeur du lieu de sa résidence habituelle au lieu d'exécution de son service. Dans ce cas, si le travailleur était logé par son employeur, il perd automatiquement le bénéfice de ce logement qui est considéré comme un accessoire de salaire. Ce qui aurait pour conséquence de le placer dans une situation précaire, incompatible avec les délais d'une longue procédure judiciaire. Mais il faut relever à cet égard que :

- s'il engage son procès devant le tribunal du lieu du travail, cette option
- est irrévocable, en conséquence il ne peut plus se rétracter par la suite pour porter l'affaire devant la juridiction de sa nouvelle résidence
- le préalable de la tentative de conciliation doit nécessairement se tenir
- devant l'inspecteur du travail du lieu d'exécution de son service, qui demeure seul compétent sur ce point.

c. L'introduction de l'instance

En cas d'échec total ou partiel de la tentative de conciliation ; l'action est introduite par déclaration orale ou écrite faite au greffe du tribunal compétent, par la partie la plus diligente. Cette déclaration doit, à peine d'irrecevabilité, être accompagnée d'un exemplaire du procès-verbal de non-conciliation ou de conciliation partielle.

Il est fait inscription de la déclaration introductive de l'action sur un registre tenu spécialement à cet effet. Un extrait de cette inscription est délivré à la partie qui a introduit l'action (article 140 du Code du travail).

Dans les deux (2) jours à dater de la réception de la demande, dimanche et jours fériés non compris, le président du tribunal saisi cite les parties à comparaître dans un délai, qui ne peut excéder douze (12) jours, augmenté, s'il y a lieu, des délais de distance.

La citation doit contenir les noms et profession du demandeur, l'indication de l'objet de la demande, le lieu, l'heure et le jour de la comparution. Cette citation est faite à personne ou à domicile conformément au droit commun. Elle peut valablement être faite par lettre recommandée avec accusé de réception (article 141 du Code du travail).

Les parties sont tenues de se rendre devant le tribunal, aux lieu, jour et heure fixés. Elles peuvent se faire assister ou représenter, soit par un parent ou allié, conformément au droit commun, soit par un avocat, soit par un employeur ou un travailleur appartenant à la même branche d'activité ou encore par un représentant des organisations syndicales auxquelles elles sont affiliées. Les employeurs peuvent, en outre, être représentés par un directeur ou un employé de l'entreprise ou de l'établissement.

Le mandataire des parties doit être constitué par écrit, sauf lorsqu'il s'agit d'un avocat (article 142 du Code du travail).

Si au jour fixé par la convocation, le demandeur ne comparaît pas et ne justifie pas d'un cas de force majeure, la cause est rayée du rôle ; elle ne peut être reprise qu'une seule fois et selon les formules prescrites par la demande primitive à peine de déchéance. Il en sera de même si après renvoi, le demandeur ne comparaît pas.

Si le défendeur ne comparaît pas ou n'est pas valablement représenté, le tribunal, après examen du litige, prononce un jugement par défaut.

Si le défendeur bien que ne comparaissant pas, a présenté ses moyens sous forme de mémoire, la cause est jugée par décision réputée contradictoire.

Le défendeur, qui a comparu dans la procédure ne peut plus faire l'objet d'une décision par défaut. La décision rendue à son encontre est réputée contradictoire (article 143 du Code du travail).

d. L'examen de l'affaire par le tribunal

Le tribunal procède immédiatement à l'examen de l'affaire. D'accord parties ou sur l'initiative du président, renvoi peut être prononcé à quinzaine au maximum. Le tribunal peut également, par jugement motivé, prescrire toutes enquêtes, descentes sur les lieux et toutes mesures d'information qu'il juge utiles. Les débats clos, le tribunal délibère immédiatement en secret.

Sauf mise en délibéré dont le délai maximum est de huit (8) jours, le jugement est rendu sur le siège et doit être motivé[126].

La minute du jugement est signée par le président et par le greffier du tribunal (article 145 du Code du travail).

Le jugement peut ordonner l'exécution immédiate nonobstant opposition ou appel, et par provision avec dispense de caution jusqu'à une somme fixée par voie réglementaire. Pour le surplus, l'exécution provisoire peut être ordonnée à charge de fournir caution ; elle pourra cependant jouer sans limites nonobstant toute voie de recours et sans versement de caution lorsqu'il s'agira de salaires et des accessoires de salaire non contestés et reconnus comme dus (article 146 du Code du travail). Dans tous les cas, le jugement est susceptible de voies de recours.

e. Les voies de recours

L'opposition (**i**), l'appel (**ii**) et le pourvoi en cassation (**iii**) constituent les différentes voies de recours envisageables.

i. L'opposition

L'opposition est faite par déclaration écrite ou orale au greffe de la juridiction qui a rendu la décision attaquée, dans un délai de dix (10) jours après notification de la décision rendue par défaut. Elle n'est point recevable tant que le jugement par défaut n'a pas été signifié au défaillant. La notification doit être signifiée à personne, à domicile ou par lettre recommandée avec accusé de réception[127].

À défaut d'opposition, le jugement est exécutoire. Mais lorsqu'une opposition est formée dans les délais ci-dessus, le tribunal convoque à nouveau les parties à l'audience. Le nouveau jugement rendu est exécutoire nonobstant tout défaut.

ii. L'appel

Le jugement peut faire l'objet d'un appel, qui doit être interjeté dans un délai de quinze (15) jours à compter du prononcé du jugement, s'il est réputé contradictoire ou de sa signification s'il est par défaut ou réputé contradictoire[128].

L'appel doit être formé par déclaration écrite ou orale auprès du greffier en chef du tribunal qui a rendu le jugement. Sauf exécution provisoire

---

[126] NYAMA (J.M), *Droit et contentieux du travail et de la sécurité sociale au Cameroun,* P.U.C.A.C., 2012, p. 320.
[127] Idem
[128] Idem

prononcée par le tribunal, l'appel suspend l'exécution du jugement. Il est transmis dans la huitaine de la déclaration au greffe de la Cour d'appel compétente.

L'appel est jugé sur pièces dans les deux (2) mois de la déclaration d'appel. Toutefois, les parties sont admises à comparaître sur leur demande auquel cas leur représentation obéit aux règles fixées pour l'audience devant le tribunal d'instance. Elles sont informées par le greffier et à l'adresse donnée par elles de la date de l'audience, du nom de l'adversaire et du jugement attaqué.

La Cour doit obligatoirement statuer sur le caractère de l'appel. Tout appel abusif ou dilatoire peut entraîner la condamnation de l'appelant à une demande de fol appel allant de 20 000 à 100 000 francs. La cour désigne un huissier à la requête duquel l'exécution sera poursuivie (article 154 du Code du travail).

L'arrêt de la Cour d'appel est susceptible de pourvoi dans les formes et conditions de droit commun.

iii. Le pourvoi en cassation

La partie qui n'est pas satisfaite de l'arrêt rendu par la Cour d'appel dispose du délai d'un mois pour saisir la Cour suprême. Ce pourvoi n'est pas suspensif et se fait soit par requête, soit par lettre, soit par déclaration au greffe de la Cour d'appel, d'un tribunal de première ou de grande instance. Il s'agit, il faut le préciser, de tous les greffes des juridictions citées[129].

Enfin, il importe de relever trois précisions importantes prévues par le Code du travail :

1- les travailleurs bénéficient de plein droit de l'assistance judiciaire pour l'exécution des jugements et arrêts rendus à leur profit. Le président du tribunal désigne à cet effet l'huissier qui prêtera son ministère au travailleur (article 149 du Code du travail).

2- Certains jugements en matière sociale, tels que ceux relatifs à des demandes de remise du certificat de travail ou de bulletin de paie sont définitifs et donc non susceptibles de recours (article 152 du Code du travail).

3- Les tribunaux statuant en matière sociale connaissent de toutes les demandes reconventionnelles ou en compensation qui, par leur nature, entrent dans leur compétence (article 153 du Code du travail).

---

129 NYAMA (J.M), *Droit et contentieux du travail et de la sécurité sociale au Cameroun, op.cit,* p.321.

Les juridictions sociales ne sont pas les seules compétentes pour régler tout le contentieux de droit syndical. Il existe des pans de ce contentieux qui sont du ressort des juridictions civiles et pénales.

Section II : Les juridictions civiles et pénales statuant en matière de contentieux de droit syndical

Le contentieux de droit syndical peut être résolu devant les juridictions civiles (**Paragraphe I**) et pénales (**Paragraphe II**) en fonction de la nature du litige.

Paragraphe I : Les juridictions civiles statuant en matière de contentieux de droit syndical

Après avoir identifié le domaine de compétence des juridictions civiles en matière de contentieux de droit syndical (**A**), nous envisagerons les procédures devant lesdites juridictions (**B**).

A. Les domaines de compétence des juridictions civiles

Dans le domaine du contentieux de droit syndical, les juridictions civiles revendiquent leurs compétences en cas de différends survenus au sein du mouvement syndical, des rivalités intersyndicales (**1**) et enfin en matière de contentieux des élections des délégués du personnel (**2**).

1. Les différends au sein du mouvement syndical et les rivalités intersyndicales

La raison d'être ou le fondement de la dévolution à la compétence exclusive des juridictions civiles, des différends existant au sein du mouvement syndical ou encore des rivalités intersyndicales s'explique par le souci de se conformer aux principes de la liberté syndicale dégagés par l'O.I.T. de façon générale et particulièrement à celui de la non-ingérence des autorités publiques et d'autres organisations syndicales de travailleurs ou d'employeurs dans les affaires internes d'un syndicat. Dans ce sens, le comité de la liberté syndicale affirme que : « *Le respect des principes de la liberté syndicale suppose que les autorités publiques fassent preuve d'une grande retenue en ce qui concerne toute intervention dans les affaires internes d'un syndicat. Il est plus important encore que les employeurs se comportent avec circonspection à cet égard. Ils ne devraient rien faire, par exemple qui puisse être interprété comme favorisant un groupe au détriment d'un autre au sein d'un syndicat* ».[130] Poursuivant l'analyse, le comité

[130] Voir recueil 1996, paragraphe 761 ; 327e rapport, cas numéro 2118 ; paragraphe 641, 328e rapport, cas numéro 2124.

précise qu'une situation qui n'implique pas de différends entre le gouvernement et les organisations syndicales, mais ne résulte que d'un conflit au sein même du mouvement syndical est du ressort des parties intéressées. C'est pourquoi, ni le gouvernement, ni une organisation syndicale de quelque nature que ce soit, encore moins le comité de la liberté syndicale, n'ont compétence pour traiter des différends opposant les diverses tendances d'un mouvement syndical[131]. Au demeurant, le comité estime qu'en pareille hypothèse, l'intervention de la justice permettrait de clarifier la situation du point de vue légal et statutaire et de normaliser la gestion et la représentation de l'organisation en cause[132].

Une illustration de rivalité intersyndicale portant sur la dévolution des biens à la suite d'une scission syndicale en droit étranger permettra de mieux comprendre la position du comité de la liberté syndicale. En effet, dans une affaire C.N.T.T. contre C.S.T.T, l'U.G.S.L. et la C.G.C.T. se rapportant à la dévolution des biens suite à une scission syndicale, le tribunal de première instance de Lomé, rejoint par la Cour d'appel (chambre civile) ont affirmé qu'« *Il est de jurisprudence constante et abondante que la scission d'un syndicat et notamment la démission de tous ou de quelques-uns de ses membres ne peut entraîner sa dissolution et n'ouvre à aucun de ses membres démissionnaires ni à un nouveau syndicat constitué par eux, le droit sur l'actif social...* ». C'est à bon droit que la Cour d'appel a confirmé la décision du tribunal civil déclarant nul et de nul effet, le procès-verbal du 10 février 1998 portant partage des locaux de la bourse du travail de Lomé. Les faits de cette affaire méritent d'être rappelés afin de bien comprendre la solution du juge.

À l'époque du parti unique au Togo, les tenants du pouvoir avaient mis en place une centrale syndicale unique connectée au pouvoir et servant d'aide marchante au R.P.T, le parti au pouvoir . Conformément à l'article 24 du Code du travail qui dispose : *« Des locaux peuvent être mis par les pouvoirs publics à la disposition des unions des syndicats pour l'exercice de leur activité »*, c'est ainsi que « *la confédération nationale des travailleurs du Togo (C.N.T.T.), la centrale syndicale unique, ont demandé au gouvernement de mettre à leur disposition un ensemble d'immeubles dénommés bourse du travail, sise à Lomé, Kama et Dapaong* ».

Avec l'avènement de la démocratisation, la C.N.T.T. a perdu le monopole des activités syndicales avec l'arrivée sur l'échiquier syndical, de

---

[131] Sauf si le gouvernement est intervenu d'une manière qui pourrait affecter l'exercice des droits syndicaux et le fonctionnement normal d'une organisation.

[132] Voir recueil 1996, paragraphe 965 ; 307e rapport, cas numéro 1918, paragraphe 249, 308e rapport, cas numéro 1915, paragraphe 271.

plusieurs centrales syndicales dont la confédération syndicale des travailleurs du Togo (C.S.T.T.), l'union générale des syndicats libres (U.G.S.L.) et de la confédération générale des cadres du Togo (C.G.C.T.).

Ces trois centrales syndicales estiment que la bourse du travail est la propriété commune de tous les travailleurs, et donc, la propriété commune de toutes les centrales syndicales. Fort de cet argument, elles réclament le partage des locaux de l'immeuble entre toutes les 07 centrales actives sur le terrain. Cette proposition qui vient du chef de l'État a fait l'objet d'un procès-verbal signé par la C.N.T.T. qui le constate aujourd'hui et en demande l'annulation. Le président du tribunal de première instance de Lomé (chambre civile) en se fondant sur le droit :

- reconnaît à la C.N.T.T. le droit de propriété sur l'immeuble dénommé « bourse du travail », construit sur sa demande, conformément à l'article 24 du Code de travail et mis à sa disposition par le chef de l'État togolais ;
- reconnaît à la C.N.T.T., le droit de jouissance de la personnalité morale avec tous les avantages qui y sont attachés ;
- en sa qualité de personne morale, non éteinte, la C.N.T.T. conserve les droits acquis sur la bourse du travail, et ce jusqu'à son extinction ;
- rejette l'idée de partager des biens de la C.N.T.T. qui, même en cas de dissolution, ne verra ses biens répartis entre ses membres qui sont censées être les centrales appelantes et ceci, conformément à l'article 10 du Code du travail qui dispose : « *En cas de dissolution volontaire, statutaire ou prononcée par le tribunal civil, les biens du syndicat sont dévolus conformément aux statuts ou, à défaut, de dispositions statutaires, suivant les règles déterminées par l'assemblée générale dudit syndicat. En aucun cas, ils ne peuvent être répartis entre les membres adhérents* ».

Eu égard à ce qui précède, le premier juge a déclaré la C.N.T.T., la seule propriétaire de la bourse du travail et a rejeté toute idée de partage et a débouté les demanderesses de leurs prétentions.

Quant au second juge, outre les considérations que le premier juge a fait intervenir, il a déclaré le procès-verbal, l'arbitrage du Président de la République et la position de l'organisation internationale du travail (O.I.T.) dépourvus de toute autorité de la chose jugée.

Soucieux du respect scrupuleux du droit, en l'occurrence, des dispositions du Code de travail et les clauses des statuts de la C.N.T.T., les deux présidents de la chambre civile du tribunal de première instance et de la chambre civile de la Cour d'appel ont unanimement conclu :

- à la nullité du procès-verbal de partage des locaux de la Bourse entre les centrales syndicales suite à l'arbitrage du chef d'État ;
- à la reconnaissance de la C.N.T.T. comme la seule et unique propriété de la bourse du travail ;
- au débouté, à leurs dépens, des centrales syndicales concurrentes : la C.S.T.T., l'U.G.S.L. et la C.G.C.T.

Les juridictions civiles reconnaissent aussi leur compétence dans le contentieux des élections des délégués du personnel.

2. Le contentieux des élections des délégués du personnel

La question du contentieux des élections des délégués du personnel est traitée à l'article 126 alinéa 1 et 2 du Code du travail qui dispose : « *(1) Les contestations relatives à l'électorat et à l'éligibilité des délégués du personnel ainsi qu'à la régularité des opérations électorales sont de la compétence du tribunal de première instance compétent qui statue d'urgence.*

(2) pour être recevable, la contestation doit être introduite dans les 03 jours qui suivent la publication de la liste électorale si elle porte sur l'électorat ou l'éligibilité ; dans les 15 jours qui suivent la proclamation des résultats, si elle porte sur la régularité des opérations électorales ».

Au regard de ces dispositions, un constat est fait ; celui de l'absence de précisions sur les personnes pouvant contester les élections des délégués du personnel. Cependant, lorsqu'on consulte l'arrêté numéro 00202/MINTSS du 22 octobre 2017 fixant les modalités d'élections et les conditions d'exercice des délégués du personnel, on est fondé à croire que les personnes ou les organes qui peuvent avoir intérêt à agir sont :

- l'employeur ;
- tout électeur pour les élections de son collège électoral même s'il a déjà été élu ;
- tout candidat pour l'élection du collège auquel il appartient ;
- chaque syndicat qui présente des candidats aux élections des délégués du personnel[133] ;
- l'inspecteur du travail[134].

---

[133] La jurisprudence française va plus loin en admettant le droit à la contestation des élections des délégués du personnel, tout syndicat même non représentatif dans l'entreprise, dès lors qu'il a des adhérents dans celle-ci (cf. Cass. Soc ; 12 juillet 2006, numéro 05-60.353).

Si la contestation porte sur l'électorat ou l'éligibilité, elle doit être introduite dans les 3 jours de la publication des listes électorales ; si elle porte sur la régularité des opérations électorales, elle doit être introduite dans les 15 jours de la proclamation des résultats. Ce n'est qu'à partir de ce moment que commence la procédure contentieuse.

B. Les procédures devant les juridictions civiles

Devant les juridictions civiles, il existe les procédures ordinaires (**1**) et les procédures d'urgence (**2**).

1. Les procédures ordinaires

En cas des différends constatés au sein d'un syndicat ou de rivalités intersyndicales, l'introduction de l'instance commence par une assignation conformément à l'article 5 du Code de procédure civile. L'assignation contiendra :

- la date des jours, mois et année, les noms, profession et domicile du demandeur ;
- les noms, demeure et matricule de l'Huissier ou de l'agent d'exécution,
- les noms et demeure du défendeur et mention de la personne à laquelle copie de l'exploit sera laissé ;
- l'objet de la demande, l'exposé sommaire des moyens ;
- l'indication du tribunal qui doit connaître de la demande, la date et l'heure de l'audience (article 6 du C.P.C.C.) ;
- La juridiction compétente sera celle du lieu où le groupement syndical demandeur est établi (article 8 C.P.C.C.). Le délai ordinaire d'assignation sera de 08 jours pour ceux qui sont domiciliés dans le lieu où siège le tribunal.

Hormis les cas d'assistance judiciaire, le demandeur est tenu avant toute instance de consigner au greffe de la juridiction civile, une somme suffisante pour garantir le paiement des frais, enregistrement compris. Il devra compléter cette provision si en cours d'instance, elle se révèle insuffisante.

À l'audience fixée par la citation, les parties comparaîtront soit en personne, soit par leur avocat – défenseur, soit par leur mandataire dans les conditions de l'article 2 du C.P.C.C. Les audiences des tribunaux sont publiques à moins que cette publicité ne soit dangereuse pour l'ordre public

[134] Sur la qualité reconnue à l'inspecteur du travail pour contester une élection des délégués du personnel, voir POUGOUE (P.G), (sous la direction de), *Le Code de travail camerounais annoté*, P.U.A, 1997, pp. 84 à 86.

ou les mœurs, auquel le tribunal le déclare par jugement préalable. À l'audience, les parties (ou leurs mandataires) sont autorisées à présenter les observations orales ou à développer leurs conclusions. Si, d'après l'examen d'une affaire, il y a lieu d'ordonner que les faits ou des écritures soient vérifiés ou qu'une partie soit interrogée, il y sera procédé suivant les formes et conditions déterminées par le C.P.C.C. Le contentieux de droit syndical ne constitue pas une cause communicable au ministère public. Les jugements sont rédigés en minutes. Ils énoncent qu'ils ont été rendus en audience publique et indiqueront clairement la date à laquelle ils ont été rendus. Ils contiendront les noms des magistrats et du greffier qui auront siégé. Toute partie qui succombera sera condamnée aux dépens. Enfin, les expéditions des arrêts, jugements, mandats de justice ainsi que les grosses et expéditions des contrats et tous actes susceptibles d'exécution forcée, sont revêtus de la formule exécutoire ainsi introduite :

- « *République du Cameroun* » ;
- « *Au nom du peuple camerounais* » ;

Elle se termine par la mention suivante :

-« *En conséquence, le Président de la République du Cameroun mande et ordonne à tous Huissiers et agent d'exécution sur ce requis de mettre le présent arrêt (ou jugement) à exécution, aux procureurs généraux, officiers de force publique, de prêter main-forte lorsqu'ils en seront légalement requis* ».

-« *En foi de quoi le présent arrêt (ou jugement) a été signé par...* ».

Les décisions rendues par les tribunaux civils sont susceptibles d'appel ou d'opposition conformément aux dispositions des articles 188 et suivants, 62 et suivants du C.P.C.C. C'est d'ailleurs le même texte qui organise la procédure d'urgence.

2. Les procédures d'urgence

L'article 126 (1) du Code du travail précise que les contestations relatives à l'électorat, l'éligibilité des délégués du personnel ainsi qu'à la régularité des opérations électorales sont de la compétence du tribunal de première instance territorialement compétent qui statue d'urgence. À l'analyse de cette disposition, la question qui nous vient directement à l'esprit est bien celle de savoir s'il est possible que le tribunal de première instance, chambre civile, statue d'urgence au regard de la réglementation en vigueur. Dans l'esprit du texte, on pense que le législateur a voulu indiquer qu'en cette matière, la procédure applicable serait celle de l'urgence qui est de la compétence de la juridiction présidentielle.

À ce titre, l'article 182 et suivants du Code de procédure civile et commerciale prévoit que, dans tous les cas d'urgence, ou lorsqu'il s'agira de statuer provisoirement sur les difficultés relatives à l'exécution d'un titre exécutoire ou d'un jugement, la demande sera portée à une audience tenue à cet effet par le président du tribunal de première instance aux jours et heures indiqués par le tribunal. Si néanmoins le cas requiert célérité, le président ou celui qui le représentera, pourra permettre d'assigner soit à l'audience, soit à son hôtel, à l'heure indiquée, même les jours de fête et dans ce cas, l'assignation ne pourra être donnée qu'en vertu de l'ordonnance du juge qui commettra un Huissier ou un agent d'exécution à cet effet. Les ordonnances sur référées ne feront aucun préjudice au principal, elles seront exécutoires par provision, sans caution, si le juge n'a pas ordonné qui en serait fourni une. Elles ne seront susceptibles d'opposition. L'appel est possible, mais seulement dans les cas où la loi l'autorise. Or, en matière de contentieux des élections du délégué du personnel, le Code du travail est muet sur la question de l'appel de la décision du juge qui statue en urgence. Enfin, dans le cas d'absolue nécessité, le juge pourra ordonner l'exécution de son ordonnance sur minute, conformément aux dispositions de l'article 187 du C.P.C.C.

Au regard des précisions apportées plus haut, nous pensons que les dispositions de l'article 126 (1) du Code du travail méritent une réécriture en ces termes : « *les constatations relatives à l'électorat et à l'éligibilité des délégués du personnel ainsi qu'à la régularité des opérations électorales sont de la compétence du juge compétent en matière d'urgence* ». Cette réécriture concerne également certains aspects pénaux du contentieux de droit syndical qui relèvent de la compétence des juridictions pénales.

Paragraphe II : Les juridictions pénales statuant en matière de contentieux de droit syndical

Les juridictions pénales sont compétentes toutes les fois que le contentieux de droit syndical a une nature pénale. Il arrive en effet que le syndicat engage une action pénale contre l'un de ses membres qui aurait porté atteinte à ses intérêts de personne morale. L'affaire ministère public et la C.S.T.C. contre Essiga Benoît en est une illustration parfaite. Il ressort des faits de l'espèce que le sieur Zambo Amougou Jean Marie alors président de la C.S.T.C. à l'époque des faits avait introduit une citation directe en 2011 contre le nommé Essiga Benoît président sortant devant le T.P.I. du centre administratif statuant en matière correctionnelle pour des faits d'escroquerie foncière. En effet, le sieur Essiga Benoît, alors que son mandat de président confédéral avait expiré, s'était maintenu dans la résidence de fonction sise à BASTOS (Yaoundé) et vendu sans titre et qualité une partie de ce domaine à un entrepreneur chinois du nom de Leo Fang en service à l'ambassade de Chine à Yaoundé et ce dernier a aussitôt entrepris des constructions[135].

Il arrive aussi que des actions pénales soient engagées contre des dirigeants, membres et tiers au syndicat qui auraient commis des infractions à la réglementation sur la constitution et le fonctionnement des syndicats. C'est dans ce sens que le Code du travail camerounais du 14 août 1992 érige en infractions, certains faits délictueux commis par ces personnes physiques dans le domaine syndical (**A**). Les règles de procédure pénale en cette matière ne sont pas exemptes de reproches (**B**).

A. L'identification des infractions susceptibles d'être commises dans le domaine syndical

À l'analyse des dispositions du Code du travail, on constate qu'il existe des infractions qui visent les promoteurs des syndicats (**1**), les membres du syndicat et des tiers (**2**) qui se seraient mis en marge des dispositions sur la constitution et le fonctionnement des syndicats.

1. Les infractions visant les promoteurs du syndicat

En droit pénal du travail, le législateur a prévu de nombreuses infractions à l'encontre des personnes en charge de l'administrateur et de la direction d'un syndicat qui ne respecteraient pas les prescriptions du Code du travail relatives à la constitution et le fonctionnement des syndicats. On peut citer entre autres :

Le fait pour les promoteurs d'un syndicat non encore enregistré de se comporter comme si ledit syndicat avait été enregistré.

Pour une telle infraction, il faudrait rechercher les éléments matériel et moral. L'élément matériel peut être constitué des actes de commission telle la négociation des contrats de partenariat, demandes de crédits bancaires... ou des actes d'abstention tels l'omission volontaire d'informer des tiers – partenaires de l'absence de personnalité juridique du syndicat avec lequel ceux-ci souhaitent contracter. Quant à l'élément moral, il sera constitué à partir du moment où la preuve de l'intention de se comporter comme si le syndicat avait été enregistré sera manifeste. L'absence de certificat d'enregistrement, le refus de délivrance d'un certificat d'enregistrement ou l'annulation de ce certificat pourront faire foi.

Le fait pour les promoteurs d'un syndicat d'avoir été déchus de leur droit civique conformément à l'article 30 (1) (2) (3) du Code pénal. Il s'agit de l'hypothèse où avant ou en cours de mandat, les promoteurs de syndicats

---

[135] Cf. Affaire M.P. et la C.S.T.C. contre ASSIGA Benoît du 27 décembre 2011, T.P.I Yaoundé (chambre administrative) statuant en matière correctionnelle.

auraient été condamnés définitivement par une juridiction répressive avec déchéance de leurs droits civiques prévus à l'article 30 alinéas 1 et 2 et 3 du Code pénal.

Le fait pour les promoteurs d'un syndicat enregistré de l'avoir laissé fonctionner pendant trois mois sans disposer d'un local auquel toutes les communications et tous les avis peuvent lui être adressés. Selon les termes de l'article 16 (1) du Code du travail : « *Tout syndicat enregistré doit avoir un local et l'adresse de ce local doit être communiquée au greffe des syndicats dans les 30 jours à compter de son ouverture, de même que tout changement d'adresse subséquent et ce, dans les 30 jours qui suivent ce changement. Le manquement à cette obligation après trois mois de fonctionnement constitue une faute pénale et les promoteurs dudit syndicat sont passibles de poursuites judiciaires* ».

Le fait pour le mandataire d'un syndicat d'inciter une personne à rompre un contrat de travail ou de s'ingérer dans le droit d'autrui à disposer de son capital ou de son travail à son gré : lorsque le syndicat mandate une personne (promoteur ou tiers) pour faire aboutir un différend de travail, l'article 19 du Code du travail précise que cette action ne peut entraîner des poursuites pénales à l'égard de cette personne que si cette dernière incite une autre personne à rompre son contrat de travail ou s'ingère dans le droit d'autrui à disposer de son capital ou de son travail à son gré.

Dans toutes ces matières, l'article 166 du Code du travail punit d'une peine d'amende de 50 000 à 500 000 F.C.F.A. les membres chargés de la direction ou de l'administration d'un syndicat, reconnus coupables de ces différentes infractions. Cependant lorsque le promoteur d'un syndicat exige ou accepte d'un travailleur, une rémunération pour l'obtention d'un emploi et le règlement d'un différend de travail, il encourt une peine d'emprisonnement conformément à l'article 170 (2) du Code du travail.

2. Les infractions visant les membres du syndicat et les tiers

S'agissant des membres d'un syndicat ou des tiers, ils peuvent être poursuivis s'ils sont soupçonnés d'être :

- auteurs de fausses déclarations relatives aux statuts et aux noms et qualités des membres chargés de l'administration ou de la direction d'un syndicat ;
- usurpateur du titre de membre chargé de l'administration ou de la direction d'un syndicat ;
- auteurs des infractions aux dispositions du décret fixant le S.M.I.G. ;
- auteurs d'infractions aux dispositions des conventions collectives ayant fait l'objet d'un décret d'extension en matière de salaire, prime, indemnités et de tous avantages évaluables en espèces ;

- auteurs d'actes de discrimination anti syndicale prévus à l'article 4 alinéa 2 (a) et (b).

Quant à la peine encourue, pour ce qui est des 4 premières infractions sus- citées, la peine d'amende de 100 000 à 1 000 000 de FCFA, alors que dans la dernière, la peine va de 200 000 à 1 500 000 FCFA. Des peines d'emprisonnement de 06 jours à 06 mois peuvent être requises en cas de récidive uniquement dans l'hypothèse des discriminations anti syndicales des articles 168 alinéa 2 et 3 conformément à l'article 170 alinéa 1 du Code du travail. Pour parvenir à ces sanctions, il existe des règles de procédure à observer.

B. Les règles de procédure

Après avoir analysé l'état actuel du droit positif en matière de poursuite des infractions à la législation du travail **(1)** nous envisagerons des perspectives d'évolution de notre législation sociale **(2)**.

1. L'état du droit positif en matière de poursuite des infractions à la législation du travail

La poursuite est l'ensemble des procédures qui visent à l'application d'une sanction. Elle débute par la constatation de l'infraction suivie par la mise en mouvement de l'action publique.

La constatation de l'infraction est l'acte par lequel on établit l'existence de l'infraction. En droit pénal du travail, la constatation de l'infraction pose la question de l'autorité chargée de constater de la valeur du procès-verbal de constatation et de la nécessité de la mise en demeure. Elle peut être le fait des agents ou officiers de police judiciaire ou le fait de l'inspecteur du travail[136]. En effet, il est de règle en droit pénal général que les agents et officiers de police judiciaire sont compétents pour constater les infractions. En droit pénal du travail, cette prérogative est également reconnue aux inspecteurs du travail en ce qui concerne les infractions à la législation du travail conformément à l'article 109 alinéa 1 du Code du travail du 14 août 1992 : « *les inspecteurs du travail peuvent constater, par procès-verbal faisant foi jusqu'à la preuve contraire, les infractions aux dispositions de la législation et de la réglementation du travail* ». Dans ce cas, l'inspecteur du travail agit comme officier de police judiciaire à compétence spéciale[137].

---

[136] FONGANG NGAMENI (S), *La rupture fautive en jurisprudence sociale de 1992 à 2002*, mémoire de DEA, *op.cit.*, p.74.

[137] Cf. POUGOUE (P-G), (sous la direction de), Code *du travail camerounais annoté*, P.U.A. 1997, p.239.

Pour constater l'infraction, l'inspecteur du travail peut entrer librement dans les entreprises soumises à son contrôle sans avoir à solliciter une autorisation préalable du chef d'entreprise ; il peut exiger la communication des livres et documents dont la teneur est obligatoire. La constatation est matérialisée par l'établissement d'un procès-verbal. Celui-ci est établi en double exemplaire : l'un est envoyé au procureur de la République et l'autre à la hiérarchie. Il doit contenir l'identification exacte et complète du délinquant[138], la nature de l'infraction et l'élément légal, c'est-à-dire la disposition qui fait l'objet de l'infraction. L'inspecteur doit mentionner, le cas échéant, les explications du chef d'établissement ainsi que les références des lettres de mise en demeure qui n'ont pas été suivies d'effet. Le procès-verbal que dresse l'inspecteur du travail fait foi jusqu'à la preuve contraire[139], pour les dispositions qui émanent de l'inspecteur lui-même. Mais les déclarations émanant des tiers n'ont qu'une valeur relative. Le délit d'obstacle aux fonctions de l'inspecteur du travail est puni par l'article 169 du Code du travail.

S'agissant de la mise en mouvement de l'action publique, l'on note une concurrence de compétence entre l'inspecteur du travail et le procureur de la République. Le législateur de 1992 donne compétence à l'inspecteur du travail pour « *poursuivre directement en justice devant la juridiction compétente tous les auteurs d'infraction aux dispositions de la présente loi et des textes pris pour son application* »[140]. Au regard de cette disposition, l'inspecteur du travail n'est pas qu'un simple auxiliaire du procureur de la République. C'est un véritable maître de la poursuite avec pouvoir de déclencher l'action publique, de soutenir l'accusation et d'exercer éventuellement les voies de recours[141].

Cependant, cette concurrence ou conflit de compétence suscite des inquiétudes à une certaine étape de la procédure. Concrètement, que se passera-t-il pour une même infraction commise par un seul auteur, le procureur de la République voulant la classer alors que l'inspecteur du travail désire la poursuivre ? Le législateur n'a pas résolu ce conflit et son intervention est fort souhaitable. Quelques perspectives d'évolution de la poursuite des infractions en droit pénal du travail méritent d'être scrutées pour une éventuelle réforme.

---

[138] Il s'agit des nom (s), prénom (s) du délinquant, adresse complète, lieu d'implantation de l'établissement.

[139] Article 109 alinéa 1 du Code de travail de 1992.

[140] Article 109 alinéa 2 du Code du travail camerounais de 1992.

[141] S. FONGANG NGAMENI (S), *La rupture fautive en jurisprudence sociale de 1992 à 2002, op.cit.*, p.76.

2. Les perspectives d'évolution de la poursuite des infractions en droit pénal du travail

À la question de savoir par quelles modalités l'inspecteur du travail peut-il exercer les poursuites pénales, le législateur du 14 août 1992 n'y apporte aucune réponse. Il indique simplement que : « *Les modalités d'exercice des pouvoirs de contrôle des inspecteurs du travail sont en tant que de besoin, fixées par voie réglementaire* ». Or, depuis la promulgation de la loi numéro 007/92 du 14 août 1992 portant Code du travail, l'acte réglementaire censé améliorer l'action publique de l'inspecteur du travail est toujours attendu. C'est pourquoi, dans le but d'en finir avec de naïves attentes, une doctrine[142] a proposé la réactivation des voies parallèles de poursuites pénales consécutivement à la commission des infractions à la législation du travail. *De lege ferenda*, le législateur devra aménager ses dispositions afin de conférer à la victime, la qualité pour déclencher les poursuites pénales. Celle-ci pourrait avoir intérêt à obtenir la condamnation pénale du présumé auteur de l'infraction, même contre la volonté du ministère public. Pour cela, elle dispose de deux voies pour déclencher directement l'action publique. La moins radicale semble être la plainte avec constitution de partie civile. Elle consiste pour elle, à porter plainte devant le juge d'instruction en l'assortissant d'une demande en réparation. Ce mode de déclenchement de l'action publique comporte cependant une exigence qui peut décourager la victime de l'infraction surtout lorsqu'il s'agit du travailleur. En effet, la plainte avec constitution de partie civile n'est recevable que si le plaignant consigne au greffe de la juridiction compétente, la somme présumée suffisante pour le paiement des frais de procédure. Cette somme est fixée par ordonnance du juge d'instruction et peut augmenter en cours de procédure. La voie la plus radicale de déclenchement de l'action publique par la victime semble être la citation directe qui est délivrée par voie d'exploit d'huissier et vise à citer directement la personne poursuivie devant les juridictions de jugement.

---

[142] TCHAKOUA (J.M), « L'inspecteur du travail et la poursuite des infractions en droit pénal du travail : en finir avec de naïves attentes ». A paraitre, p. 10.

Conclusion du chapitre I

Le traitement du contentieux du droit syndical est dévolu aux juridictions de l'ordre judiciaire. Il s'agit selon la matière à traiter, des juridictions sociales, civiles ou répressives.

Les juridictions sociales revendiquent leurs compétences toutes les fois qu'un syndicat, pour réaliser son objet social, recrute de la main d'œuvre qualifiée et qu'un conflit survient par la suite entre les différents protagonistes. À l'instar de toute unité économique, le syndicat peut recruter un salarié par contrat de travail ou un apprenti par contrat d'apprentissage. Du coup, conformément aux dispositions du Code du travail, les litiges découlant de ces types de contrats, bien que n'étant pas des litiges de droit syndical, mais plutôt des litiges de travail, sont de la compétence des juridictions sociales. Dans le cadre de notre étude, cette grille d'analyse ne nous a pas paru pertinente, car il s'agit d'une relation ordinaire de travail dans laquelle le syndicat apparaît simplement comme le commettant et le travailleur ou l'apprenti, le préposé. En sens inverse, les litiges qui relèvent réellement du droit syndical sont relatifs au refus d'exécuter une convention collective à laquelle est parti un syndicat ou encore un acte de discrimination antisyndicale.

La procédure devant ces juridictions comporte deux phases : une phase non judiciaire constituée selon les cas, de la tentative de conciliation préalable et obligatoire devant l'inspecteur du travail, soit devant la commission paritaire d'interprétation et de conciliation prévue par les conventions collectives. La deuxième phase quant à elle est judiciaire et ne s'ouvre qu'en cas d'échec de la tentative de conciliation devant l'inspecteur du travail ou d'insatisfaction de l'une des parties, de la décision rendue par la commission paritaire d'interprétation et de conciliation.

Les juridictions civiles s'estiment compétentes toutes les fois qu'un litige intéressant le fonctionnement et la dissolution des syndicats survient. Le fondement d'une telle compétence serait certainement, l'interdiction faite à l'administration par l'O.I.T. de s'ingérer dans les affaires internes aux syndicats. Sont ainsi concernées : les questions liées au bicéphalisme à la tête d'un syndicat, l'appréciation de la régularité de la tenue d'une assemblée et des résolutions qui en ressortent, le contentieux des élections des délégués du personnel et dans certaines hypothèses, la décision de recourir à la dissolution judiciaire du groupement professionnel.

Enfin, les juridictions répressives interviennent lorsque des infractions à la réglementation du travail sont commises par le syndicat, ses promoteurs ou ses membres. Il faut dire qu'en matière syndicale, des infractions identifiées visent tantôt les promoteurs de syndicats, tantôt de simples membres ou des tiers. Mais ce qui semble intéressant à ce niveau est la poursuite des infractions en droit pénal du travail. En effet, le déclenchement de l'action publique appartient exclusivement au ministère public avec comme bras séculier, l'inspecteur du travail et de la sécurité sociale qui cumule la fonction de constatation par procès-verbal des infractions avec celle de poursuite du mis en cause directement devant les juridictions répressives. Le Code du travail du 14 août 1992 en lui reconnaissant cette dernière prérogative, a par la même occasion annoncé un texte réglementaire devant régir les modalités d'exercice de celle-ci. Malheureusement, jusqu'à cette date, ce texte n'a pas été pris. Ce qui rend extrêmement difficile et quasiment impossible la poursuite d'une infraction à la réglementation du travail en dehors de la volonté du procureur de la République. Il reste donc à envisager la possibilité de déclenchement de l'action publique à l'initiative de la victime. Ce mécanisme n'est pas prévu par le droit spécial en l'occurrence, le Code du travail, et pourtant la doctrine y voit une voie parallèle de sortie de l'impasse et de redynamisation des poursuites pénales[143].

[143] TCHAKOUA (J.M), « L'inspecteur du travail et la poursuite des infractions en droit pénal du travail : en finir avec de naïves attentes », *op.cit.*, p. 10.

CHAPITRE II :

LE TRAITEMENT DU CONTENTIEUX DE DROIT SYNDICAL DEVANT LES JURIDICTIONS DES ORDRES ADMINISTRATIF ET SPORTIF

Les juridictions de l'ordre judiciaire ne sont pas les seules à connaître du contentieux de droit syndical même s'il est vrai que le plus important dudit contentieux est réglé devant celles-ci. Il reste qu'une partie non moins négligeable de ce contentieux peut être portée devant les juridictions de l'ordre administratif (**section I**) et sportif (**section II**).

Section I : Les juridictions de l'ordre administratif

Avant d'aborder la procédure contentieuse devant les juridictions de l'ordre administratif (**Paragraphe I**), il convient au préalable de déterminer les questions syndicales relevant de leurs compétences (**Paragraphe II**).

Paragraphe I : Les questions syndicales relevant de la compétence des juridictions administratives

Les juridictions administratives reconnaissent leurs compétences toutes les fois qu'un contentieux porte sur le refus d'enregistrer ou sur l'annulation d'un syndicat (**A**) ou encore qu'il concerne les critères de la représentativité syndicale (**B**).

A. Le contentieux du refus d'enregistrement ou de l'annulation d'un syndicat

La proximité apparente entre le contentieux du refus d'enregistrement d'un syndicat (**1**) et celui de l'annulation (**2**) cache en réalité une différence nette.

1. Le contentieux du refus d'enregistrement d'un syndicat

Aux termes des dispositions de l'article 12 du Code du travail : « *(1) Si la demande d'enregistrement ne répond pas aux conditions requises, le greffier fait connaître par écrit à ceux qui l'ont présentée, ses observations en l'invitant à présenter à nouveau leur requête.*

(2) Dès réception de la nouvelle demande, le greffier doit, soit procéder à l'enregistrement du syndicat, soit s'il refuse de le faire, en aviser les demandeurs par écrit dans les trente jours en motivant son refus ».

C'est dire que le contentieux du refus d'enregistrer un syndicat naît après le refus express, écrit et motivé du greffier des syndicats d'enregistrer un syndicat. À ce niveau, la question qui mérite d'être posée est certainement celle de savoir quels peuvent être les motifs de ce refus. La loi elle-même indique qu'il s'agit d'une demande d'enregistrement qui ne répondrait pas aux conditions requises. C'est dire qu'une demande qui ne répondrait ni aux conditions de fond ni aux conditions de forme requises pour enregistrer un syndicat pourrait se heurter au refus du greffier de syndicat.

Sur le fond, le refus pourrait être motivé par les motifs ci-après :

- la demande d'enregistrement ne porte pas la signature d'au moins 20 personnes (dans le cas d'un syndicat de travailleurs) ou d'au moins 05 personnes (dans le cas d'un syndicat d'employeurs) ;

- la non-conformité des statuts d'un syndicat à la loi. C'est pourquoi l'article 11 du Code du travail donne un mois au greffier (à compter de l'accusé de réception) pour procéder à l'examen des statuts afin de vérifier leur conformité aux dispositions de l'article 15 du Code du travail et éventuellement, y déceler des irrégularités ;

- la confusion ou le risque de confusion de la dénomination du syndicat avec celle d'un syndicat déjà enregistré peut constituer un motif de refus conformément aux dispositions de l'article 11 alinéa c du Code du travail qui indique ce qui suit : « *Le greffier n'enregistre aucun syndicat déjà enregistré sous une dénomination identique ou semblable à celle d'un autre syndicat déjà enregistré et de nature à induire en erreur les membres de ces syndicats ou les tiers* ».

Sur la forme, le refus du greffier peut se justifier par les irrégularités de forme tels :

- une absence de demande d'enregistrement écrite et signée du ou des promoteur(s) ;
- une absence d'exemplaires des statuts du syndicat que l'on entend enregistrer ;
- un nombre insuffisant d'exemplaires des statuts requis par la loi, précisément moins de deux ;
- une absence dans le dossier, de la liste nominative des dirigeants avec indications de leurs fonctions.

Le domaine du contentieux du refus d'enregistrement étant connu, qu'en est-il du contentieux de l'annulation ?

2. Le contentieux de l'annulation d'un syndicat

Une fois l'enregistrement d'un syndicat acquis, le greffier peut encore l'annuler dans les hypothèses limitativement énumérées par la loi en l'occurrence l'article 13(1) du Code du travail qui précise :

« *Le greffier peut annuler l'enregistrement d'un syndicat s'il est établi :*

a) que ce certificat d'enregistrement a été obtenu par fraude ;

b) qu'un syndicat enregistré a délibérément violé une disposition de la présente loi ou mené des activités non statutaires ;

c) *qu'un syndicat enregistré a cessé d'exister* ».

C'est dire que, lorsqu'un certificat d'enregistrement aurait été obtenu par fraude (le greffier a été trompé) ou si le syndicat a délibérément violé les dispositions de la loi en menant des activités non statutaires à l'instar des activités politiques ou commerciales, ou encore s'il est constaté la cessation d'activités (par voie d'huissier de préférence), le greffier peut procéder à l'annulation d'un certificat d'enregistrement. Toutefois, avant d'y procéder, il notifie au préalable au syndicat visé, un préavis de deux mois en y indiquant le motif de sa décision. Lorsque le greffier a procédé à l'annulation d'un syndicat, il doit donner à cette mesure, toute la publicité nécessaire notamment en l'insérant au journal officiel.

De son côté, le syndicat indexé peut contester le motif d'annulation en invoquant soit les arguments de fond appuyés par des éléments de preuve probants comme l'absence de fraude dans l'obtention du certificat d'enregistrement, l'absence de toute violation des dispositions légales ou encore l'effectivité de son existence.

Au plan formel, la contestation de l'annulation ou du refus d'enregistrement d'un syndicat pourrait se fonder sur l'absence de publicité de celui-ci. En tout état de cause, il est constant et indéniable que le domaine du contentieux de l'annulation et du refus d'enregistrement d'un syndicat est clair et sans ambiguïté. Il n'en est pas de même pour ce qui est du contentieux de la représentativité syndicale.

B. Le contentieux de la représentativité syndicale

La complexité de la représentativité syndicale vise autant la catégorie sociale des travailleurs (**1**) que celle des employeurs (**2**).

1. La complexité du contentieux de la représentativité des syndicats des travailleurs du fait de la contrariété entre les arrêtés ministériels y relatifs et le Code du travail

La problématique de la représentativité syndicale dans la catégorie sociale des travailleurs au Cameroun a deux versants : un versant théorique et un versant pratique. Ces deux versants ont une incidence non négligeable sur la gestion du contentieux.

Sur le plan théorique, l'article 20 (1) du Code du travail indique que le caractère représentatif d'un syndicat professionnel est déterminé par arrêté du ministre du Travail en tenant compte, pour les syndicats de travailleurs des effectifs des adhérents et pour les syndicats d'employeurs, les effectifs des travailleurs employés. La décision du ministre est susceptible de recours devant la juridiction administrative.

Sur le plan pratique, la représentativité des syndicats est plutôt arrêtée à l'issue de l'élection des délégués du personnel. Dans ce cas, les organisations professionnelles des travailleurs qui auront obtenu le plus grand nombre de délégués du personnel seront déclarées organisations syndicales les plus représentatives et classées par ordre de mérite. C'est le lieu de constater qu'en pratique, au lieu d'appliquer le critère de nombre d'adhérents (pour ce qui est des syndicats de travailleurs), les pouvoirs publics lui préfèrent le critère des résultats obtenus aux élections professionnelles. Le changement de critère de représentativité syndicale a une incidence sur le contentieux, car si au plan textuel, celui-ci est dévolu aux juridictions administratives, le contentieux de l'élection des délégués du personnel est à l'inverse dévolu aux seules juridictions civiles. Cela suppose que, pour qu'un syndicat conteste sa position dans le classement, il devrait au préalable contester les élections sociales et donc saisir les juridictions civiles. L'issue du procès pourra éventuellement avoir une incidence sur son classement. Sauf qu'en procédant ainsi, il aura permis de résoudre une contestation relative à la représentativité syndicale sans recourir aux juridictions administratives.

Au demeurant, si le ministère du Travail et de la Sécurité sociale trouve inopérant ou inefficace le critère légal (nombre d'adhérents), il devra provoquer une réforme du Code du travail afin d'adopter le critère des résultats des élections sociales pour rendre conforme la pratique observée à la règle de droit en vigueur.

Dans la même lancée, l'absence d'arrêté ministériel constatant la représentativité syndicale dans la catégorie sociale des employeurs complexifie un éventuel contentieux dans ce domaine.

2. La complexité du contentieux de la représentativité des syndicats patronaux du fait de l'absence d'arrêté ministériel y relatif

La détermination des syndicats professionnels les plus représentatifs dans la catégorie sociale des employeurs est une énigme, car bien que l'article 20 du Code du travail habilite le ministre du Travail et de la Sécurité sociale à le faire, nos investigations nous amènent à constater que depuis 1992 jusqu'à nos jours, aucun arrêté n'aurait jamais été pris dans ce sens. Du coup, la question du contentieux ne se poserait pas en pratique. Toutefois, avec le recensement général des syndicats relevant du Code du travail initié ces dernières années par l'observatoire national du travail sous l'impulsion du ministère du Travail et de la Sécurité sociale qui, indique déjà de manière non officielle, la présence de près de 31 syndicats d'employeurs sur toute l'étendue du territoire, on espère dans un proche avenir, voir la signature du premier arrêté portant classement des syndicats d'employeurs les plus représentatifs. Ce n'est qu'à la suite d'un arrêté ministériel pris dans ce sens que l'on pourra espérer voir le déclenchement d'éventuelles contestations devant le juge administratif compétent au travers d'une procédure assez particulière.

Paragraphe II : La mise en œuvre de la procédure administrative contentieuse

La procédure administrative contentieuse est dispensée de recours gracieux préalable (**A**), cela revient à dire que le requérant saisit directement la juridiction administrative au travers d'un recours contentieux (**B**).

A. La dispense de recours gracieux préalable

Diverses justifications sont apportées à la dispense de recours gracieux préalable dans certains contentieux de nature administrative (**1**), mais avant de nous y attarder, rappelons d'abord la consistance des caractères du recours gracieux préalable (**2**).

1. Bref rappel des caractères impératifs et d'ordre public de la règle du recours gracieux préalable

Le recours gracieux est un impératif à la saisine du juge administratif, quel que soit le contentieux en cause. Parce qu'« *on ne surprend pas l'administration en justice* »[144], cet impératif, prescrit par la loi est régulièrement rappelé par la doctrine[145] et fermement entériné par la jurisprudence. Son observation entraîne donc l'irrecevabilité du recours contentieux[146]. Le recours gracieux est en outre un moyen d'ordre public et par conséquent, l'inobservation ou la violation des dispositions de la loi qui

---

[144] KEUTCHA TCHAPNGA (C), *Précis de contentieux administratif au Cameroun, aspects de l'évolution récente,* collection droit africain et malgache, Harmattan, 2013, p. 139.

[145] Affaire société des fournitures industrielles du Cameroun (SFIC), jugement N° 007 du 14 janvier 2009, DIAB FC de Bandja et panthère de Bangangte contre Fédération Camerounaise de Football).

[146] KEUTCHA TCHAPNGA (C), *Précis de contentieux administratif au Cameroun, aspects de l'évolution récente, op.cit.*, p. 151.

l'institue peut être soulevée d'office par je juge sans qu'aucune des parties à l'instance ne l'ait invoquée[147].

2. Les justifications de la dispense de recours gracieux préalable

Ces dernières années, on a vu se développer de nombreuses exceptions textuelles et jurisprudentielles au caractère impératif du recours gracieux.

Des domaines aussi divers que variés sont concernés. Allant de la loi N° 90/053 du 19 décembre 1990 sur la liberté d'association[148] à la loi N° 1997/012 du 10 janvier 1997 fixant les conditions d'entrée, de séjour et de sortie des étrangers au Cameroun,[149] sans oublier la loi n° 2012-011 du 19 avril 2012 portant Code électoral municipal[150] ; la liste n'étant pas exhaustive.

S'agissant des contentieux de l'annulation, du refus d'enregistrement et de la représentativité syndicale, la dispense des caractères impératifs et d'ordre public du recours gracieux préalable est précisée avec fermeté. Ainsi, aux termes de l'article 14 du Code du travail : « *Tout syndicat, tout membre d'un syndicat ou toute personne qui s'estime lésée par une décision du greffier portant annulation ou refus d'enregistrement d'un syndicat, peut dans les trente (30) jours suivant la notification de cette décision, porter le litige devant la juridiction administrative dont le jugement est susceptible d'appel. Le greffier a le droit d'être entendu à tous les stades de la procédure* ». Dans la même lancée, l'article 20 alinéa 2 du même Code précise : « *Toute contestation élevée par les syndicats contre une décision prise en le domaine (représentativité syndicale) est de la compétence de la juridiction administrative* ».

Les justifications de cette exception sont de deux ordres : la recherche de la simplicité et de la célérité dans la procédure contentieuse.

Des arguments en rapport avec les droits de l'Homme sont invoqués pour justifier la recherche de simplicité dans la procédure administrative contentieuse. C'est sans doute la raison pour laquelle, consciente du rôle éminemment positif que doit jouer le juge dans la construction et le renforcement de l'État de droit, à la faveur du renouveau démocratique en Afrique, une doctrine, impulsée par le professeur Gérard Conac est unanime

---

[147] Cf. affaire Item Dieudonné contre l'État du Cameroun jugement n° 12 du 27 avril 1972 : « *attendu en effet que le moyen tiré de l'inobservation de la règle de recours gracieux préalable est d'ordre public peut être soulevé d'office par le juge administratif* ».

[148] KEUTCHA TCHAPNGA (C), *Précis de contentieux administratif au Cameroun, aspects de l'évolution récente, op.cit.*, p. 151.

[149] *Idem.*

[150] *Idem.*

à reconnaître qu'il faut que l'accès du prétoire soit relativement aisé pour les justiciables[151]. Cette doctrine est rejointe par le professeur Aba'a Oyono qui constate que de nos jours : « *Par le biais de lois spéciales attributives de compétences nouvelles au juge administratif, on note un déclin sensible de la traditionnelle protestation précontentieuse de l'administration. La multiplication croissante des exceptions à la formalité processuelle qu'est le recours gracieux préalable est la manifestation éclatante* »[152].

L'autre justification de l'exception à la règle du recours gracieux préalable semble être la recherche de la célérité dans la procédure contentieuse. C'est dans ce sens qu'une certaine doctrine affirme que : « *L'institution d'une série de dérogations à la règle du recours gracieux préalable à la procédure contentieuse s'inscrit parfaitement dans les objectifs poursuivis par les pouvoirs publics consistant à juger certaines affaires dans des délais raisonnables* »[153], car il faut le dire, c'est véritablement la procédure contentieuse qui garantit une égalité entre les parties en conflit.

B. Le recours contentieux devant la juridiction administrative

Après avoir opéré le choix de la juridiction administrative compétente (**1**), le requérant devrait s'assurer qu'il a observé les règles de recevabilité de son recours contentieux (**2**).

1. Le choix de la juridiction administrative compétente

Suivant un ordre hiérarchique, on saisit les juridictions administratives de la base vers le sommet, précisément en commençant par les juridictions inférieures (**a**) pour évoluer vers celles supérieures (**b**).

a. Les juridictions administratives inférieures : les tribunaux administratifs

Les tribunaux administratifs sont créés par la loi N° 2006/022 du 29 décembre 2006 fixant l'organisation et le fonctionnement des tribunaux administratifs. Cette loi fixe la compétence territoriale (**i**) et matérielle (**ii**) desdits tribunaux.

---

[151] CONAC (G), « *Le jugement et la construction de l'État de droit en Afrique* », mélanges BRAIBANT, Paris, Dalloz, 1997, pp. 105-199.

[152] ABA'A OYONO (J.C), *La compétence de la juridiction administrative en droit Camerounais*, thèse nouveau Régime en Droit, Université de Nantes, 1994, p. 274.

[153] KEUTCHA TCHAPNGA (C), *op.cit.*, p. 156.

i. La compétence territoriale des tribunaux administratifs

Selon la loi précitée, il est créé un tribunal administratif par région et son siège est fixé au chef-lieu de la région. C'est dire qu'il devrait en principe exister 10 tribunaux administratifs sur toute l'étendue du territoire. Toutefois, suivant les nécessités de service, le ressort d'un tribunal administratif peut être, par décret du président de la République, étendu à plusieurs régions[154].

Le tribunal administratif est composé :

Au siège : d'un président, des juges, d'un greffier en chef, des greffiers.

Au parquet : d'un procureur général près la cour d'appel du ressort du tribunal administratif, d'un ou de plusieurs substituts du procureur général. Le parquet près le tribunal administratif et le parquet général près la Cour d'appel du ressort du tribunal administratif.

Les membres du tribunal administratif et ceux du parquet sont des magistrats relevant du statut de la magistrature. Le tribunal administratif siège en formation collégiale de trois membres. Ses décisions appelées jugements sont rendues à la majorité des voix.

Au-delà du respect des règles de compétence territoriale, la saisine des tribunaux administratifs obéit également aux règles de compétence matérielle.

ii. La compétence matérielle des tribunaux administratifs

Selon la doctrine : « *Les tribunaux administratifs sont des juridictions inférieures en matière de contentieux administratif dans le sens indiqué par l'article 40 de la constitution* »[155].

Les tribunaux administratifs connaissent en premier ressort du contentieux des élections régionales et municipales et en dernier ressort de l'ensemble du contentieux administratif concernant l'Etat, les collectivités publiques territoriales décentralisées et les établissements publics administratifs. Enfin, ils sont juges de droit commun du contentieux administratif en premier ressort et c'est en raison de cette disposition qu'il connaît du contentieux de l'annulation, du refus d'enregistrement syndical.

---

[154] Voir article 3 de la loi n° 2006/022 du 29 décembre 2006 précitée.

[155] Voir OWONA (J), *Le contentieux administratif de la République du Cameroun,* Collection droit africain et Malgache, éditions harmattan, 2011, p. 31.

Selon la même doctrine, l'avènement de ces tribunaux est un « *espoir de rapprochement de la justice administrative des citoyens et de raffermissement du contrôle juridictionnel de l'action administrative* »[156].

b. La juridiction administrative supérieure : la chambre administrative de la Cour suprême

Aux termes de l'article 2 de la loi N° 2006/016 du 29 décembre 2006, la Cour suprême est la plus haute juridiction de l'État en matière administrative.

La Cour suprême s'assemble en plusieurs types de formations : l'assemblée générale, la chambre administrative, les sections réunies et les chambres réunies. Toutefois, seule la chambre administrative est compétente pour statuer en dernier ressort sur les décisions rendues par les juridictions inférieures en matière de contentieux administratif conformément à l'article 40 de la constitution du 18 janvier 1996 (révisé le 14 avril 2008) qui dispose : « *La chambre administrative connaît de l'ensemble du contentieux administratif de l'Etat et des autres collectivités.*

Elle connaît un appel du contentieux des élections régionales et municipales.

Elle statue souverainement sur les décisions rendues en dernier ressort par les juridictions inférieures en matière de contentieux administratif...».

Cette position est renchérie par l'article 116 de la loi N° 2006/022 du 29 décembre 2006 qui dispose : « *Les décisions rendues en premier et en dernier ressort par le tribunal administratif sont susceptibles de pourvoi devant la chambre administrative dans les formes et délais prévus par le texte fixant l'organisation de la Cour suprême* ».

Les règles d'ouverture du pouvoir sont énumérées à l'article 35 de la loi n° 2006/016 portant organisation et fonctionnement de la Cour suprême. Il s'agit de :

« *i) L'incompétence ;*

ii) La dénaturation des faits de la cause ou des pièces de la procédure ;

iii) Le défaut, la contradiction ou l'insuffisance des motifs ;

iv) Le vice de forme qui peut intervenir :

sous réserve de l'article 470 du Code de procédure pénale ;

---

[156] *Idem.*

lorsque la parole n'a pas été donnée au ministère public ou que celui-ci n'a pas été représenté ;

lorsque la règle relative à la publicité de l'audience, sous réserve des exceptions prévues par la loi, n'a pas été observée ;

v) La violation de la loi ;

vi) La non réponse aux conclusions des parties et aux réquisitions du ministère public ;

vii) le détournement de pouvoir ;

viii) la violation d'un principe général de droit ;

ix) le non-respect de la jurisprudence de la Cour suprême ayant statué une section réunie d'une chambre ou en chambre réunie. » Ces moyens peuvent être soulevés d'office par la Cour suprême.

2. Les règles de recevabilité du recours contentieux

Elles sont liées à la capacité (**a**), l'intérêt (**b**) la qualité à agir du requérant (**c**), sans oublier les conditions de forme et de délais (**d**).

a. La capacité à agir du requérant

Le recours devant le tribunal administratif obéit nécessairement aux règles de droit commun[157]. En effet, il faut avoir la capacité juridique ou légale d'ester en justice, c'est-à-dire l'aptitude à solliciter le juge administratif pour qu'il se prononce sur le bien-fondé d'une prétention du requérant[158].

S'agissant du requérant, personne physique, il doit avoir 21 ans révolus à la date de l'action. Bien plus, il doit jouir de ses droits civiques c'est-à-dire n'en avoir pas été déchu.

Quant à la personne morale, par exemple une association ou un syndicat, en principe, elle doit exister juridiquement, c'est-à-dire avoir la personnalité juridique. Toutefois, il est souvent arrivé que le juge administratif ne déclare pas irrecevable une demande introduite par une association non déclarée[159] ou même dissoute[160]. Il ne fait aucun doute que, s'agissant du syndicat, lorsque la demande en justice ou requête introductive d'instance porte sur la contestation de l'annulation d'un certificat d'enregistrement ou sur le refus d'enregistrement d'un syndicat, ce dernier, en agissant en justice, est

---

[157] OWONA (J), *Le contentieux administratif de la République du Cameroun, op.cit.*, p. 90.

[158] *Idem.*

[159] Jugement N° 29 du 29 décembre 1979, élites Banka représentées par Mbouendeu Jean de Dieu.

[160] Jugement N° 73 du 20 mars 1972, Mouelle Koula Eitel.

dépourvu de personnalité juridique, mais ne devrait voir sa requête rejeter pour défaut de capacité puisque l'objet même de ladite requête est relatif à la reconnaissance de cette personnalité juridique. Cependant, lorsque la requête porte sur d'autres objets que celui de la reconnaissance de sa personnalité juridique, la preuve de la personnalité juridique est requise. La recevabilité d'un recours contentieux devant le juge administratif ne dépend pas seulement de la capacité du requérant à agir, mais également de l'intérêt, c'est-à-dire le profit escompté par celui-ci lorsqu'il engage la procédure.

b. L'intérêt à agir

Tout requérant doit justifier d'un intérêt à la solution du litige dont il saisit le juge administratif. Selon la doctrine, le préjudice subi fonde l'intérêt du requérant[161]. Elle ajoute : « *C'est en réalité le profit escompté qui justifie l'intérêt du requérant. Autrement dit, si l'exercice du recours n'est pas susceptible d'offrir un certain avantage pécuniaire ou moral à celui qui en prend l'initiative, la demande doit être déclarée irrecevable. C'est ce qui explique la maxime « pas d'intérêt, pas d'action » qui a pour objet d'éviter les contestations inutiles de nature à encombrer le prétoire* ».[162]

L'intérêt peut être individuel ou collectif. C'est dans ce sens qu'il a été reconnu la qualité d'ester en justice administrative aux syndicats. Dans l'arrêt N° 2016, tribunal d'État du 12 avril 1963, affaire syndicat national des administrateurs civils contre État du Cameroun, le recours dudit syndicat fut déclaré recevable contre un décret portant intégration dans le cadre des administrateurs civils de certains fonctionnaires[163]. L'intérêt ne doit pas être confondu avec la qualité du requérant à agir.

c. La qualité à agir du requérant

La qualité pour agir en justice est le titre juridique qui sert à engager le procès[164]. Elle consiste selon le professeur Joseph Owona, « *dans l'affirmation d'une aptitude à agir pour défendre un intérêt lésé par l'administration* »[165]. Cette définition de l'auteur est inspirée d'un considérant de l'arrêt N° 188/CFJ/CAY du 28 mars 1972, affaire Wambo Télesphore Pascal contre État du Cameroun oriental dans lequel la Cour fédérale de justice s'exprime en ces termes : « *Il est de jurisprudence constante de notre Cour que pour former une action en justice, il faut justifier d'un droit lésé, que c'est l'existence de ce droit, son importance, sa*

[161] KEUTCHA TCHAPNGA (C), *Précis de contentieux administratif au Cameroun, aspects de l'évolution récente, op.cit.*, p. 166.

[162] *Idem.*

[163] Beb a don, Adjeme Angoula Samuel et Happi Tina Gabriel.

[164] KEUTCHA TCHAPNGA (C), *op.cit.*, p. 168.

[165] OWONA (J), *Le contentieux administratif de la République du Cameroun op.cit.*, p. 92.

valeur qui, constituent l'objet du procès. Qu'en conséquence, Wambo qui n'a pas pu justifier d'un droit lésé, n'est pas recevable à poursuivre devant notre juridiction le rétablissement des droits existants ».

On ne saurait agir en justice de façon prudente et responsable sans maîtriser les conditions de forme et de délais.

d. Les conditions de forme et de délais

La requête introductive d'instance est libellée sur papier timbré et signée par le requérant ou son mandataire. Le requérant illettré qui n'a pas de mandataire y appose son empreinte digitale. Si le recours est dirigé contre un acte d'une autorité administrative, il doit impérativement être accompagné d'une copie de cet acte. De plus, toute requête introductive d'instance donne lieu à la consignation d'une provision de vingt milles (20 000) F.C.F.A. Une assignation supplémentaire peut être ordonnée par le président de la juridiction en cas de nécessité.

S'agissant des délais du recours contentieux, l'article 18 de la loi n° 2006/022 du 29 décembre 2006 précise que : « *Sous peine de forclusion, les recours contre les décisions administratives doivent être introduits dans un délai de 60 jours à compter de la décision de rejet des recours gracieux préalables* ». Cette disposition ne tient malheureusement pas compte de l'hypothèse de dispense de recours gracieux préalable qui prévoit des exceptions à la règle du recours gracieux préalable. Ainsi, s'agissant par exemple du contentieux de l'annulation ou de refus d'enregistrement d'un syndicat, l'article 14 du Code du travail précise : « *Tout syndicat, tout membre d'un syndicat ou toute personne qui s'estime lésée par une décision du greffier portant annulation ou refus d'enregistrement d'un syndicat peut dans les 30 jours suivant la notification de cette décision, porter le litige devant la juridiction administrative dont le jugement est susceptible d'appel…* ».

Deux observations méritent d'être apportées sur cet article : d'une part, il est évident qu'en l'absence de recours gracieux préalable, les délais du recours contentieux courent à compter de la notification à l'intéressé de la décision querellée. D'autre part, l'on constate que les délais en matière de contentieux de l'annulation ou du refus d'enregistrement d'un syndicat de 30 jours (à compter de la notification), sont dérogatoires aux délais de droit commun qui sont de 60 jours.

Une autre inquiétude naît lorsque le texte spécial dispensant le requérant d'un recours gracieux préalable est étonnamment muet tant sur le point de départ des délais contentieux, tant sur leurs durées. Ce mutisme est perceptible en matière de contentieux de la représentativité syndicale dans lequel on peut lire à l'article 20 alinéa 2 ce qui suit : « *toute contestation élevée par les syndicats contre une décision prise en ce domaine est de la compétence de la juridiction administrative* ». Cela peut vouloir dire qu'en cette matière, ce sont les délais de droit commun (60 jours) qui seront applicables et le point de départ de leur comparution se fera à partir de la notification à l'intéressé de la décision querellée.

Les contestations touchant au droit syndical s'invitent souvent dans les prérogatives reconnues au président de la juridiction administrative.

3. La juridiction présidentielle

Le président de la juridiction administrative peut connaître d'une requête aux fins de sursis à exécution d'une décision administrative. Selon la doctrine, le sursis à exécution est « *la suspension de l'applicabilité d'un acte dans l'attente du jugement à rendre sur sa légalité ; [...] sa neutralisation pendant le procès dont il fait l'objet, en quelque sorte la détention provisoire de l'acte non encore condamné, mais inculpé* »[166]. Le sursis à exécution ne doit pas être confondu au référé administratif qui est également une procédure d'urgence relevant de sa compétence. Le référé administratif a pour objet, de permettre au président de la juridiction saisie, de prendre, sans toucher au fond du litige, des mesures d'urgence de nature à sauvegarder les intérêts du litige[167].

Dans l'affaire SY.N.FOND.AE.CAM., État du Cameroun contre S.N.E.AE.C. du 27 avril 2000, la justice a tenu à protéger la liberté syndicale dans le domaine des auto-écoles. En l'espèce, le syndicat national des exploitants d'auto-écoles (S.N.E.AEC) exerçant un monopole de l'activité syndicale dans ce domaine s'est vu concurrencé par la venue d'un nouveau syndicat. Ce dernier, dénommé syndicat national des fondateurs et directeurs d'auto-écoles camerounaises (SY.N.FOND.AE.CAM), venait à peine de se voir reconnaître une existence par le greffier des syndicats à travers le certificat d'enregistrement numéro E4/56 du 09 août 1993 délivré en son nom. Suite à cette décision administrative, le S.N.E.AE.C. a saisi la chambre administrative de la Cour suprême d'une requête basée sur la demande d'une ordonnance de sursis à exécution de la décision administrative contenue dans ce certificat. Cette demande agréée par le président de la chambre administrative de la Cour suprême a conduit à l'ordonnance numéro 9/05/94-95 du 18 janvier 1995. L'appel de cette décision en premier ressort et de manière conjointe par le SY.N.FOND.AE.CAM. et l'État du Cameroun a été fait dans l'optique de demander à l'assemblée plénière de la Cour suprême

---

[166] PACTEAU (V.B), *Contentieux administratif*, Paris, PUF, 1989, p. 235, cité par C. KEUTCHA TCHAPNGA in *Précis de contentieux administratif au Cameroun, aspects de l'évolution récente*, Harmattan, 2013, p. 176.

[167] KEUTCHA TCHAPNGA (C), *Précis de contentieux administratif au Cameroun, aspects de l'évolution récente op.cit.*, p. 176.

de rétablir la continuité des effets produits par le certificat d'enregistrement litigieux. L'arrêt rendu en appel par l'annulation de l'ordonnance de sursis à exécution permet de relever une brillante motivation énoncée par le juge administratif de la Cour suprême afin de permettre au SY.N.FOND.AE.CAM. d'exister :

« Considérant par ailleurs que pour faire droit à la demande de S.N.E.AE.C, ledit magistrat qui énonce entre autres que « la création d'un syndicat parallèle au requérant est de nature à lui causer un préjudice difficilement réparable », ne précise pas en quoi consiste le préjudice dont il s'agit, alors et surtout que comme sus indiqué, la formation de plusieurs syndicats dans une même branche n'est nullement interdite par la loi ;

Considérant qu'il s'agit là d'une mauvaise interprétation des dispositions légales relatives à la liberté d'association et surtout à la liberté de créer et de s'associer à un syndicat de son choix ;

Qu'en effet, aux termes de l'article 3 de la loi numéro 92/007 du 14 août 1992 portant code du travail, les travailleurs et les employeurs ont, sans restriction aucune et sans autorisation préalable, le droit de créer librement des syndicats professionnels ;

Que l'article 4 alinéa 1 du même texte dispose que les travailleurs et les employeurs ont le droit de s'affilier à un syndicat de leur choix dans le cadre de leur profession ou de leur branche d'activité ;

Considérant qu'il résulte de la combinaison des dispositions légales précitées que les syndicats peuvent être créés librement dans la même branche d'activité et que les travailleurs ou employeurs peuvent y adhérer sans condition préalable ».

Le contentieux de droit syndical existe également dans le domaine sportif si bien que lorsque l'intérêt propre d'un syndicat ou l'intérêt collectif de ses membres est menacé, celui-ci n'hésitera pas à saisir les juridictions sportives compétentes pour obtenir réparation.

Section II : Les juridictions de l'ordre sportif

En vue de la défense de leurs propres intérêts ainsi que les intérêts collectifs de leurs membres lorsqu'ils concernent le domaine sportif, les syndicats professionnels peuvent engager des procédures judiciaires devant les instances sportives. Défini comme étant un conflit concernant le mouvement sportif par l'article 1 alinéa 2 du code des procédures devant la C.C.A., le litige sportif peut se muer en contentieux de droit syndical lorsque par exemple, dans le domaine sportif considéré, les intérêts propres d'un syndicat sont menacés ou préjudiciés. Par exemple, dans l'affaire SY.NA.FO.C. contre FE.CA.FOOT., la qualité de membre de l'assemblée générale de la FE.CA.FOOT. a été retirée au SY.NA.FO.C. par l'instance faitière, ce qui a justifié la saisine par ledit syndicat, des juridictions sportives. Dans le même sens, les intérêts collectifs de la profession peuvent à leur tour être menacés, et justifier une action en intervention du syndicat, par exemple un acte de discrimination antisyndicale commise à l'égard d'un de ses membres.

En sens inverse, le syndicat peut lui aussi, être assigné devant les instances sportives en qualité de défendeur par d'autres personnes morales de droit privé ou personnes physiques. En tout état de cause, les procédures judiciaires y relatives doivent scrupuleusement être respectées à peine d'irrecevabilité de la demande en justice. Dans le domaine sportif, celles-ci commencent par la saisine préalable et obligatoire des juridictions internes aux fédérations sportives (**Paragraphe I**) et se poursuivent en cas d'insatisfaction par l'une des parties de la décision rendue, par la saisine des juridictions sportives externes aux Fédérations encore appelées juridictions saisies sur recours (**Paragraphe II**).

Paragraphe I : Le contentieux de droit syndical devant les juridictions sportives internes aux fédérations

Après avoir précisé la raison d'être des juridictions sportives internes aux fédérations (**A**), nous nous intéresserons au cas spécifique du football à travers la mise en place de la chambre nationale de résolution des litiges (**B**).

A. La raison d'être de la saisine préalable et obligatoire des juridictions sportives internes aux fédérations : une application de la règle de l'épuisement des voies de recours internes aux fédérations sportives

Le rappel de la règle de l'épuisement des voies de recours (**1**) ainsi que sa portée (**2**) constitueront l'essentiel de nos développements dans cette partie.

1. Rappel de la règle

La règle de l'épuisement des voies de recours internes aux fédérations sportives trouve son fondement aux divers plans national et international.

Au plan national, la loi de 2018/014 du 12 juillet 2018 portant organisation et promotion des activités physiques et sportives soutient que les litiges opposant les acteurs du mouvement sportif sont résolus en premier ressort par les règles propres à chaque structure sportive. On note là, la subordination de tous litiges survenus à l'occasion de la pratique de l'activité sportive à un règlement préalable au niveau des fédérations de sport et ligues sportives. La doctrine ne cesse de rappeler cette règle. Monsieur TCHATCHOUANG Charles magistrat et Rapporteur Général de la C.C.A. déclare : *« S'agissant des décisions rendues en dernier ressort par les fédérations sportives, la décision querellée doit être autant que possible jointe à la requête devant la C.C.A. »*[168]. Selon l'auteur, les requêtes ne sont recevables devant la C.C.A. à la condition que la partie qui saisit ladite Chambre parvient à prouver que les voies de recours internes ont été épuisées. La preuve du respect de cette exigence n'est effectuée qu'à travers la présentation d'une copie de la décision attaquée devant la C.C.A.

Au plan international, le principe de l'épuisement des voies de recours internes aux fédérations sportives tire sa source de l'article R47 du Code de l'arbitrage en matière de sport devant le T.A.S. qui dispose : *« Un appel contre une décision d'une fédération, association ou autre organisme sportif peut être déposé au T.A.S. si les statuts ou règlements dudit organisme sportif le prévoient ou si les parties ont conclu une convention d'arbitrage particulière et dans la mesure aussi où la partie appelante a épuisé les voies de droit préalables à l'appel dont il dispose en vertu des statuts ou règlements dudit organisme sportif concerné »*. L'application de la règle de l'épuisement des voies de recours internes sur le plan international est subordonnée à l'existence d'un système de recours dans l'ordre juridique interne de l'État dans lequel émane la décision attaquée. En effet, par leurs volontés, les États consentent à soumettre les litiges sportifs en priorité aux juridictions nationales, les juridictions internationales n'ayant qu'une vocation subsidiaire. On aborde déjà là, la portée de la règle.

2. La portée de la règle

Le terme « *portée* » désigne l'impact, la conséquence qu'une situation peut avoir dans un environnement. Il est question dans le cadre de cette étude d'analyser les conséquences du principe de l'épuisement des voies des recours internes aux fédérations dans le contentieux sportif camerounais. Selon nous, ce principe consacre à la fois « *une sorte* » de double degré de juridiction en matière sportive et la souveraineté des fédérations sportives.

En effet, la mise en application du principe de l'épuisement des voies de recours internes aux fédérations sportives est la traduction concrète de ce pouvoir souverain, car selon la loi, tous les litiges doivent être connus en premier ressort par les fédérations[169] et en dernier ressort au plan national

[168] TCHATCHOUANG (C), « La question de la recevabilité des requêtes devant la C.C.A. », *in* Manuel des procédures de la chambre de conciliation et d'arbitrage, p.201.

[169] En effet, l'article 94 alinéa 1 de la loi n°2018/014 du 12 juillet 2018 dispose que : « *Les litiges d'ordre sportifs opposant les associations sportives, les sociétés sportives, les licenciés et les fédérations sportives sont résolus en premier ressort suivant les règles propres à chaque structure sportive* ». Cette loi ne fait pas de distinction entre les différents litiges sportifs, par contre, elle subordonne tous ceux-ci à un règlement préalable devant les structures sportives, raison pour laquelle chaque fédération dispose à son sein des organes

soit devant les juridictions de droit commun, soit devant les juridictions sportives conformément à l'article 95 de la loi de 2018/014 qui précise : *« En cas d'épuisement des voies de recours internes à la structure sportive concernée, le litige peut être porté en dernier ressort au plan national suivant les cas (...) »*. En utilisant l'expression *« en cas d'épuisement »*, le législateur lui-même affirme la toute-puissance des fédérations sportives et conditionne la continuité du contentieux devant les juridictions d'appel à l'épuisement des voies de recours internes devant lesdites fédérations.

Dans le domaine du football par exemple, il existe un organe chargé de régler les litiges que l'on appelle la chambre nationale de résolution des litiges.

B. La juridiction compétente en matière de litiges relatifs au football : la chambre nationale de résolution des litiges (C.N.R.L.)

En 2001, la F.I.F.A. a créé la Chambre de Résolution des Litiges, un tribunal arbitral fondé sur le principe de la représentation paritaire des clubs et des joueurs[170], qui se veut être un dispositif rapide et moins onéreux pour résoudre les litiges de portée internationale liés au travail. L'expérience acquise depuis l'inauguration de la Chambre en 2002 a été très positive et a contribué à améliorer la sécurité juridique à travers la jurisprudence constituée.

Au niveau national, il a été créé une chambre nationale de résolution des litiges de la FE.CA.FOOT. à l'image de celle de la F.I.F.A. Organe juridictionnel compétent pour connaître en premier ressort les litiges sportifs survenus en milieu de football, la C.N.R.L. a une organisation **(1)** et une procédure assez originales **(2)**.

1. L'organisation de la chambre nationale de résolution des litiges (C.N.R.L.)

La C.N.R.L. est l'organe compétent pour connaître en premier lieu les différends nés à l'occasion de l'exécution du contrat du travail en milieu sportif. C'est le point de départ du contentieux du travail en milieu sportif. Son rôle est comparable à celui de l'inspection du travail dans la procédure

---

juridictionnels adaptés pour le règlement de chaque différend pouvant naître en milieu sportif ou à l'occasion de la pratique du sport. À la FE.CA.FOOT. par exemple, le contentieux électoral est géré par la commission électorale, les problèmes de disciplines par la commission d'homologation et de discipline, les litiges liés au contrat de travail par la Chambre Nationale de Résolution des Litiges.

[170] Plus connu en droit du travail sous le nom d'assesseur employeur et travailleur.

classique[171] à la différence que l'inspecteur du travail tente de régler le différend par la conciliation, alors que la Chambre utilise une procédure semblable à celle des tribunaux de droit commun.

Il conviendrait donc de regarder de près la composition de la C.N.R.L. (**a**) ainsi que son domaine de compétence (**b**).

a. La composition de la C.N.R.L.[172]

D'après l'article 70 du statut de la FE.CA.FOOT., la chambre nationale de résolution des litiges se compose d'un (01) président, d'un (01) vice-président, d'un (01) rapporteur, d'un (01) membre représentant les joueurs, d'un membre représentant les entraîneurs, de deux (02) membres représentant les clubs désignés par leurs associations respectives. Le président, et le rapporteur doivent être de formation juridique. Les membres de la Commission doivent être de réputation établie.

- L'article 4 du règlement de la C.N.R.L. dispose que la Chambre est composée pour un mandat de deux ans renouvelable :
- d'un président et d'un vice-président nommés par le Président de la FE.CA.FOOT. ;
- de deux représentants des joueurs désignés par l'association des joueurs professionnels agréée par la FE.CA.FOOT. L'association dont il s'agit ici est le Syndicat National des Footballeurs Camerounais (SY.NA.FO.C.), anciennement dénommée association des footballeurs camerounais (A.F.C.). C'est le SY.NA.FO.C. qui par le biais de son président décide des représentants des joueurs devant siéger au sein de la C.N.R.L. ;
- de deux représentants des clubs désignés par l'association des clubs professionnels agréée par la FE.CA.FOOT. ;
- de deux représentants des entraîneurs, dont un des clubs professionnels et un des clubs amateurs, désignés par l'association des entraîneurs agréée par la FE.CA.FOOT.

Les représentants des différents corps de métiers qui composent la Chambre ont pour missions de s'assurer que les décisions se prennent dans

[171] Dans la procédure classique, c'est le procès-verbal de non conciliation partielle ou total dressé par l'inspecteur de travail qui ouvre la voie à la saisine de la juridiction compétente. Dans le contentieux sportif par contre, c'est la décision rendue par la CNRL qui permet de saisir les juridictions compétentes : soit les juridictions sportives, soit les juridictions de droit commun.

[172] L'article 8 du règlement de la CNRL dispose que la Chambre ne peut valablement siéger qu'en présence de cinq membres au moins, y compris le président et/ou le vice-président.

le respect des droits des parties mises en cause, ils veillent également à l'impartialité du juge.

Le règlement prévoit des cas où les membres de la Chambre peuvent être récusés. À ce propos, il dispose que lorsque les circonstances permettent légitimement de douter de l'indépendance d'un membre de la C.N.R.L., ce membre doit se récuser sans délai. C'est notamment le cas lorsque :

- le membre est intéressé au litige, directement ou indirectement, soit à titre personnel, soit en qualité de membre d'un organe d'une personne morale ;
- le club dont il provient est impliqué, ou s'il existe un lien familial (conjoint, parent ou allié en ligne directe d'une partie ou de son représentant), un rapport de dépendance, d'amitié étroite ou d'intimité personnelle avec une partie ou son représentant.

Le membre qui se trouve dans un cas de récusation est tenu d'en avertir immédiatement le président de la C.N.R.L. Un membre de la C.N.R.L. peut être récusé par les parties en cas de doute justifié sur son impartialité et/ou son indépendance.

b. La compétence de la C.N.R.L.

L'article 2 du règlement de la C.N.R.L. dispose que la compétence de la Chambre s'étend d'une part aux litiges entre les clubs et joueurs en relation au maintien de la stabilité contractuelle et d'autre part, aux litiges relatifs au travail entre un club et un entraîneur. La Chambre est aussi compétente pour connaître les litiges liés à l'indemnité de formation et au mécanisme de solidarité opposant les clubs affiliés à la FE.CA.FOOT. et dont la base est le transfert d'un joueur. Elle est enfin compétente pour connaître les litiges liés au contrat de médiation entre un joueur et un agent de joueurs et entre un club et un agent de joueurs.

Aux termes de l'article 94 alinéa 1 de la loi de 2018 précitée : « *Les litiges d'ordre sportif opposant les associations sportives, les sociétés sportives, les licenciés et les fédérations sportives sont résolus en premier ressort suivant les règles propres à chaque structure sportive* ». Cela revient à dire que les règles de procédure doivent émaner de la chambre de résolution des litiges elle-même pour ce qui est des litiges sportifs se rapportant au football.

2. La procédure devant la C.N.R.L. et ses suites

La Chambre Nationale de Résolution des Litiges rend sa décision (**b**) à la suite d'une procédure pour laquelle elle a été saisie (**a**).

a. La procédure devant la C.N.R.L.

D'après l'article 21 alinéa 1 du règlement devant la C.N.R.L., la Chambre est saisie par requête adressée au président de la C.N.R.L. et déposée au Secrétariat Général de la FE.CA.FOOT. dans un délai de dix-huit (18) mois suivant l'accomplissement de l'acte générateur du litige. L'alinéa 2 du même article dispose que la requête[173] est rédigée en français ou en anglais et doit comporter à peine d'irrecevabilité :

- Le nom, le prénom, la qualité, le domicile du demandeur ou de son mandataire ;
- Un exposé concis des faits ayant engendré le litige ;
- Leurs moyens de droit[174] ;
- Tous les moyens de preuve qu'elles détiennent (documents originaux en relation avec le litige, le nom et l'adresse d'autres personnes physiques ou morales impliquées à divers titres dans le litige, etc.) et leur offre de preuve ;
- La valeur du litige, en particulier s'il s'agit d'un litige portant sur des biens ;
- Le reçu attestant du paiement des frais de procédure visés à l'article 34.

L'alinéa 3 de l'article 21 du texte suscité souligne que la requête doit être datée, signée et fournie en trois exemplaires. D'après l'article 5, la C.N.R.L. examine sa compétence pour tous les litiges dont elle est saisie.

Aux termes de l'article 22 alinéa 1 du règlement précité, la C.N.R.L. peut citer les parties à comparaître à une audience d'instruction et de jugement à moins qu'elle estime que le litige est en état d'être jugé. Lorsqu'une audience est fixée, le président désigne une personne ayant la charge de tenir un procès-verbal, lequel sera signé par le président, les parties et le cas échéant, les témoins et les experts. Pour la tenue du procès-verbal, il peut être fait appel à un secrétaire externe, soumis aux mêmes obligations que les membres de l'instance, particulièrement au niveau du secret.

---

[173] Aux termes de l'alinéa 4 de l'article 21 : « *La requête est déposée au secrétariat général de la FECAFOOT qui l'enregistre préalablement dans un registre coté et paraphé par le président de la CNRL.* ». *L'alinéa 5 du même art continue en disant que « toute requête rédigée dans une langue non officielle, non signée par un mandataire non autorisé sera retournée à son expéditeur. Un délai est accordé par la CNRL pour compléter le dossier, sous peine de non prise en considération de la demande* ».

[174] Les moyens sont les raisons de fait ou de droit dont une partie se prévaut pour fonder sa prétention. Dans le jugement qu'il rend, le juge doit répondre par ces motifs, à l'ensemble des moyens invoqués qui constituent le soutien de sa décision.

Selon l'article 23, la C.N.R.L. apprécie librement les preuves. Elle décide sur la base de son intime conviction et procède à l'examen des preuves par les moyens suivants :

- Interrogatoire des parties ;
- Audition des témoins ;
- Expertises ;
- Production des pièces ;
- Tout autre moyen qu'elle jugera pertinent.

La Chambre procède elle-même à l'audition des témoins, à la fin de cette audition, les témoins lisent leur déposition et y apposent leur signature précédée de la mention « lue et approuvée »[175]. En cas de besoin, la Chambre peut faire appel à un expert, celui-ci dresse un rapport écrit dans les délais fixés par la C.N.R.L. L'expert peut être désigné à la demande d'une partie. Les dispositions sur la récusation s'appliquent par analogie à la récusation d'un expert[176].

La recevabilité de la requête introductive d'instance ou la demande reconventionnelle est subordonnée au paiement des frais de procédure, les frais de procédures se calculent en fonction de la valeur du litige d'après le barème suivant :

Valeur du litige	Montant des frais
Jusqu'à 1 000 000 FCFA	100 000 FCFA
Jusqu'à 2 000 000 FCFA	150 000 FCFA
À partir de 2000 001 FCFA	200 000 FCFA

Source : Règlement de la C.N.R.L. (article 34)

Les joueurs sont dispensés du paiement des frais de procédure pour les litiges contre leur club en relation avec le maintien de la stabilité contractuelle.

b. Les suites de la procédure : la nature et le contenu des décisions rendues par la C.N.R.L.

La C.N.R.L. rend ses décisions sous forme de jugement. L'article 31 du règlement de la C.N.R.L. dispose que : « *La C.N.R.L. prend sa décision à huis clos à la majorité simple des voix. Le président de séance ainsi que les membres présents disposent d'une seule voix. Toutes les personnes présentes*

[175] Article 26 du règlement de la C.N.R.L.

[176] Article 27 du règlement de la C.N.R.L.

sont tenues de voter. En cas d'égalité des voix, celle du président est prépondérante. La prise de décision peut aussi se faire par voie écrite ». D'après l'article 32 : « *La Chambre rend une décision écrite qui mentionne :*

- *La date à laquelle elle a été rendue ;*
- *Le nom des membres de la Chambre ayant participé aux débats ;*
- *Le nom des parties et de leurs éventuels mandataires ;*
- *Les conclusions des parties ;*
- *Une motivation en fait et en droit ;*
- *Le dispositif, y compris la répartition des frais éventuels ;*
- *La signature du président de la C.N.R.L. ;*
- *L'indication s'il y a lieu, des voies de droit : forme, autorité et délai de recours* »[177].

La décision est rendue par la Chambre dans les quatre-vingt-dix (90) jours suivant sa saisine et elle est, soit contradictoire, soit réputée contradictoire, soit par défaut. D'après l'article 33, après avoir rendu sa décision, la C.N.R.L. la transmet par écrit au Secrétariat général de la FE.CA.FOOT. qui la notifie immédiatement aux parties ou à leurs mandataires. L'alinéa 2 du même article dispose qu'en cas d'urgence, les seules conclusions de la décision peuvent être notifiées aux parties, les motifs étant fournis ultérieurement dans un délai de vingt (20) jours. Les parties sont réputées avoir reçu la décision du moment où elle leur parvient par courrier, par fax ou par courriel. La notification peut s'effectuer valablement auprès d'un mandataire des parties concernées.

Aux termes de l'article 36, les décisions présentant un intérêt général peuvent sur décision de la C.N.R.L., être publiées par la FE.CA.FOOT., dans la forme déterminée par la C.N.R.L., après anonymisation des parties concernées. La publication des décisions rendues par la C.N.R.L. est faite par le Secrétariat général de la FE.CA.FOOT., et en cas de décision par défaut, la partie défaillante dispose d'un délai de 10 jours à compter de la date de notification pour former opposition devant la C.N.R.L. L'appel des décisions rendues par la Chambre est effectué devant la C.C.A. et le cas échéant devant le T.A.S. On aborde déjà là, le contentieux devant les juridictions sportives externes aux fédérations.

---

[177] Voir dans ce sens les décisions n° 001FCF/CNRL/2018 chambre nationale de résolution des litiges affaire académie des étoiles de MANENGOUBA contre stade renard de MELONG et décision n° 017FCF/CNRL/2018 Chambre nationale de résolution des litiges affaire NGATCHOU NKWISSANGA Theodore c/AS ETOA-MEKI DE YAOUNDÉ.

Paragraphe II : Le contentieux de droit syndical devant les juridictions sportives externes aux fédérations

Ce contentieux a d'abord lieu devant la chambre de conciliation et d'arbitrage du comité national olympique et sportif du Cameroun (**A**) avant de se déporter le cas échéant, devant le tribunal arbitral du sport (**B**) dont les décisions sont en principe sans recours.

A. La chambre de conciliation et d'arbitrage (C.C.A.) du comité national olympique et sportif du Cameroun

L'alinéa 2 de l'article 94 de la loi de 2018 dispose que : *« Les fédérations sportives sont tenues d'inscrire dans leurs statuts, une clause compromissoire ou la possibilité de recourir à un compromis d'arbitrage devant la Chambre de Conciliation et d'Arbitrage siégeant en matière d'arbitrage, en cas des conflits d'ordre sportif ».* Cette disposition est complétée par l'article 1 alinéa 2 du Code de procédures devant la C.C.A. qui prévoit que : *« La C.C.A. est chargée de favoriser la résolution des conflits concernant le mouvement sportif national par voie de conciliation et d'arbitrage »,* l'alinéa 3 du même article dispose que : *« La C.C.A. est également une structure juridique chargée de la résolution des conflits portés à la connaissance du C.N.O.S.C. »* et son alinéa 5 précise enfin que : *« La C.C.A. statue en dernier ressort sur le plan national après épuisement des voies de recours internes aux fédérations et associations sportives ».* Cet alinéa confère ainsi à la C.C.A. un véritable pouvoir juridictionnel. C'est pourquoi il conviendra d'étudier la procédure devant cet organe (**1**) avant de s'attarder sur un exemple de contentieux de droit syndical qu'il a connu (**2**).

1. La procédure devant la C.C.A.

Il faut le dire, la procédure de résolution de litiges sportifs devant la Chambre est totalement novatrice, car elle admet l'arbitrage dans les différends individuels de travail ; ce qui n'est pas le cas avec le droit commun qui ne pratique l'arbitrage que pour les différends collectifs de travail. En effet, le Code de procédure devant la Chambre offre plusieurs procédures de résolution des différends sportifs. On a ainsi la conciliation, l'arbitrage, la médiation[178], les avis[179].

---

[178] La médiation est une procédure par laquelle les parties cherchent avec l'aide d'un tiers nommé médiateur, à trouver la solution amiable à leur litige.

[179] L'avis est un éclairage juridique donné par la Chambre et résultant des consultations de ses différents membres.

La loi de 2018 prescrit que la procédure devant la C.C.A. débute par une conciliation préalable et obligatoire avant tout arbitrage[180]. Il faut se l'avouer, c'est une innovation par rapport à l'ancienne loi de 2011 où la conciliation était facultative. Cette procédure rejoint les prescriptions du droit commun dans lesquelles le Code du travail prescrit que la procédure de règlement des différends de travail commence par une conciliation préalable et obligatoire devant l'inspecteur du travail avant la saisine des juridictions sociales[181]. En tout état de cause, la procédure devant la Chambre commence par une conciliation obligatoire (**a**) avant tout arbitrage (**b**) sous réserve d'un accord sur la compétence de la C.C.A. du C.N.O.S.C. en matière d'arbitrage conformément à l'article 96 (2) de la loi de 2018 précitée.

a. La procédure de conciliation

Elle commence par la saisine de la Chambre par une personne physique ou morale ayant qualité à le faire. À peine d'irrecevabilité, la requête adressée au président de la C.C.A. doit contenir les noms et/ou dénominations non équivoques, qualités et adresses de chacune des parties, un exposé sommaire de la nature et des circonstances du litige à l'origine de la demande, l'objet de la demande et notamment, les mesures réclamées[182] et toutes pièces utiles pour l'examen de la requête. La requête doit être produite en quatre exemplaires plus autant de copies qu'il y a de parties citées. Elle doit préciser : les noms et prénoms du requérant ou la dénomination de la personne morale requérante, l'adresse ou siège social, le numéro de téléphone du ou des défendeurs et l'adresse électronique. Le demandeur verse un droit fixe de cent mille (100 000) F.C.F.A. non remboursables permettant l'examen de sa demande. Si la demande ne satisfait pas à l'une des exigences ci-dessus, elle est rejetée sans préjudice du droit du demandeur de la présenter à nouveau[183].

Le président statue ainsi sur la demande et la rejette si, elle ne relève pas de la compétence de la Chambre ou si, elle est entachée d'une irrégularité au regard des dispositions de l'article 1 et 2, il notifie sans délai, par une décision motivée le rejet. Le président fixe le montant de la consignation qui doit être payé dans un délai de huit (8) jours au greffe de la Chambre. Sur accord du président, le paiement peut être différé. Lorsque la demande est recevable, le président de la C.C.A. désigne les conciliateurs chargés de

---

[180] Article 96 alinéa 1 : *« Les litiges portés devant la Chambre de Conciliation et d'Arbitrage font l'objet d'une conciliation préalable et obligatoire ».*

[181] Article.139.- 1) « *Tout travailleur ou tout employeur doit demander à l'inspection du travail du lieu de travail de régler le différend à l'amiable.* »

[182] Condamnations pécuniaires, exécution d'une obligation, etc.

[183] Article 15 du Code de procédure devant la C.C.A.

connaître l'affaire[184] et la récusation se passe de la même façon qu'en droit commun[185].

À l'issue de la conciliation, la décision est consignée dans un procès-verbal de conciliation partielle, totale ou de non conciliation pour être rendue dans un délai de quinze (15) jours à compter de la clôture des débats. Le procès-verbal de conciliation totale est délivré sous la forme d'une grosse et exécutoire dès sa notification, le procès-verbal de conciliation partielle est exécutoire dès sa notification pour la partie réglée du litige. Et la partie non réglée, ou le procès-verbal de non conciliation totale est retransmis à la Chambre pour arbitrage.

b. La procédure d'arbitrage

Il existe deux procédures d'arbitrage devant la C.C.A. : la procédure d'arbitrage ordinaire et la procédure d'arbitrage exceptionnelle ou référé sportif. Ces procédures s'appliquent à tous les différents contentieux relevant de sa compétence, y compris les différends de travail sportif. Le Code de procédure devant la Chambre dispose à ce propos que : *« La Chambre de Conciliation et d'arbitrage a compétence pour organiser l'arbitrage de tout différend ou litige d'ordre sportif qui lui est soumis »*[186].

Selon l'article 25 alinéa 1 de la procédure d'arbitrage devant la C.C.A., la requête adressée au président de la C.C.A. aux fins d'arbitrage doit comporter les noms et/ou dénominations non équivoques, qualités et adresses de chacune des parties, un exposé sommaire de la nature des circonstances du litige à l'origine de la demande, l'objet de la demande et notamment, les mesures réclamées[187]. Le demandeur doit verser un droit fixe de cent cinquante milles (150 000) F.C.F.A. non remboursables.

Après examen de la requête, le président peut rejeter[188] la demande et notifie sans délai la décision de rejet de la demande. À la suite de ce même

---

[184] Article 16 alinéa 1 du Code de procédure devant la C.C.A.

[185] Article 16 alinéa 2 du Code de procédure devant la C.C.A.

[186] Article 21 : champ d'application

[187] Condamnation pécuniaire, exécution d'une obligation, etc.

[188] Selon l'alinéa 4 de l'article 25 suscité : *« La demande est rejetée :*

- *lorsqu'elle ne relève pas de la compétence de la C.C.A. ;*
- *lorsqu'elle est entachée, au regard des dispositions des articles 1 et 2 de la présente décision, d'une irrecevabilité manifeste non susceptible d'être couverte ultérieurement ;*
- *ou est manifestement mal fondé.* »

L'alinéa 6 poursuit en disant que : *« Lorsque la requête est entachée d'une irrecevabilité susceptible d'être couverte, le président de la C.C.A. invite le demandeur à la régulariser. À défaut de régularisation dans les délais impartis, le président de la C.C.A. notifie le rejet de la requête.* »

examen, il fixe le montant de la consignation qui varie en fonction de l'intérêt, la nature ou de l'importance du litige[189]. À la demande du requérant, et sur autorisation du président, le paiement peut être différé et s'effectue au greffe.

Lorsque la demande est recevable, le président de la C.C.A. procède ainsi à la désignation des arbitres devant connaître l'affaire. Ces derniers peuvent être récusés par les parties[190].

L'article 27 alinéa 1 prévoit que : « *Le défendeur adresse au plus tard au jour de l'audience, une réponse en 5 exemplaires contenant notamment ses noms et dominations complets, qualités et adresses, ses commentaires sur la nature et les circonstances du litige à l'origine de la demande, sa position sur les mesures sollicitées* ».

Selon l'alinéa 2 de ce même article : « *Toute demande reconventionnelle*[191] *formulée par un défendeur doit être accompagnée de sa réponse à la demande principale, et contenir notamment :*

Un exposé sommaire de la nature et des circonstances du litige à l'origine de la demande reconventionnelle ;

Une indication de l'objet de la demande reconventionnelle et, notamment, les mesures réclamées. »

Les sentences arbitrales sont rendues dans un délai de 15 jours à compter de la clôture des débats. La C.C.A. peut décider de proroger ce délai qui dans tous les cas ne dépasse pas un mois. Et matière de référé, la sentence est rendue dans les 24 heures.

Pour les cas d'extrême urgence, la C.C.A. a prévu à côté de la procédure ordinaire d'arbitrage, une procédure spéciale appelée référé sportif. Selon l'article 32 du code de procédure devant la C.C.A., toute personne peut saisir le président de la C.C.A. d'une demande de référé sportif en présentant l'urgence qu'il y a à connaître de l'affaire. Lorsque la requête lui paraît

---

189 Alinéa 7 de l'article 25 du Code des procédures devant la C.C.A.

190 Selon l'article 26 alinéa 2, les motifs pour lesquelles les parties peuvent récuser les arbitres sont :

- Parenté ou alliance de l'arbitre à l'une des parties,
- Intérêt ou intervention de l'arbitre dans le différend, à quelque titre que ce soit,
- Communauté ou opposition d'intérêt entre l'arbitre et l'une des parties.

D'après l'alinéa 3, c'est le président de la Chambre ou si la récusation le concerne, le vice président qui est chargé de statuer sur la demande de récusation. Si les deux sont concernés, le bureau de la Chambre désigne un autre membre chargé de statuer.

191 En procédure civile, la demande reconventionnelle est le mécanisme par lequel le défendeur à une instance se porte lui-même demandeur contre le requérant

fondée, le président de la Chambre la reçoit et l'admet au bénéfice du référé sportif. En vertu de l'alinéa 3, la procédure d'urgence est instruite après paiement des frais de procédure par le demandeur, de la même manière que la procédure ordinaire, à l'exception des délais.

La procédure devant la C.C.A. ayant été décrite, il nous reste à présent à illustrer un contentieux de droit syndical porté devant la chambre de conciliation et d'arbitrage.

2. Illustration d'un contentieux de droit syndical devant la C.C.A. : affaire SY.NA.FO.C. contre FE.CA.FOOT.

L'affaire syndicat national des Footballeurs camerounais (SY.NA.FO.C.) c/ la Fédération camerounaise de Football (FE.CA.FOOT.) est une parfaite illustration de sentence arbitrale rendue par la chambre de conciliation et d'arbitrage du C.N.O.S.C.

Par requête datée du 15 avril 2013, l'association des footballeurs camerounais devenue syndicat national des footballeurs camerounais a saisi la chambre de conciliation et d'arbitrage du comité national olympique et sportif du Cameroun d'une procédure d'arbitrage contre la fédération camerounaise de football aux fins d'annulation de la première résolution de l'Assemblée générale de la FE.CA.FOOT. tenue le 16 mai 2012. Au soutien de son recours, la demanderesse précise dans sa requête qu'en date du 03 mars 2011, messieurs Nya Tankwe Bernard et deux autres personnes ont, par l'organe de leur conseil, saisi le tribunal de grande instance du Wouri pour les faits de coaction et complicité d'abus de confiance et d'escroquerie organisée imputable à Mayebi David ;

Qu'alors que cette plainte suivait son cours devant les juridictions de droit commun, les mêmes plaignants ont saisi le comité exécutif de la FE.CA.FOOT. en date du 16 mai 2011 ;

Que le président de la FE.CA.FOOT. a tenté en vain d'obtenir les preuves des faits imputés à Mayebi et l'a fait convoqué devant les instances juridiques de la FE.CA.FOOT. pour répondre des griefs formulés contre lui ;

Que le comité exécutif, après avoir reçu le rapport de la commission chargé des affaires juridiques de la FE.CA.FOOT. a rendu la décision ci-après :

« *(...) Exclut l'association des footballeurs du Cameroun de la FE.CA.FOOT. avec effet immédiat (...)* ».

Que cette décision a été entérinée par l'assemblée générale de la FE.CA.FOOT. en ces termes : « *En application de l'article 16 des statuts de la FE.CA.FOOT., l'association des footballeurs camerounais est exclue de la FE.CA.FOOT. pour violation grave et répétée de ses obligations prévues à l'article 15 alinéa 1 des statuts de la FE.CA.FOOT.* » ;

Attendu que dans la directive numéro 001/FCF/PDT/SG/03/2013 du 05 mars 2013 portant exécution des dispositions relatives aux élections au sein des ligues départementales, le secrétaire général de la FE.CA.FOOT., après avoir pris acte de l'exclusion de l'A.F.C. par l'assemblée générale de la FE.CA.FOOT. et constaté qu'aucune autre association n'a été agréée par la FE.CA.FOOT., a conclu qu'aucune association de joueurs ne participera aux prochaines élections organisées à la FE.CA.FOOT. et dans ses ligues décentralisées.

Pour annuler la première résolution de l'assemblée générale de la FE.CA.FOOT., la chambre de conciliation et d'arbitrage (C.C.A.) du C.N.O.S.C. dans sa sentence arbitrale datée du 10 mai 2013, procède par une motivation bien structurée et graduée.

Après avoir constaté que le président de la FE.CA.FOOT. avait été notifié en 2011, de la transformation de l'association des footballeurs camerounais en syndicat national des footballeurs camerounais sans qu'aucune contestation relative à cette transformation n'a été soulevée ;

Qu'en date du 1er juillet 2011, une convention entre le ministère des sports et de l'éducation civique, la FE.CA.FOOT., les associations de corps de métiers et la C.N.P.S. a été signée à Yaoundé, laquelle érige le footballeur au rang de travailleur au sens de l'article 23 du Code de travail ;

Qu'au sens de la convention sus-indiquée, les différentes catégories de membre de la fédération sont désormais considérées comme des travailleurs au sens du Code de travail ;

Que dans ce sens, seuls les syndicats peuvent valablement représenter leurs intérêts ;

Qu'il y a lieu de reconnaître leur qualité de membre de droit de la FE.CA.FOOT.

Attendu que le SY.NA.FO.C. n'a pas été mis dans les conditions lui permettant d'assurer sa défense au niveau de l'assemblée générale, la parole n'ayant pas été donnée à ses conseils ;

Que l'argument tiré de la violation des droits de la défense est fondé ;

Attendu, au regard de ce qui précède, qu'il y a lieu de prononcer la nullité de la première résolution de l'assemblée générale de la FE.CA.FOOT. en sa session du 16 mai 2012.[192]

---

192 Sentence arbitrale rendue par la chambre de conciliation et d'arbitrage du CNOSC en date du 10 mai 2013.

Cette sentence arbitrale a été frappée d'appel par la FE.CA.FOOT. devant le tribunal arbitral du sport (T.A.S.).

B. Le tribunal arbitral du sport (T.A.S.)

Le tribunal arbitral du sport[193] est une institution internationale proposant un arbitrage ou une médiation dans le monde du sport. Domicilié à Lausanne en Suisse, il dépend du conseil international de l'arbitrage. Le T.A.S. a compétence pour connaître de tous les appels formés devant elle contre les décisions en matière de sport rendues par les structures sportives nationales. Elle est compétente depuis 2002 pour connaître les litiges juridiques du football en qualité de dernière instance, après épuisement des voies de recours internes à la F.I.F.A., aux confédérations continentales ou fédérations nationales. Tout comme la C.C.A., la procédure devant le T.A.S. ne distingue pas les litiges en fonction de leur nature, il est prévu une même procédure pour tous les litiges dont elle a compétence.

Le déroulement de la procédure devant le T.A.S. (**2**) fait suite au respect par la partie ayant saisi le T.A.S., des conditions de sa saisine (**1**).

1. Les conditions de saisine du tribunal arbitral du sport

Les conditions de saisine du T.A.S. peuvent être classées en deux groupes : celles établies par le TAS et la condition liée à la nature du litige.

Sur le premier point, d'après le Code de l'arbitrage en matière de sport devant le T.A.S., un litige ne peut être soumis à l'arbitrage du T.A.S. que s'il existe une convention d'arbitrage entre les parties[194], la convention d'arbitrage étant considérée comme un accord par lequel les parties à un contrat s'engagent par avance à soumettre à l'arbitrage les éventuels litiges qui pourront naître de ce contrat. C'est un acte par lequel les parties reconnaissent le T.A.S. comme organe compétent pour connaître de tous les

---

[193] Cet organe naît de la multiplication des conflits dans le domaine du sport, ce qui poussa le président du Comité International Olympique à entreprendre sa création en 1981. Il entra en fonction en 1984 suite à sa reconnaissance en 1983 par le C.I.O. Le T.A.S. est aujourd'hui un organisme indépendant des fédérations sportives, mais elle resta longtemps en conflit avec la F.I.F.A. qui ne reconnut sa compétence qu'en 2002.

[194] R27 Application du Règlement de procédure

« Le présent Règlement de procédure s'applique lorsque les parties sont convenues de soumettre au T.A.S. un litige relatif au sport. Une telle soumission peut résulter d'une clause arbitrale figurant dans un contrat ou un règlement ou d'une convention d'arbitrage ultérieure (procédure d'arbitrage ordinaire), ou avoir trait à l'appel d'une décision rendue par une fédération, une association ou un autre organisme sportif lorsque les statuts ou règlements de cet organisme ou une convention particulière prévoient l'appel au T.A.S. (procédure d'arbitrage d'appel) »

différends qui pourront naître entre elles à l'occasion de l'exécution du contrat qui les lie. Il faut le souligner, le règlement des différends devant cette instance est basé sur le principe du consensualisme, car le T.A.S. ne pose aucune action sans accord des parties.

À défaut de la présence d'une convention d'arbitrage entre les parties, la saisine du TAS est subordonnée à la présence dans les statuts ou règlements de la structure sportive nationale ayant rendu la décision objet de l'appel, une clause prévoyant l'appel de ses décisions au T.A.S. Cette condition s'applique à la procédure d'arbitrage d'appel[195], et est d'ailleurs présente dans les statuts de la FE.CA.FOOT., qui recommande à ses membres d'interjeter appel contre les décisions rendues au plan national devant le Tribunal Arbitral de Sport[196]. La loi de 2018 confirme cette position lorsqu'elle soumet tous les recours formés contre les sentences rendues auprès de la C.C.A. devant le T.A.S.[197] et le Code de procédure devant la Chambre fixe les délais impartis pour saisir cette juridiction suprême[198].

Sur le second point relatif aux conditions visant la nature du litige, il faut remarquer que ce ne sont pas tous les litiges sportifs dont l'appel peut être porté devant cet organe juridictionnel. En effet, l'article 77 du statut de la FE.CA.FOOT. dispose en son alinéa 1 que *« [...] Le T.A.S. ne traite pas des recours relatifs à la violation des lois du Jeu, à une suspension inférieure ou égale à quatre matchs ou trois mois. »* Cet article identifie deux types de litiges ne pouvant être portés devant le T.A.S. : les litiges se rapportant aux lois du jeu[199], et les suspensions inférieures ou égales à quatre matchs ou à trois mois.

Les recours relatifs à la violation des lois du jeu ne sont pas traités par le T.A.S. pour la simple raison qu'ils sont directement sanctionnés sur le

---

195 *Idem.*

196 D'après l'article 77 alinéa 1 du statut de la FE.CA.FOOT. et conformément aux dispositions applicables des Statuts de la FIFA en vigueur, « *Tout appel interjeté contre une décision rendue en dernier ressort au niveau national sera entendu par le Tribunal Arbitral du Sport (T.A.S.) siégeant à Lausanne en Suisse...* ».

197 Article 97 alinéa 1 : « *Les sentences rendues par la Chambre de Conciliation et d'Arbitrage du CNOSC, en matière d'arbitrage ne sont susceptibles que de recours devant le Tribunal Arbitral de Sport...* ».

198 Article 31 : voie de recours : « *Le délai d'appel de la sentence rendue est de 21 jours à compter de la notification aux parties de ladite sentence par la Chambre* ».

199 Les lois du jeu, ou loi du football, sont des règles du football décidées et maintenues par l'international Football Association qui est composée de quatre fédérations du Royaume-Uni ainsi que la FIFA, à parité de voix et qui veille à leur application uniforme dans le monde lors des différentes compétitions.

terrain du jeu par l'arbitre du match. En revanche, ces sanctions prononcées par les arbitres peuvent avoir des conséquences très lourdes sur la carrière du sportif par exemple, les sanctions sur des périodes excédant trois mois. C'est la contestation de cette lourde sanction qui peut donc être soumise au T.A.S.

L'exclusion de la compétence du T.A.S. quant aux litiges relatifs à la violation du jeu sur une période n'excédant pas quatre matchs ou trois mois se justifie parce que l'évaluation du sportif s'appuie sur des critères de la performance et de la rentabilité. Ces deux éléments ne peuvent s'acquérir qu'à la suite d'un entraînement et d'une participation continus aux compétitions qui sont la raison d'être de l'activité sportive. Il va de soi que la privation de jeu au sportif sur une longue période pourrait porter atteinte à son rendement sportif. C'est donc sur cette base que le T.A.S. peut être saisi afin qu'une décision juste soit rendue sur la base d'une procédure équitable.

2. La procédure devant le tribunal arbitral du sport

Le T.A.S. dispose en son sein deux principales procédures[200] : une procédure ordinaire et une procédure d'arbitrage d'appel. C'est cette dernière qui nous intéresse.

Un appel contre une décision d'une fédération, association ou autre organisme sportif peut être déposé au T.A.S. si les statuts ou règlements dudit organisme sportif le prévoient ou si les parties ont conclu une convention d'arbitrage particulière et dans la mesure aussi où la partie appelante a épuisé les voies de droit préalable à l'appel dont il dispose, en vertu des statuts ou règlements dudit organisme sportif[201]. La procédure arbitrale d'appel contre une sentence rendue par les organismes sportifs se déroule en plusieurs étapes décrites ainsi qu'il suit :

- **La partie appelante soumet au T.A.S. une déclaration d'appel comprenant les éléments suivants** :

- le nom et l'adresse complète de la ou des partie(s) intimée(s) ;
- une copie de la décision attaquée ;
- les prétentions de la partie appelante ;
- la désignation de l'arbitre choisi par la partie appelante sur la liste des arbitres du TAS, sauf si la partie appelante demande la nomination d'un(e) arbitre unique ;
- le cas échéant, une requête d'effet suspensif motivée ;

[200] Cf. Code de procédure devant le T.A.S.

[201] Il peut être fait appel au T.A.S. d'une sentence rendue par le T.A.S. agissant en qualité de tribunal de première instance, si un tel double degré de juridiction est expressément prévu par les règles de la fédération ou organisme sportif concerné.

- une copie des dispositions statutaires ou réglementaires ou de la convention particulière prévoyant l'appel au T.A.S.

Lors de la soumission de la requête, la partie appelante verse le droit de Greffe prévu à l'article R64.1[202] ou à l'article R65.2[203]. Si les conditions ci-dessus ne sont pas remplies au moment du dépôt de la déclaration d'appel, le Greffe du T.A.S. fixe un unique et bref délai à la partie appelante pour compléter sa déclaration d'appel, faute de quoi le Greffe du T.A.S. ne procède pas.

- **Délai d'appel**

En l'absence de délai d'appel fixé par les statuts ou règlements de la fédération, de l'association ou de l'organisme sportif concerné ou par une convention préalablement conclue, le délai d'appel est de vingt et un (21) jours à compter de la réception de la décision faisant l'objet de l'appel. Le président de Chambre n'ouvre pas de procédure si la déclaration d'appel est manifestement tardive et doit notifier cette décision à la personne qui l'a déposée. Lorsqu'une procédure est mise en œuvre, une partie peut demander au Président de Chambre ou au Président de la formation, si une Formation a déjà été constituée, de la clôturer si la déclaration d'appel est tardive. Le Président de Chambre ou le Président de la formation rend sa décision après avoir invité les autres parties à se déterminer.

- **Motivation de l'appel**

Dans les dix jours suivant l'expiration du délai d'appel, la partie appelante soumet au Greffe du T.A.S. un mémoire contenant une description des faits et des moyens de droit fondant l'appel, accompagné de toutes les pièces et offres de preuves qu'elle entend invoquer. Alternativement, la partie appelante doit informer par écrit le Greffe du T.A.S. dans le même délai que la déclaration d'appel doit être considérée comme mémoire d'appel. L'appel est réputé avoir été retiré si la partie appelante ne se conforme pas à ce délai. Dans ses écritures, la partie appelante indique les noms des témoins, en incluant un bref résumé de leur témoignage présumé, et les noms des experts, avec mention de leur domaine d'expertise, qu'elle désire faire entendre, et formule toute autre offre de preuve. Les éventuels

---

[202] « *Lors du dépôt de la requête/déclaration d'appel, la partie demanderesse/appelante verse un droit de Greffe de CHF 1000. —, faute de quoi le T.A.S. ne procède pas. Ce droit de Greffe reste acquis au T.A.S. La Formation en tient compte dans le décompte final des frais.* »

[203] « *Sous réserve des articles R65.2 al. 2 et R65.4, la procédure est gratuite. Les frais et honoraires des arbitres, calculés selon le barème du T.A.S., ainsi que les frais du T.A.S. sont à la charge du T.A.S* ».

témoignages écrits doivent être déposés avec le mémoire d'appel, sauf si le Président de la Formation en décide autrement.

- **Mise en œuvre de l'arbitrage par le TAS**

C'est le Greffe du T.A.S. qui est chargé de mettre en œuvre l'arbitrage même lorsqu'il n'existe pas de convention d'arbitrage entre les parties donnant compétence au T.A.S.[204]. Il envoie une copie de la déclaration d'appel et du mémoire d'appel à l'autorité qui a rendu la décision attaquée pour information. Le Greffe du T.A.S. peut annoncer publiquement l'ouverture d'une procédure arbitrale d'appel ainsi qu'ultérieurement et le cas échéant, la composition de la Formation arbitrale et la date de l'audience, sauf si les parties en conviennent autrement. Avec l'accord des parties, la Formation ou, si celle-ci n'est pas encore constituée, le Président de Chambre peut recourir à une procédure accélérée et en fixer les modalités. Lorsqu'une partie dépose une déclaration d'appel relative à une décision à l'égard de laquelle une procédure d'appel est déjà en cours devant le T.A.S., le Président de la Formation, ou s'il n'a pas encore été nommé, le Président de la Chambre peut, après consultation écrite avec les parties, décider de joindre les deux procédures.

- **Nomination des arbitres et confirmation par le T.A.S.**

Selon l'art R50 du code de procédure devant le T.A.S., l'appel est soumis à une Formation de trois arbitres, sauf si les parties sont convenues de recourir à un arbitre unique ou, en cas d'absence d'accord entre les parties concernant le nombre d'arbitres, si le Président de la Chambre décide de soumettre l'appel à un arbitre unique, compte tenu des circonstances de l'affaire, parmi lesquelles le fait que la partie intimée paie ou non sa part des avances de frais dans le délai fixé par le Greffe du T.A.S.[205].

Si les parties sont convenues de recourir à un arbitre unique ou si le Président de la Chambre estime que l'appel doit être soumis à un arbitre unique, il désigne l'arbitre unique dès réception de la déclaration d'appel ou

---

[204] Sauf s'il apparaît d'emblée qu'il n'existe manifestement pas de convention d'arbitrage se référant au T.A.S., que la convention n'a manifestement aucun lien avec le litige en question ou que les voies de recours internes dont dispose la partie appelante n'ont manifestement pas été épuisées, le T.A.S. prend toute disposition utile pour la mise en œuvre de l'arbitrage. Le Greffe du TAS communique la déclaration d'appel à la partie intimée et le/la Président(e) de la Chambre procède à la constitution de la Formation selon les articles R53 et R54. Le cas échéant, ce/cette dernier(e) statue également à bref délai sur l'effet suspensif ou sur la demande de mesures provisionnelles.

[205] Lorsque deux ou plusieurs affaires ont manifestement le même objet, le Président de la Chambre peut inviter les parties à s'entendre pour qu'une seule Formation connaisse de ces affaires ; en cas de désaccord entre les parties, le Président de la Chambre décide.

dès qu'une décision sur le nombre d'arbitres est rendue. S'il y a lieu de recourir à trois arbitres, le Président de la Chambre désigne le Président de la Formation dès la désignation de l'arbitre de la partie intimée et après consultation des arbitres. Les arbitres désignés par les parties ne sont réputés nommés qu'après confirmation par le Président de la Chambre. Avant de procéder à cette confirmation, le Président de la Chambre s'assure que les arbitres répondent aux conditions de l'article R33[206]. Lorsque la Formation est constituée, le Greffe du T.A.S. constate la constitution de la Formation et transmet le dossier aux arbitres, à moins qu'aucune des parties n'ait versé l'avance de frais prévue à l'article R64.2 du présent Code. Un greffier *ad hoc* indépendant des parties peut être nommé pour assister la Formation. Ses honoraires sont inclus dans les frais d'arbitrage. L'article R41 sur l'arbitrage multipartite est applicable *mutatis mutandis* à la procédure arbitrale d'appel, sauf que le Président de la Formation est nommé par le Président de la Chambre arbitrale d'appel du T.A.S.

- **Réponse de la partie intimée et Compétence du T.A.S.**

Dans les vingt jours suivant la réception de la motivation de l'appel, la partie intimée soumet au Greffe du T.A.S. une réponse comprenant les éléments suivants :

- une description des moyens de défense ;
- toute exception d'incompétence ;
- toutes les pièces et offres de preuves qu'elle entend invoquer ;
- les noms des témoins, en incluant un résumé de leur témoignage présumé ; les éventuels témoignages écrits doivent être déposés avec la réponse, sauf si le Président de la Formation en décide autrement ;
- les noms des experts, avec mention de leur domaine d'expertise, qu'elle désire faire entendre, et formule tout autre offre de preuve.

Si la partie intimée ne dépose pas sa réponse dans le délai imparti, la Formation peut néanmoins poursuivre la procédure d'arbitrage et rendre une sentence. La partie intimée peut demander que le délai pour le dépôt de la réponse soit fixé après le paiement par la partie appelante de sa part de

[206]Art R33 : Indépendance et qualification : « *Tout arbitre doit être et demeurer impartial(e) et indépendant(e) des parties et a l'obligation de révéler immédiatement toute circonstance susceptible de compromettre son indépendance à l'égard des parties ou de l'une d'elles... Tout arbitre doit figurer sur la liste établie par le CIAS en vertu du Statut faisant partie du présent Code, maîtriser la langue de l'arbitrage et avoir la disponibilité nécessaire pour mener l'arbitrage à son terme dans les meilleurs délais.* »

l'avance de frais prévue à l'article R64.2[207]. La Formation statue sur sa propre compétence. Elle statue sur sa compétence sans égard à une action ayant le même objet déjà pendant entre les mêmes parties devant un autre tribunal étatique ou arbitral, sauf si des motifs sérieux commandent de suspendre la procédure.

Lorsqu'une exception d'incompétence est soulevée, le Greffe du T.A.S. ou la Formation, si celle-ci est déjà constituée, invite les parties à se déterminer par écrit au sujet de la compétence du T.A.S. La Formation statue sur sa compétence soit dans une décision incidente, soit dans une sentence au fond.

- **L'instruction orale**

La Formation revoit les faits et le droit avec plein pouvoir d'examen. Elle peut soit rendre une nouvelle décision se substituant à la décision attaquée, soit annuler cette dernière et renvoyer la cause à l'autorité qui a statué en dernier. Le/la Président(e) de la Formation peut demander la communication du dossier à la fédération, association ou autre organisme sportif ayant rendu la décision attaquée. Les modalités de l'audience pour l'audition des parties, témoins et experts ainsi que pour les plaidoiries sont fixées par le Président de la formation dès transmission du dossier.

Après avoir consulté les parties, la Formation peut, si elle s'estime suffisamment informée, ne pas tenir d'audience. Lors de l'audience, les débats ont lieu à huis clos, sauf accord contraire des parties. À la demande d'une personne physique partie à la procédure, une audience publique devrait être accordée si l'affaire en question est de nature disciplinaire. Une telle demande peut toutefois être refusée dans l'intérêt de la moralité, de l'ordre public ou de la sécurité nationale, lorsque les intérêts des mineurs ou la protection de la vie privée des parties au procès l'exigent, lorsque la publicité serait de nature à porter atteinte aux intérêts de la justice, lorsque la procédure ne porte que sur des questions de droit ou lorsqu'une audience publique a déjà eu lieu en première instance.

La Formation peut exclure des preuves présentées par les parties si ces dernières pouvaient en disposer ou si elles auraient raisonnablement pu les découvrir avant que la décision attaquée ne soit rendue. Au surplus, les articles R44.2 et R44.3 s'appliquent.

---

[207] « *Si une procédure d'arbitrage est clôturée avant qu'une Formation n'ait pu être constituée, le/la Président(e) de Chambre statue sur les frais dans l'ordonnance de clôture. Cependant, il/elle ne peut ordonner le paiement de dépens que sur requête d'une partie et après que toutes les parties ont eu la possibilité de déposer des écritures concernant la question des frais et dépens.* »

Si l'une des parties, ou l'un de ses témoins, bien que régulièrement convoqué, ne se présente pas à l'audience, la Formation peut néanmoins tenir l'audience et rendre une sentence.

- **La détermination du droit applicable**

La Formation statue selon les règlements applicables et, subsidiairement, selon les règles de droit choisi par les parties, ou à défaut de choix, selon le droit du pays dans lequel la fédération, association ou autre organisme sportif ayant rendu la décision attaquée a son domicile ou selon les règles de droit que la Formation estime appropriées. Dans ce dernier cas, la décision de la Formation doit être motivée.

- **La Sentence**

La sentence est rendue à la majorité ou, à défaut de majorité, par le Président seul. Elle est écrite, datée et signée. Elle est sommairement motivée. La seule signature du Président de la Formation ou celles des deux Co-arbitres, si le Président ne signe pas, sont suffisantes. Avant la signature de la sentence, celle-ci doit être transmise au Secrétaire général du T.A.S. qui peut procéder à des rectifications de pure forme et attirer l'attention de la Formation sur des questions de principe fondamental. Les éventuelles opinions dissidentes ne sont pas reconnues par le T.A.S. et ne sont pas notifiées.

La Formation peut décider de communiquer aux parties le dispositif de la sentence avant la motivation. La sentence est exécutoire dès communication écrite du dispositif par courrier, télécopie et/ou courrier électronique.

La sentence, notifiée par le Greffe du T.A.S., tranche définitivement le litige, sous réserve de recours selon les circonstances, conformément au droit suisse, dans un délai de 30 jours à compter de la notification de la sentence par courrier. Elle n'est susceptible d'aucun recours dans la mesure où les parties n'ont ni domicile, ni résidence habituelle, ni établissement en Suisse et ont expressément renoncé au recours dans la convention d'arbitrage ou dans un accord écrit conclu ultérieurement, notamment en début de procédure.

Le dispositif de la sentence doit être communiqué aux parties dans les trois mois suivant le transfert du dossier à la Formation. Ce délai peut être prolongé par le Président de la Chambre sur demande motivée du Président de la Formation.

Une copie du dispositif de la sentence, s'il y en a un, et de la sentence complète est communiquée à l'autorité ou organisation sportive ayant rendu la décision attaquée, pour autant que cet organisme ne soit pas partie à la procédure. La sentence, un résumé et/ou un communiqué de presse faisant état de l'issue de la procédure sont publiés par le T.A.S., sauf si les parties conviennent que l'arbitrage doit rester confidentiel. En tout état de cause, les autres éléments du dossier de la procédure restent confidentiels.

Conclusion du chapitre II

Le traitement du contentieux du droit syndical devant les juridictions des ordres administratif et sportif présente quelques originalités par rapport aux autres juridictions.

Devant les juridictions de l'ordre administratif, le domaine de ce contentieux est expressément déterminé par la loi et la procédure de sa mise en œuvre qui déroge au droit commun de la procédure administrative contentieuse, se veut simple et rapide. En effet, les contentieux relevant de l'annulation ou refus de délivrance d'un certificat d'enregistrement, du retrait d'agrément ainsi que ceux se rapportant à la représentativité syndicale sont de la compétence du juge administratif. Pour ce qui est de la procédure administrative, il faut observer que le demandeur est dispensé de recourir à la phase de recours gracieux préalable et les délais de procédure ont été raccourcis par rapport à ceux de droit commun. En même temps, l'office du président de la juridiction administrative est bien souvent sollicité notamment en matière de sursis à exécution d'une décision administrative querellée ou de référé administratif.

Devant les juridictions sportives, tout litige impliquant un syndicat qui souhaiterait défendre ses intérêts propres ou ceux de l'ensemble de la profession doit au préalable être porté devant les juridictions internes aux fédérations sportives. Lorsqu'une partie ne sera pas satisfaite de la décision rendue par les instances fédérales, elle devra saisir respectivement la chambre de conciliation et d'arbitrage (C.C.A.) du comité national olympique et sportif du Cameroun et le cas échéant, le tribunal arbitral du sport (T.A.S.).

CONCLUSION DE LA SECONDE PARTIE

La dimension contentieuse du droit syndical révèle les vicissitudes que peut connaître la personne morale qu'est le syndicat, ses promoteurs, ses membres et des tiers au cours de l'existence de cette dernière. Fort heureusement et en conformité avec les exigences de la communauté internationale, les juridictions étatiques reconnaissent leurs compétences pour régler de nombreux litiges pouvant survenir pendant la vie du syndicat. La répartition de la compétence juridictionnelle dans le domaine du contentieux de droit syndical est assez claire. Certaines questions sont dévolues aux juridictions de l'ordre judiciaire alors que d'autres relèvent de la compétence des juridictions des ordres administratif et sportif. L'idée ici, est de garantir aux parties en conflit, la possibilité d'être jugé devant un organe indépendant, neutre, impartial et respectueux des droits de la défense, ce qui limiterait au maximum l'ingérence des pouvoirs publics et d'autres organisations syndicales dans les affaires internes d'un syndicat.

Il est cependant regrettable de constater que le recours au juge étatique pour régler les litiges concernant le syndicat reste limité par les textes nationaux. En effet, le mode de dissolution des syndicats par voie administrative (qui se matérialise concrètement par le retrait d'agrément en ce qui concerne les syndicats des fonctionnaires, l'annulation ou le retrait du certificat d'enregistrement et même parfois la simple suspension dudit certificat pour ce qui est des syndicats régis par le Code du travail) devrait disparaître pour laisser place aux seuls modes volontaire et judiciaire de dissolution. Les raisons étant que cette forme de disparition du groupement professionnel est non seulement contraire à la convention numéro 87 concernant la liberté syndicale et la protection du droit syndical, mais aussi, elle peut s'interpréter comme une ingérence des pouvoirs publics dans les affaires internes au syndicat.

CONCLUSION GÉNÉRALE

Au terme de cette étude, il convient de rappeler qu'il a été question d'analyser la double dimension du droit syndical camerounais.

Dans sa dimension non contentieuse, le droit syndical s'appréhende aussi bien dans l'existence que dans les activités du groupement syndical. En effet, il a été démontré que, comme tout groupement qui souhaite avoir une existence légale, le syndicat en constitution doit remplir des conditions de fond et de procédure qui débouchent sur la délivrance d'un certificat d'enregistrement ou d'un agrément (selon les cas), preuve de l'acquisition de la personnalité juridique. Pendant son existence, il mène des activités conformes à son objet social, aux textes légaux et réglementaires. C'est ainsi que l'on distinguera des activités communes à tout groupement syndical de celles qui sont spécifiques aux seuls syndicats représentatifs ou les plus représentatifs.

Dans sa dimension contentieuse, le droit syndical est soumis à un contentieux pluriel. Le traitement de ce contentieux est attribué tantôt aux juridictions de l'ordre judiciaire, tantôt aux juridictions des ordres administratif et sportif selon la nature de la difficulté à résoudre. Nous proposons que soient créées des chambres et sections de droit syndical au sein des tribunaux et cours, ceci afin de renforcer l'autonomie du droit syndical.

Du reste, dans son fort déploiement, le droit syndical camerounais regorge des insuffisances à la fois théoriques et pratiques. Au plan théorique, il existe une contrariété bien connue et souvent dénoncée par la doctrine et les syndicats entre les textes nationaux (en l'occurrence le Code du travail du 14 août 1992, la loi de 1968 et son décret d'application de 1969 organisant les syndicats professionnels non régis par le Code du travail) et la convention n° 87 de l'O.I.T sur la liberté syndicale et la protection du droit syndical. Cette contrariété s'observe aussi bien dans les modalités de création et de fonctionnement des syndicats que dans celles de leurs disparitions. Sur le terrain du contentieux, il est regrettable de constater qu'en matière pénale, le texte réglementaire censé organiser les modes d'exercice du pouvoir de poursuite reconnu à l'inspecteur du travail en matière répressive, annoncé dans le Code du travail du 14 août 1992, ne soit pas effectif jusqu'à ce jour. Cette carence rend difficile la poursuite des présumés auteurs des infractions en matière syndicale.

Au plan pratique, les atteintes au droit syndical en général et à la liberté syndicale en particulier s'observent dans la manière avec laquelle est mise en œuvre cette liberté. En effet, on dénombre sur le terrain de nombreux faits sociaux répréhensibles tels la violation flagrante des critères de représentativité syndicale par les pouvoirs publics, la violation des locaux des syndicats et les atteintes régulières à l'intégrité physique des syndicalistes par les forces de l'ordre pendant les réunions, manifestations publiques et grèves pacifiques[208].

Au demeurant, après de nombreuses dénonciations de ces atteintes faites par les diverses délégations des travailleurs à la conférence internationale du travail (représentants syndicaux) auprès du comité de la liberté syndicale de l'O.I.T., l'État du Cameroun s'est engagé dans un processus de réforme du Code du travail et d'élaboration d'une loi unique en matière syndicale. Tout en louant cette initiative qui entend régler tous les problèmes d'inadéquation entre les textes nationaux et les conventions internationales ratifiées, il convient néanmoins de déplorer quelques manquements perçus dans ce dernier projet de texte. À titre d'exemple, le régime de la grève organisée par l'avant-projet de loi sur les syndicats ne semble s'adapter qu'aux seuls syndicats des travailleurs subordonnés du secteur privé, à l'exclusion de ceux du secteur public[209] et des indépendants[210] alors que ces acteurs sus-évoqués rentrent bel et bien dans le champ d'application de ladite loi en gestation. Une réécriture s'impose sur cette question. Au-delà d'une simple réforme législative, il faudrait davantage axer la réponse aux atteintes à la liberté syndicale sur la formation et la sensibilisation de tous les acteurs impliqués dans le milieu syndical. Le but étant d'évoluer vers une construction progressive d'un droit syndical camerounais autonome et

---

[208] Dans l'affaire opposant la centrale syndicale du secteur public du Cameroun au gouvernement du Cameroun devant le comité de la liberté syndicale de l'O.I.T., l'organisation plaignante dénonce auprès dudit comité, la répression violente d'une grève pacifique par les forces de l'ordre, l'arrestation de sept (07) dirigeants syndicaux lors d'un *sit-in* organisé le 11 novembre 2010 […] et l'occupation de ses locaux par les forces de l'ordre pour l'empêcher de célébrer le 1er mai 2010 (Voir 31e rapport du comité de la liberté syndicale, paragraphe 358-399).

[209] Lorsqu'on lit à l'article Article 40 (1) ce qui suit : « *L'Inspecteur du Travail du ressort doit, pendant le préavis de grève, tenter un règlement à l'amiable du différend* », la question qui vient à l'esprit est bien celle de savoir que vient faire l'inspecteur du travail dans le règlement des différends opposant l'Etat (employeur) à ses administrés (fonctionnaires).

[210] Par exemple, lorsqu'à l'article 37 de cet avant-projet, il est précisé que : « *En cas de revendications, l'organisation syndicale de travailleurs concernée adresse une lettre avec accusé de réception à l'employeur. Celle-ci doit clairement déterminer l'objet de la revendication et les propositions concrètes pour son règlement. Ampliation doit être faite à l'Inspecteur du travail du* ressort », l'on est tenté de se demander si le travailleur indépendant a un employeur.

moderne, car comme le disait monsieur Yamodou Touré, secrétaire général de l'organisation nationale des syndicats libres de Guinée : « *Il n'y a pas d'État fort sans syndicats forts. Et c'est de part et d'autre que nous devons travailler pour la mise en place de structures fortes*[211] ».

[211] Propos recueillis lors d'une interview accordée à Siba Guilavogui pour Guinéematin.com le 30 avril 2019 à 12 h 12 min

ANNEXES

Annexe 1 : Extrait du Code du travail sur les syndicats professionnels

Annexe 2 : Loi n° 68/LF/19 du 18 novembre 1968 relative aux associations ou syndicats professionnels non régis par le Code du travail.

Annexe 3 : Décret n° 69-DF-7 du 6 Janvier 1969, fixant les modalités d'application de la loi n° 68-LF-19 du 18 novembre 1969 et déterminant l'organisation et les conditions d'agrément des associations ou syndicats professionnels non régis par le Code du travail.

Annexe 4 : Avant-projet de loi sur les syndicats professionnels.

Annexe 5 : État des lieux du fichier syndical au Cameroun

Annexe 6 : Arrêté n° 0136/MINTSS/SG du 23 juillet 2018 portant constatation du classement national des confédérations syndicales à l'issue des élections des délégués du personnel du 1er mars 2018.

Annexe 7 : Liste générale des syndicats professionnels (régis par le Code du travail) au Cameroun

Annexe 8 : Liste des syndicats agréés de fonctionnaires au Cameroun

Annexe 9 : Sentence arbitrale rendue par la C.C.A. du C.N.O.S.C. du 10 mai 2013, affaire SY.NA.FO.C. c/ FE.CA.FOOT.

Annexe 10 : T.A.S. 2013/A/3180, Fédération Camerounaise de Football c/ SY.NA.FO.C.

Annexe 11 : T.P.I. de Lomé, Chambre Civile et Commerciale, Jugement n° 194/99 du 13 Mars 1999.

Annexe 12 : Cour d'appel de Lomé, Chambre Civile, arrêt n° 216/00 du 28 septembre 2000.

Annexe 1 : Extrait du Code du travail sur les syndicats professionnels

TITRE II : DES SYNDICATS PROFESSIONNELS

CHAPITRE I

DE L'OBJET DES SYNDICATS PROFESSIONNELS ET DE LEUR CONSTITUTION

Art. 3. - La loi reconnaît aux travailleurs et aux employeurs sans restriction d'aucune sorte et sans autorisation préalable, le droit de créer librement des syndicats professionnels ayant pour objet l'étude, la défense, le développement et la protection de leurs intérêts notamment économiques, industriels, commerciaux et agricoles, ainsi que le progrès social, économique, culturel et moral de leurs membres.

Toute activité qui n'est pas de nature à promouvoir ces objectifs demeure interdite aux syndicats professionnels.

Art 4. - (1) Les travailleurs et les employeurs ont le droit de s'affilier à un syndicat de leur choix dans le cadre de leur profession ou de leur branche d'activité.

(2) Sont interdits à l'égard des travailleurs :

a) tout acte de discrimination tendant à porter atteinte à la liberté syndicale en matière d'emploi ;

b) toute pratique tendant à :

- subordonner leur. emploi à leur affiliation ou à leur non affiliation à un syndicat ;
- les licencier ou leur causer un préjudice quelconque en raison de leur affiliation ou de leur non affiliation à un syndicat ou de leur participation à des activités syndicales.

(3) Est nul et-de nul effet tout acte contraire aux dispositions du présent article.

Art. 5. - (1) Les organisations de travailleurs et d'employeurs ont le droit d'élaborer leurs statuts et règlements administratifs, d'élire librement leurs représentants et d'organiser leur gestion, à condition de se conformer à la législation et à la réglementation en vigueur.

(2) Sont interdits tous actes d'ingérence de ces organisations les unes à l'égard des autres.

Art. 6. - (1) Un syndicat professionnel n'a d'existence légale qu'à partir du jour où un certificat d'enregistrement lui est délivré par le greffier des syndicats.

(2) Les promoteurs d'un syndicat non encore enregistrés qui se comporteraient comme si ledit syndicat avait été enregistré sont passibles de poursuites judiciaires.

(3) Le greffier des syndicats est un fonctionnaire nommé par décret.

Art. 7. - (1) Nul ne peut être membre d'un syndicat de travailleurs s'il n'exerce effectivement une profession salariée au moment de son adhésion.

(2) Toutefois, peuvent continuer à faire partie d'un syndicat professionnel, les personnes qui ont quitté l'exercice de leurs fonctions ou de leurs professions, la double condition :

- d'avoir exercé celle-ci pendant au moins six (6) mois ;

- de se consacrer à des fonctions syndicales ou d'être appelées, à titre professionnel, à des fonctions prévues par les lois et les règlements.

Art. 8. - Toute demande d'enregistrement doit porter la signature de vingt (20) personnes au moins dans le cas d'un syndicat de travailleurs ou de cinq (5) personnes au moins dans le cas d'un syndicat d'employeurs. Les statuts du syndicat doivent se conformer aux dispositions de la présente loi.

Art. 9. - La forme dans laquelle doivent être constitués les syndicats pour être admis à la procédure d'enregistrement est fixée par décret, pris après avis de la Commission nationale consultative du Travail.

Art. 10. - (1) Les promoteurs d'un syndicat ainsi que les membres chargés de son administration ou de la direction doivent jouir de leurs droits civiques et ne pas avoir encouru de condamnation emportant les déchéances prévues à l'article 30 alinéa (1), (2) et (3) du Code pénal.

(2) Les étrangers doivent, en outre, avoir résidé pendant cinq (5) ans au moins sur le territoire de la République du Cameroun.

Art. 11. - (1) L'enregistrement d'un syndicat s'effectue comme suit :

a) une demande d'enregistrer le syndicat et ses statuts est présentée au greffier des syndicats. Cette demande est accompagnée de deux exemplaires des statuts du syndicat et d'une liste nominative des dirigeants, avec indication des fonctions qu'ils remplissent ;

b) le greffier accuse réception de la demande et procède à l'examen et à l'enregistrement du syndicat et de ses statuts dans un délai d'un (1) mois. Passé ce délai, l'enregistrement est réputé effectif ;

c) le greffier n'enregistre aucun syndicat déjà enregistré sous une dénomination identique ou semblable à celle d'un autre syndicat déjà enregistré et de nature à induire en erreur les membres de ces syndicats ou les tiers.

(2) La forme du certificat d'enregistrement est fixée par voie réglementaire.

Art. 12. - (1) Si la demande d'enregistrement ne répond pas aux conditions requises, le greffier fait connaître, par écrit à ceux qui l'on présentée, ses observations en les invitant à présenter à nouveau leur requête.

(2) Dès réception de la nouvelle demande, le greffier doit, soit procéder à l'enregistrement du syndicat, soit, s'il refuse de le faire, en aviser les demandeurs par écrit dans les trente (30) jours en motivant son refus.

Art. 13. - (1) Le greffier peut annuler l'enregistrement d'un syndicat s'il est établi :

a) que le certificat d'enregistrement a été obtenu par fraude ;

b) qu'un syndicat enregistré a délibérément violé une disposition de la présente loi ou mené des activités non statutaires ;

c) qu'un syndicat enregistré a cessé d'exister.

(2) Avant d'annuler l'enregistrement, le greffier notifie au syndicat intéressé un préavis de deux (2) mois en y indiquant le motif de sa décision.

(3) Lorsque le greffier a procédé à l'annulation de l'enregistrement d'un syndicat, il doit donner à cette mesure toute la publicité nécessaire, notamment en la faisant publier au Journal officiel.

Art. 14. - Tout syndicat, tout membre d'un syndicat ou toute personne qui s'estime lésée par une décision du greffier portant annulation ou refus d'enregistrement d'un syndicat peut, dans les trente (30) jours suivant la notification de cette décision, porter le litige devant la juridiction administrative dont le jugement est susceptible d'appel. Le greffier a le droit d'être entendu à tous les stades de la procédure.

CHAPITRE II : DES STATUTS DES SYNDICATS

Art. 15. - Les statuts de tout syndicat doivent comporter les dispositions suivantes :

a) la dénomination du syndicat et l'adresse de son siège ;

b) les fins en vue desquelles le syndicat est créé ;

c) la destination de ses ressources, la quotité des cotisations réservées à ses œuvres sociales ;

d) le mode selon lequel les statuts sont établis, modifiés ou abrogés ;

e) le mode de désignation et de destitution de ses membres dirigeants ainsi que les sanctions dont peuvent être frappés ses adhérents ;

f) l'interdiction d'élection au poste de président, de secrétaire ou de trésorier ou d'autres fonctions analogues, d'une personne ne sachant ni lire ni écrire en français ou en anglais ;

g) l'établissement d'une liste nominative des membres indiquant leurs métier, profession ou activité normale et, le cas échéant, le nom de leur employeur ;

h) des dispositions concernant le placement des fonds ou leur dépôt en banque, la vérification fréquente et, en tout cas, au moins annuelle des comptes ;

i) la tenue d'une comptabilité complète et correcte par le trésorier, la vérification régulière des comptes par des personnes habilitées à cet effet et la communication aux membres qui le demandent d'un bilan préparé au moins une fois l'an par un comptable qualifié ;

j) le mode de dissolution du syndicat et le mode de dévolution de ses biens, ceux-ci ne pouvant en aucun cas être répartis entre les membres adhérents.

CHAPITRE III : DES DISPOSITIONS DIVERSES RELATIVES AUX SYNDICATS

Art. 16. - (1) Tout syndicat enregistré doit avoir un local auquel toutes les communications et tous les avis peuvent lui être adressés. Le greffier doit recevoir notification de l'adresse de ce local dans les trente (30) jours à compter de son ouverture et tout changement d'adresse doit lui être également notifié dans les trente (30) jours qui suivent ce changement.

(2) Tout syndicat enregistré qui a fonctionné pendant trois (3) mois sans avoir un tel local est passible de la peine prévue à l'article 166 ci-dessous.

Art. 17. - Les syndicats professionnels jouissent de la personnalité civile. Ils ont le droit d'ester en justice et d'acquérir sans autorisation, à titre gratuit ou à titre onéreux, des biens meubles ou immeubles.

Art. 18. - (1) Les syndicats professionnels peuvent :

a) devant toutes les juridictions, exercer tous les droits réservés à la partie civile, relativement aux faits portant un préjudice direct ou indirect à l'intérêt collectif de la profession qu'ils représentent ;

b) affecter une partie de leurs ressources à la création de logements de travailleurs, à l'acquisition de terrains de cultures ou de sport, à l'usage de leurs membres ;

c) créer, administrer ou subventionner des œuvres professionnelles telles que : institutions de prévoyance, caisses de solidarité, laboratoires, champs d'expérience, œuvres d'éducation scientifique, agricole ou sociale, cours et publications intéressant la profession. Les immeubles et objets mobiliers nécessaires à leurs réunions, à leurs bibliothèques et à leurs cours d'instruction professionnelle sont insaisissables ;

d) subventionner des sociétés coopératives de production ou de consommation ;

e) passer des contrats ou conventions avec tous autres syndicats, sociétés, entreprises ou personnes.

(2) S'ils y sont autorisés par leurs statuts et à condition de ne pas distribuer de bénéfices même sous forme de ristournes à leurs membres, ils peuvent également :

a) acheter pour le louer, prêter ou répartir entre leurs membres tout ce qui est nécessaire à l'exercice de leur profession, notamment matières premières, outils, instruments, machines, engrais, semences, plantes, animaux et matières alimentaires pour le bétail ;

b) prêter leur entremise gratuite pour la vente des produits provenant exclusivement du travail personnel ou des exploitations des syndiqués ; faciliter cette vente par des expositions, annonces, publications, groupements de commandes et d'expéditions, sans pouvoir l'opérer sous leur nom et sous leur responsabilité.

Art. 19. - Toute action accomplie par une personne dûment mandatée par un syndicat et visant à faire un différend de travail ne peut entraîner de poursuite à l'égard de cette personne que si une telle action incite une autre personne à rompre un contrat de travail ou constitue une ingérence dans le droit d'autrui à disposer de son capital ou de son travail à son gré.

Art. 20. - (1) Le caractère représentatif d'un syndicat professionnel est constaté, en tant que de besoin, par arrêté du ministre chargé du Travail en tenant compte

a) pour les syndicats de travailleurs, des effectifs des adhérents ;

b) pour les syndicats d'employeurs, des effectifs des travailleurs employés.

(2) Toute contestation élevée par les syndicats contre une décision prise, en ce domaine est de la compétence de la juridiction administrative.

Art. 21. - (1) Il est admis qu'un employeur prélève directement sur le salaire acquis par un travailleur relevant de son autorité, le montant des cotisations syndicales ordinaires dues par ce dernier, à charge d'en opérer le reversement immédiat à l'organisation syndicale désignée par l'intéressé.

(2) Ce prélèvement des cotisations à la source n'est possible que :

a) si un accord à cet effet a été conclu entre l'employeur intéressé et le syndicat au profit duquel le prélèvement des cotisations sera opéré ;

b) si le travailleur a exprimé son accord à ce sujet en signant un formulaire agréé d'accord partie entre l'employeur et le syndicat ou, s'il ne sait ni lire ni écrire, en apposant ses empreintes digitales.

(3) En outre :

l'accord donné par le travailleur peut être dénoncé par lui à tout moment ; l'effet de cette dénonciation n'étant toutefois pris en considération que pour le mois consécutif à sa date d'intervention ;

a) cet accord est susceptible d'être prorogé par tacite reconduction sauf si le montant de la cotisation subit une modification ;

b) les frais occasionnés à l'employeur par le prélèvement des cotisations syndicales peuvent faire l'objet d'un remboursement par le syndicat bénéficiaire devant des modalités établies d'accord parties à ce sujet entre ce dernier et l'employeur.

CHAPITRE IV : DES UNIONS DE SYNDICATS

Art. 22. - (1) Les syndicats professionnels régulièrement constitués peuvent librement se concerter dans les mêmes buts que ceux prévus à l'article 3 ci-dessus.

(2) Ils peuvent se constituer en unions, sous quelque forme et quelque dénomination que ce soit, et unions doivent satisfaire aux dispositions des chapitres précédents.

(3) Leurs statuts doivent, en outre, déterminer des règles suivant lesquelles les syndicats adhérents sont représentés au niveau de toutes les instances de l'union.

(4) Ces unions jouissent de tous les droits et bénéficient de toutes les mesures de protection attribuées aux syndicats professionnels.

Annexe 2 : Loi n° 68/LF/19 du 18 novembre 1968 relative aux associations ou syndicats professionnels non régis par le Code du travail

L'Assemblée nationale fédérale a délibéré et adopté,

Le Président de la République fédérale promulgue la loi dont la teneur suit :

Article premier – Les personnes relevant de la fonction publique fédérale ou fédérée et les agents de la fonction publique du Cameroun occidental, à l'exception des membres des Forces Armées ou assimilés et des Forces de Police, peuvent se grouper en association ou syndicat professionnels dans le cadre de la loi N° 67/LF/19 du 12 Juin 1967 sur la liberté d'association.

Article 2.- Les associations ou syndicats professionnels prévus à l'article précédent n'ont d'existence juridique qu'à partir du lendemain du jour où ils ont été agréés par le ministre de l'Administration territoriale.

Article 3.- Les modalités d'application de la présente loi, l'organisation des associations ou syndicats de fonctionnaires et leurs conditions d'agrément seront fixés par décret.

Article 4.- Sont abrogées toutes les dispositions législatives et réglementaires fédérales ou fédérées antérieures à la présente loi et notamment la deuxième phrase de l'article 36 de la loi sur la liberté d'association.

Article 5.- La présente loi applicable selon la procédure d'urgence sera publiée au journal officiel de la République Fédérale du Cameroun en français et en anglais et exécutée comme loi fédérale.

Fait à Yaoundé, le 18 novembre 1968.

Le Président de la République Fédérale,

(e)

EL HADJ AHMDOU AHIDJO

Annexe 3 : Décret n° 69-DF-7 du 06 janvier 1969, fixant les modalités d'application de la loi n° 68-LF-19 du 18 novembre 1968 et déterminant l'organisation et les conditions d'agrément des associations ou syndicats professionnels non régis par le Code du travail

LE PRÉSIDENT DE LA RÉPUBLIQUE FÉDÉRALE,

Décrète :

Article premier. – Les associations ou syndicats professionnels non régis par le Code du travail regroupent les personnes énumérées par l'article 1er de la loi n° 36-LF-19 du 19 novembre 1968 et font l'objet du présent décret.

Art. 2.– Les associations ou syndicats visés par le présent décret doivent demander leur agrément au ministre chargé de l'administration territoriale, responsable du contrôle des libertés publiques.

Le dépôt de la demande d'agrément vaut déclaration de l'association ou du syndicat considéré.

Art. 3. – Les demandes sont déposées à la préfecture du département de l'association où le syndicat a son siège.

La décharge prévue à l'article 5 de la loi sur la liberté d'association vise à la fois la déclaration et la demande d'agrément. Elle doit être donnée dans le délai de vingt jours suivant la date du dépôt de la demande.

Art. 4. – Le récépissé à l'article 5 de la loi sur la liberté d'association vaut agrément.

Il est délivré par le ministre chargé du contrôle des libertés publiques dans le délai de deux mois suivant la date du dépôt de la demande.

Art. 5. – La demande d'agrément n'est recevable que si elle porte la signature de tous les dirigeants et comprend en annexe deux exemplaires des statuts et la liste de tous les membres avec indication de leur emploi et de leur garde dans la fonction publique.

Art. 6. – Les statuts doivent indiquer ou prévoir :

1. La dénomination et l'adresse du siège de l'association ou du syndicat ;
2. L'objet détaillé de sa création ;
3. Le mode selon lequel les statuts peuvent être modifiés ou abrogés ;
4. Le mode de désignation et de destitution des membres de la commission administrative générale, du trésorier et des autres membres dirigeants ;
5. L'établissement d'une liste nominative des membres indiquant leur emploi, leur grade et leur numéro matricule dans la fonction publique ;
6. Des dispositions prévoyant pour toute personne ayant intérêt légitime dans les fonds de l'association ou du syndicat, la possibilité d'examiner les livres de comptes et la liste nominative des membres ;

7. Des dispositions concernant le placement des fonds ou leur dépôt en langue et la vérification annuelle ou plus fréquente des comptes ;
8. La tenue d'une comptabilité complète et la présentation aux membres, une fois par an, d'un bien visé par un expert-comptable ;
9. Le mode de dissolution du syndicat ou de l'association est le mode de distribution des biens en cas de dissolution, étant entendu qu'ils ne peuvent être répartis entre les membres adhérents.
10. **Art.7.** – Lorsque le préfet auprès duquel la demande est déposée estime qu'elle n'est pas recevable, il doit faire connaître ses objections aux déclarants par écrit dans le délai de vingt jours suivant le dépôt de la demande, en les invitant à présenter à nouveau leur requête.
11. S'il estime que la nouvelle requête n'est pas davantage recevable, il la transmet néanmoins au ministre chargé du contrôle des libertés publiques avec son avis motivé.

Art. 8. – Nul association ou syndicat professionnel ne peut être agréé :

- s'il n'a son siège à Yaoundé ou à Buéa ;
- s'il n'a pour cadre géographique un État fédéré ou l'ensemble de la République fédérale ;
- s'il n'a au moins pour champ professionnel un cadre dans un corps de la fonction publique ;
- si les signataires de la demande d'agrément n'ont pas apporté la preuve qu'ils appartiennent à la fonction publique et ne sont pas en position de disponibilité ;
- si sa désignation est identique ou tellement ressemblante à celle d'un syndicat déjà créé qu'elle risque d'induire en erreur ses membres ou le public.

L'agrément peut être refusé si de l'avis du ministre chargé du contrôle des libertés publiques, le nombre des membres ne permet pas la constitution d'une association ou d'un syndicat de fonctionnaires viable.

Art. 9. – Si le ministre chargé du contrôle des libertés publiques estime que la demande d'agrément est irrecevable ou inacceptable quant au fond. Il notifie par écrit son refus d'agrément aux demandeurs dans le délai de deux mois suivant le dépôt de la demande.

L'absence de réponse pendant trois mois équivaut à un refus d'agrément.

Art. 10. – L'agrément peut être retiré notamment :

1. s'il a été obtenu par fraude ou par erreur ;

2. si l'association ou le syndicat agréé a délibérément violé une disposition légale ;
3. si l'association ou le syndicat utilise des moyens d'action autres que ceux que lui confère la loi ;
4. si l'association ou le syndicat a cessé d'exister.

Art. 11. – Si le ministre chargé du contrôle des libertés publiques estime qu'une décision d'agrément doit être rapportée, il donne à l'association ou au syndicat intéressé un préavis d'au moins deux mois en indiquant brièvement le motif de sa décision.

Quand il est d'avis, sans avoir été informé par les dirigeants qu'un syndicat a cessé d'exister, le préavis de retrait d'agrément est adressé au siège du syndicat. Le préavis est considéré comme superflu dans le cas où le ministre a été informé par les dirigeants que l'association ou le syndicat a cessé d'exister à une date déterminée.

Art. 12. – Toute décision administrative portant agrément ou retrait d'agrément d'une association ou d'un syndicat de fonctionnaires doit être notifiée aux intéressés dans les délais prévus aux articles 4 et 9 ci-dessus et publié au *Journal officiel* de la République fédérale.

Art. 13. – Les associations et syndicats régis par le présent décret doivent tenir une comptabilité régulière ainsi que la liste à jour des membres. Ces documents doivent être soumis au visa du ministre chargé du contrôle des libertés publiques au moins une fois par an.

L'absence de comptabilité ou sa tenue défectueuse peut entraîner le retrait de l'agrément.

Art. 14. – Les règles qui précèdent s'appliquent également aux unions d'associations ou de syndicats de fonctionnaires.

Art. 15. – Les cotisations syndicales peuvent être prélevées au profit des associations ou syndicats de fonctionnaires au moyen du système de prélèvement à la source.

Art. 16. – Les syndicats ou fédérations d'associations ou de syndicats professionnels de fonctionnaires peuvent former une confédération avec les fédérations nationales de syndicats relevant du Code du travail.

La confédération ainsi constituée est régie par le titre II du Code du travail uniquement en ce qui concerne son enregistrement et sa comptabilité.

Art. 17. – Lorsqu'un fonctionnaire occupe un poste de responsabilité au sein d'une association ou d'un syndicat, il peut être mis en position de détachement soit d'office, soit sur sa demande dans les conditions prévues par le statut de la fonction publique à laquelle appartient l'intéressé.

Art. 18. – Les moyens d'action dont disposent les associations ou syndicats professionnels de fonctionnaires pour la défense aux intérêts de leurs membres sont :

1. Le dialogue écrit ou oral ;
2. La représentation du personnel dans les diverses commissions ou réunions administratives traitant les problèmes de personnel ;
3. La représentation des membres en justice ;
4. La formation civique, intellectuelle ou morale des membres ;
5. L'étude de toute question intéressant les fonctionnaires.

Art. 19. – Aucune association ou syndicat professionnel de fonctionnaires ne peut adhérer à une organisation syndicale étrangère. S'il n'a, au préalable, obtenu à cet effet l'autorisation du ministre chargé du contrôle des libertés publiques.

Art. 20. – Il est formellement interdit à toute association ou syndicat de fonctionnaires de recevoir des dons ou des subventions d'une personne ou d'une organisation syndicale étrangère. Toutefois, le Président de la République peut autoriser l'acceptation d'un don de cette nature s'il estime que son principe ne porte pas atteinte à l'indépendance des fonctionnaires de l'État vis-à-vis des influences extérieures indues.

Art. 21. – En attendant la mise en place des nouvelles structures syndicales, toute fédération, nationale dont le bureau est constitué de fonctionnaires et de non-fonctionnaires à la date de signature du présent décret peut être enregistrée comme confédération syndicale.

Art. 22. – Le présent décret sera enregistré et publié suivant la procédure d'urgence ainsi qu'au journal officiel de la République fédérale du Cameroun en français et en anglais.

Annexe 4 : Avant-projet de loi sur les syndicats professionnels

TITRE I

DES DISPOSITIONS GÉNÉRALES

Article 1er : (1) La présente loi fixe les règles relatives à l'exercice de la liberté syndicale et la protection du droit syndical entre les travailleurs, les employeurs et les pouvoirs publics, ainsi que le droit d'organisation et de la négociation collective.

(2) Pour l'application de la présente loi, les définitions ci-dessous sont admises :

a) le terme travailleur s'entend les travailleurs régis par le Code du travail tel que défini par l'article 1er du Code du travail, les travailleurs régis par le statut général de la fonction publique ainsi que les travailleurs indépendants et ceux du secteur informel ;

b) le syndicat est un regroupement d'employeurs ou de travailleurs appartenant à la même branche d'activité ou à des branches d'activité connexes suivant le cas ;

c) le syndicat départemental, régional ou national, est tout syndicat qui selon les cas est créé pour exercer ses activités dans la limite du département, de la région ou du territoire national et dont les travailleurs et employeurs appartiennent au même secteur d'activité ;

d) la fédération nationale de syndicat de travailleurs ou d'employeurs est un groupement de syndicats professionnels appartenant à plusieurs secteurs d'activités ;

e) l'union est un regroupement de syndicats de professions ou de branches d'activités différentes ;

f) la confédération syndicale de travailleurs ou d'employeurs est un groupement des fédérations nationales et d'unions de syndicats professionnels de travailleurs.

(3) Au sens de la présente loi, le terme « syndicat » ou « organisation syndicale » signifie toute organisation de travailleurs ou d'employeurs ayant pour but de promouvoir et de défendre les intérêts des travailleurs ou des employeurs.

(4) Sont exclus du champ d'application de la présente loi, les travailleurs régis par les textes particuliers tels que :

- le statut de la Gendarmerie ;
- le statut général des militaires ;
- des dispositions particulières applicables aux auxiliaires d'administration.

Article 2 : Les syndicats de la Fonction publique sont organisés par corps, par administration ou par profession.

TITRE II : DE LA CONSTITUTION ET DE L'OBJET

CHAPITRE 1 : DE LA CONSTITUTION

Article 3 (1) Les travailleurs et les employeurs, sans distinction d'aucune sorte et sans autorisation préalable, ont le droit de constituer les organisations de leur choix, par voie de déclaration, de s'affilier ou de démissionner de ces organisations conformément aux dispositions de leurs statuts.

(2) Les promoteurs d'un syndicat ainsi que les membres chargés de son administration doivent savoir lire et écrire le français ou l'anglais, et jouir de leurs droits civiques et ne pas avoir été condamnés à des peines emportant les déchéances prévues à l'article 30 alinéas 1,2 et 3 du Code pénal.

(3) Nul ne peut être promoteur d'un syndicat s'il ne remplit pas les conditions
prévues à l'article 1er alinéa 2 ci-dessus.

(4) Toutefois, peuvent continuer à faire partie d'un syndicat professionnel, les personnes qui ont quitté l'exercice de leurs fonctions, a la double condition :

a) d'avoir exercé celle-ci pendant au moins six (06) mois ;

b) de se consacrer à des fonctions syndicales ou d'être appelées, à titre professionnel, à des fonctions prévues par les lois et les règlements,

Article 4 (1) Les organisations syndicales de travailleurs et d'employeurs ont le droit d'élaborer leurs statuts et règlements intérieurs, d'élire librement leurs représentants, d'organiser leur gestion et leurs activités, et de formuler leur programme d'action.

(2) Les autorités publiques doivent s'abstenir de toutes interventions de nature à limiter ce droit ou à en entraver l'exercice légal.

(3) Sont interdits tous actes d'ingérence de ces organisations les unes à l'égard des autres, soit directement, soit par leurs agents ou membres, dans leur formation, leur fonctionnement et leur administration.

(4) Sont notamment assimilés à des actes d'ingérences, au sens de la présente loi, des mesures tendant à inciter la création d'organisations de travailleurs dominées par un employeur ou une organisation d'employeurs, ou à soutenir des organisations des travailleurs par des moyens financiers ou autres, dans le dessein de placer ces organisations sous le contrôle d'un employeur ou d'une organisation d'employeurs.

Dans l'exercice des droits qui leur sont reconnus par la présente loi, les travailleurs, les employeurs et leurs organisations respectives sont tenus à l'égard des autres personnes ou collectivités organisées, de respecter la légalité.

Article 5 : La forme dans laquelle doivent être constitués les syndicats professionnels pour être admis à la procédure de déclaration est fixée par décret pris après avis de la Commission Nationale Consultative du Travail.

Article 6 : Les organisations professionnelles de travailleurs et d'employeurs ainsi créées ne sont pas sujettes à dissolution ou à suspension par voie administrative.

CHAPITRE 2 : DE L'OBJET

Article 7 : (1) Les syndicats ont pour objet :

a) l'étude et le développement de leur action ;

b) la défense et la protection de leurs intérêts et des intérêts de leurs membres, qu'ils soient économiques, industriels, commerciaux, culturels ou agricoles.

c) La promotion de l'épanouissement tant social, culturel que moral de leurs membres.

(2) Sont interdites toutes actions contraires à celles visées à l'alinéa 1er ci-dessus.

Article 8 : Dans la poursuite et l'atteinte des objectifs assignés aux syndicats, la présente loi garantit :

a) le droit des syndicats à exercer leurs activités au sein des entreprises, des administrations publiques et autres lieux de travail ;

b) le droit des syndicats de participer à la négociation des salaires et toutes autres conditions de travail ;

c) le droit de grève ;

d) le droit d'organiser et de tenir des manifestations publiques sous réserve du respect de la légalité ;

e) le droit de participer pleinement aux activités syndicales ;

f) le droit des syndicats à accéder aux médias audiovisuels du service public dans les conditions fixées par voie réglementaire ;

g) le droit à la protection contre toute discrimination en matière d'affiliation et d'activité syndicale ;

h) le droit d'accéder à des procédures de conciliation, d'arbitrage volontaire et de médiation ;

i) le droit à l'éducation ouvrière, à la formation syndicale et au perfectionnement professionnel et technique.

TITRE III : DE LA PERSONNALITÉ JURIDIQUE

CHAPITRE 1 : DE LA PROCÉDURE DE DÉCLARATION

Article 9 (1).- La déclaration prévue à l'article 3(1) ci-dessus se fait auprès de l'autorité administrative chargée des libertés publiques du siège du syndicat contre décharge.

(2) Les pièces constitutives du dossier de déclaration sont les suivantes :

a) Pour les syndicats départementaux, régionaux et nationaux des travailleurs :

- une demande timbrée au tarif en vigueur sur papier libre mentionnant la dénomination du syndicat et l'adresse de son siège ;
- une liste nominative signée d'au moins vingt (20) promoteurs ;
- un procès- verbal de l'Assemblée générale Constitutive ;
- un extrait de casier judiciaire bulletin n° 3 de chacun des promoteurs ;
- une liste des membres du bureau ;
- quatre (04) exemplaires du statut et du règlement intérieur ;
- une pièce justificative de l'exercice de l'activité par chaque promoteur ;
- le plan de localisation du siège du syndicat.

b) Pour les Fédérations nationales des syndicats des travailleurs :

- une demande timbrée au tarif en vigueur sur papier libre mentionnant la dénomination du syndicat et l'adresse de son siège ;
- la liste nominative signée d'au moins sept (07) syndicats promoteurs ; une copie de déclaration pour chaque syndicat promoteur ;
- un procès-verbal de l'Assemblée générale Constitutive ;
- une liste des membres du bureau ;
- un extrait de casier judiciaire bulletin n° 3 de chaque membre du bureau ;
- quatre (04) exemplaires du statut et règlement intérieur ;
- le plan de localisation du siège du syndicat.

c) Pour les Confédérations syndicales des travailleurs :

- une demande timbrée au tarif en vigueur sur papier libre mentionnant la dénomination du syndicat et l'adresse de son siège ;

- la liste nominative signée d'au moins dix (10) fédérations et/ou unions syndicales nationales promotrices ;
- les copies des déclarations des organisations syndicales promotrices ;
- un procès-verbal de l'Assemblée générale Constitutive ;
- une liste des membres du bureau ;
- un extrait de casier judiciaire bulletin n° 3 de chaque membre du bureau ;
- quatre (04) exemplaires du statut et règlement intérieur ; le plan de localisation du siège du syndicat.

d) Pour les syndicats des employeurs :

- une demande timbrée au tarif en vigueur sur papier-libre mentionnant la dénomination du syndicat et l'adresse de son siège ;
- la liste nominative signée d'au moins cinq (05) dirigeants employeurs ;
- une copie du registre de commerce de chaque promoteur ;
- une attestation d'employeur pour chaque promoteur délivré par la CNPS ;
- un procès-verbal de l'Assemblée générale Constitutive ;
- une liste des membres du bureau ;
- un extrait de casier judiciaire bulletin n° 3 de chaque membre du bureau ;
- quatre (04) exemplaires du statut et règlement intérieur, le plan de localisation du siège du syndicat.

e) Pour les syndicats des personnels de la Fonction Publique :

- une demande timbrée au tarif en vigueur sur papier libre mentionnant la dénomination du syndicat et l'adresse de son siège ;
- une liste nominative signée d'au moins vingt (20) dirigeants et indiquant les postes à occuper ;
- un procès- verbal de l'Assemblée générale Constitutive ;
- un extrait de casier judiciaire bulletin n° 3 de chacun des promoteurs ;
- quatre (04) exemplaires du statut et du règlement intérieur ;
- une pièce justificative de l'exercice de l'activité par chaque promoteur ;
- le plan de localisation du siège du syndicat.

Article 10 (1).- L'autorité administrative procède à l'examen de conformité du dossier de déclaration, et dispose d'un délai de trente (30) jours francs à compter de la date de la décharge pour délivrer le récépissé de déclaration. Passé ce délai, la déclaration est réputée effective.

(2) Si la demande de déclaration ne répond pas aux conditions requises, l'autorité administrative compétente fait connaître par écrit à ceux qui l'ont présentée, ses observations en les invitant à présenter à nouveau leur requête, dans la limite de dix (10) jours à compter de la date de réception de la lettre par les promoteurs.

(3) Dès réception des pièces exigées, l'autorité administrative compétente doit délivrer le récépissé de déclaration.

(4) L'autorité administrative en charge des libertés publiques ne délivre pas de récépissé de déclaration à un syndicat possédant une dénomination identique ou semblable à celle d'un autre syndicat déjà déclaré et de nature à induire en erreur les membres de ces syndicats ou les tiers.

Article 11 : Le récépissé de déclaration comporte les mentions suivantes :

- la dénomination du syndicat ;
- l'objet ;
- le siège ;
- l'adresse ;
- la date et le numéro de déclaration.

Article 12 : Toute contestation née de la procédure de déclaration est portée devant l'autorité judiciaire compétente du siège de l'organisation syndicale.

Article 13 : Lorsqu'un syndicat a obtenu son récépissé de déclaration, toute modification substantielle ou changement intervenu, notamment en ce qui concerne le siège, la composition de la direction ou de l'administration du syndicat est communiquée dans un délai de soixante (60) jours à la connaissance de l'autorité administrative ayant délivré ledit récépissé et de l'Inspecteur du Travail du siège du syndicat.

CHAPITRE 2 : DES STATUTS DES SYNDICATS

Article 14 : Les statuts de tout syndicat doivent ressortir les dispositions suivantes :

a) la dénomination du syndicat et l'adresse du siège ;

b) l'objet du syndicat ;

c) les sources et la destination de ses ressources, la quotité des cotisations réservée à ses œuvres sociales ;

d) le mode selon lequel les statuts sont établis, modifiés ou abrogés ;

e) le mode de désignation et de destitution de ses membres dirigeants ainsi que les sanctions dont peuvent être frappés ses adhérents ;

f) l'interdiction d'élection au poste de président, de secrétaire, de trésorier ou d'autres fonctions analogues, d'une personne ne sachant ni lire ni écrire en français ou en anglais ;

g) les dispositions concernant le placement ou le dépôt des fonds en banque, ainsi que la vérification au moins annuelle des comptes par des personnes habilitées ;

h) la tenue d'une comptabilité complète et correcte par une personne qualifiée et le mode de communication aux membres des bilans certifiés conformes ;

i) le mode de dissolution du syndicat et de dévolution des biens, ceux-ci ne pouvant en aucun cas être répartis entre les membres adhérents ;

j) les branches et les secteurs d'activités couverts.

CHAPITRE 3 : DE L'ACQUISITION DE LA PERSONNALITÉ JURIDIQUE

Article 15 : La personnalité juridique est acquise par un syndicat professionnel à compter de la date de délivrance d'un récépissé de déclaration dûment signé par l'autorité administrative.

Article 16 : Cette personnalité juridique leur confère le droit d'ester en justice, d'acquérir à titre onéreux ou à titre gratuit des biens meubles et immeubles et d'organiser leur mode de gestion ainsi que leur programme d'action dans le respect de leurs statuts et règlements.

Article 17 : Dans l'exercice des droits qui leur sont reconnus par la présente loi, les travailleurs, les employeurs et leurs organisations respectives sont tenus de respecter la légalité.

TITRE IV : DU FONCTIONNEMENT ET DE LA REPRÉSENTATIVITÉ

CHAPITRE 1 : DU FONCTIONNEMENT

Article 18 : Les syndicats professionnels d'employeurs et de travailleurs s'administrent librement dans le respect de leurs statuts et de la législation en vigueur.

Article 19 : Tout syndicat déclaré ayant fonctionné pendant trois (03) mois sans disposer d'un local est passible de la peine prévue à l'article 42 ci-dessous.

Article 20 (1).- Les syndicats professionnels peuvent :

a) exercer devant toutes les juridictions, tous les droits réservés à la partie
civile, relativement aux faits portant un préjudice direct ou indirect à l'intérêt collectif de la profession qu'ils représentent ;

b) affecter leurs ressources à la création de logements des travailleurs, à l'acquisition de terrains de cultures ou de sport à l'usage de leurs membres ;

c) créer, administrer ou subventionner des œuvres sociales, économiques ou professionnelles telles que les mutuelles de prévoyance, caisses de solidarité, société coopérative de consommation, œuvres d'éducation scientifiques, agricoles ou sociales, cours et publications intéressant la profession ;

d) passer des contrats ou conventions avec tous autres syndicats, sociétés, entreprises ou personnes.

(2) S'ils y sont autorisés par leurs statuts et à corallien de ne pas distribuer de bénéfices même sous forme de ristournes à leurs membres, ils peuvent également :

a) acheter pour les louer, prêter ou répartir entre leurs membres les outils de production nécessaires à l'exercice de leur profession.

b) Prêter leur entremise gratuite pour la vente des produits provenant exclusivement du travail personnel ou des exploitations des syndiqués ; faciliter cette vente par des expositions, annonces, publications, groupements de commande et d'expédition, sans pouvoir l'opérer sous leur nom et sous leur responsabilité.

CHAPITRE 2 : DE LA REPRÉSENTATIVITÉ.

Article 21 (1) (1) Le caractère représentatif d'un syndicat est constaté, tous les trois (03) ans, en tenant compte des critères et proportions suivants :

a) Pour les syndicats des travailleurs :

- le nombre de ses adhérents : 40 % ;
- les résultats obtenus aux élections sociales : 30 % ;
- les activités de défense (nombre d'accords collectifs signés) : 10 % ;
- l'implantation géographique : 10 % ;
- l'ancienneté : 5 % ;

- l'indépendance vis-à-vis de groupements d'influence externe à l'organisation : 5 %.

b) Pour les syndicats d'employeurs :

- l'effectif des travailleurs employés : 40 % ;
- le niveau des cotisations sociales effectivement versées à l'organisme de sécurité sociale : 40 % ;
- l'implantation géographique : 10 % ;
- l'ancienneté : 5 % ;
- l'indépendance vis-à-vis de groupements d'influence externe à l'organisation : 5 %.

(2) Un décret pris après consultation d'une commission tripartite fixe les modalités d'application du présent article.

Article 22 : (1) La représentativité des syndicats est déterminée au plan local par une commission tripartite composée de la manière suivante :

- le Délégué départemental du Travail et la Sécurité sociale, Président ;
- un représentant du ministère en charge des libertés publiques ; l'Inspecteur du Travail du ressort, rapporteur ;
- un représentant de chaque employeur concerné et un représentant de chaque syndicat concerné, membres.

(2) Cette représentativité est constatée par un procès-verbal signé par tous les membres de la commission. Ce procès-verbal doit être transmis au ministre ; en charge des questions de travail dans les trente (30) jours. ; (3) Une Décision du ministre chargé des questions du travail constate la représentativité des syndicats au plan national soit par branches, soit au niveau sectoriel et intersectoriel.

Article 23 : Ne peuvent participer aux instances nationales et internationales en fonction des questions inscrites à l'ordre du jour.

TITRE V : DE LA SUBVENTION ET DES COTISATIONS SYNDICALES

CHAPITRE 12 : DE LA SUBVENTION DE L'ÉTAT

Article 24 : L'État contribuera au développement des activités éducatives et de formation des organisations syndicales des travailleurs en leur octroyant une subvention qui sera déterminée par le ministre en charge des questions de travail.

CHAPITRE 2 : DES COTISATIONS SYNDICALES

Article 25 : (1) Il est admis qu'un employeur prélève directement sur le salaire acquis par un travailleur relevant de son autorité, le montant des cotisations syndicales ordinaires dues par ce dernier. Il doit immédiatement en opérer le reversement à l'organisation syndicale désignée par l'intéressé.

(2) Ce prélèvement des cotisations à la source n'est possible que :

a) si un accord a été conclu entre l'employeur et le syndicat au profit duquel le prélèvement des cotisations sera opéré ;

b) si le travailleur a exprimé son accord en signant un formulaire délivré par le syndicat concerné, ou s'il ne sait ni lire ni écrire, en apposant ses empreintes digitales.

(3) en outre :

a) l'accord donné par le travailleur peut être dénoncé à tout moment par celui-ci auprès de l'employeur et du syndicat ; l'effet de cette dénonciation n'étant toutefois pris en compte que pour le mois consécutif à sa date d'intervention ;

b) cet accord est susceptible d'être prorogé par tacite reconduction sauf si le montant subit une modification ;

c) les frais occasionnés par l'employeur pour l'opération de prélèvement des cotisations syndicales peuvent faire l'objet d'un remboursement par le syndical bénéficiaire suivant les modalités établies d'accord parties.

(4) L'employeur qui, ayant librement convenu de prélever les cotisations syndicales, refuse de s'exécuter ou omet de reverser aux syndicats les sommes perçues est passible des pénalités prévues à l'article 56 ci-dessous.

Article 26 : Les organisations syndicales peuvent choisir d'autres modes de collecte de cotisations syndicales. Dans ce cas, elles sont tenues d'informer régulièrement les employeurs et toute personne intéressée des effectifs des syndiqués par l'envoi d'une liste à jour des travailleurs adhérents.

Article 27 : Les dispositions des articles 53 et 54 ci-dessus sont applicables à la Fonction publique ainsi qu'aux collectivités territoriales décentralisées.

TITRE VI : DU DROIT A LA PARTICIPATION

CHAPITRE 1 : DE LA NÉGOCIATION COLLECTIVE

Article 28 : 1) Le droit de négocier collectivement est reconnu aux organisations de travailleurs et d'employeurs. Les pouvoirs publics sont tenus de promouvoir toutes les conditions favorables nécessaires à son expression volontaire.

2) Le caractère volontaire de la négociation implique le libre consentement des parties.

Article 29 : 1) Les travailleurs et les employeurs participent, dans le cadre des organismes consultatifs, à l'élaboration des règles statutaires ou conventionnelles relatives à leurs conditions d'emploi, de fonctionnement des entreprises ou des services publics.

2) Les différents cadres de négociations collectives doivent tenir compte des spécificités des secteurs concernés.

Article 30 : 1) La négociation collective volontaire est comprise comme un processus par lequel les employeurs ou leurs organisations et les syndicats de travailleurs traitent de leurs relations, notamment des conditions d'emploi et de travail.

2) La négociation collective doit aboutir à des conventions collectives ou accords d'établissement.

3) En cas d'échec des négociations, les parties intéressées peuvent avoir recours à des procédures de règlement des conflits allant de la conciliation à l'arbitrage, en passant par la médiation.

CHAPITRE 2 : DU CHAMP D'APPLICATION DES NÉGOCIATIONS COLLECTIVES

Article 31 : La négociation collective peut intervenir :

a) au sein des entreprises ou des personnels de la Fonction Publique ;

b) dans les branches et secteurs d'activités ;

c) dans le cadre interprofessionnel ;

d) à l'échelle nationale ou internationale.

Article 32 : Les négociations collectives peuvent être bipartites ou tripartites.

Article 33 : La compétence des organisations syndicales en cas de négociation s'établit comme suit :

a) au sein d'une entreprise ou d'un corps de la Fonction publique, par les syndicats locaux de travailleurs et l'employeur ou les syndicats d'employeurs concernés ;

b) au sein d'une branche d'activités, par les syndicats ou l'union des syndicats de la branche et les représentants des syndicats d'employeurs ou les employeurs concernés ;

c) au sein d'un secteur d'activités, par les unions de syndicats sectoriels d'employeurs et les unions de syndicats de travailleurs concernés ;

d) à l'échelon interprofessionnel, par les employeurs, les unions nationales de syndicats d'employeurs et les unions nationales de syndicats de travailleurs.

Article 33 : les modalités de négociations sont fixées par voie réglementaire.

Article 34 : La négociation collective se fait au sein des organismes constitués et adaptés à cet effet, tant au niveau de l'entreprise ou des corps de la Fonction publique, qu'au niveau national.

TITRE VI : DE LA GRÈVE ET DU LOCK-OUT

CHAPITRE 1 : DE LA GRÈVE

Article 35 : La grève est l'arrêt collectif et concerté du travail partout ou partie des travailleurs d'un établissement en vue d'amener l'employeur à satisfaire leurs réclamations ou revendications.

Article 36 : La grève est initiée par des organisations syndicales locales ou nationales des travailleurs ayant qualité pour représenter ou négocier.

Article 37 : En cas de revendications, l'organisation syndicale de travailleurs concernée adresse une lettre avec accusé de réception à l'employeur. Celle-ci doit clairement déterminer l'objet de la revendication et les propositions concrètes pour son règlement. Ampliation doit être faite à l'Inspecteur du travail du ressort.

Article 38 : Huit (08) jours ouvrables à compter de la date de réception de la correspondance ci-dessus, et si aucune réponse n'est parvenue à l'organisation de travailleurs concernée, celle-ci dépose un préavis de grève de huit (08) jours auprès de l'employeur, de l'autorité administrative et de l'Inspecteur du Travail du ressort.

Article 39 : (1) Le préavis précise les motifs du recours à la grève. Il fixe le lieu, la date et l'heure de début ainsi que la durée de la grève envisagée.

(2) Sont illégales :

- la grève à durée indéterminée ;
- la grève à caractère purement politique ;
- la grève déclenchée sans respect du préavis ;
- la grève avec violences, voies de fait, menaces, manœuvres dans le but de porter atteinte à l'exercice de l'industrie et à la liberté du travail ;
- la grève en violation du service minimum ;

Article 40 : (1) L'Inspecteur du Travail du ressort doit, pendant le préavis de grève, tenter un règlement à l'amiable du différend.

(2) Le déclenchement de la grève, sans enfreindre les dispositions de l'article 29 ci-dessus et exercé dans les délais impartis, est légal.

Article 41 : Toute organisation syndicale qui initie une grève illégale engage sa responsabilité.

Article 42 : Pendant la grève, les parties doivent continuer à rechercher toute solution en vue de la satisfaction des revendications posées.

Article 43 : Un service minimum est observé pendant la grève conformément aux dispositions légales.

Article 44 : (1) En cas de grève légale, aucune sanction ne doit être prise à l'encontre des travailleurs impliqués. Toute décision contraire est nulle et de nul effet.

(2) La responsabilité collective de tous les travailleurs grévistes en raison des agissements fautifs de certains d'entre- eux est proscrite.

(3) Le salaire n'est pas dû aux travailleurs en grève. (À reformuler).

Article 45 : À l'issue de la grève, un protocole d'accord est signé par les parties à la négociation devant l'Inspecteur du travail compétent.

CHAPITRE 2 : DU LOCK-OUT

Article 46 : Le lock-out est la décision par laquelle un employeur interdit aux salariés l'accès de l'entreprise à l'occasion d'un conflit collectif du travail.

Article 47 : (1) Le lock-out ne peut être justifié que si toutes les voies de négociation ont été épuisées.

(2) Toute violation des dispositions de l'alinéa 1er ci-dessus prévues au présent article, est constitutive d'une faute contractuelle susceptible d'engager la responsabilité de l'employeur.

TITRE VIII : DE LA DISSOLUTION

Article 48 : (1) Le syndicat peut être dissout :

- par décision prise à l'unanimité des syndiqués ;
- par la volonté de leurs membres conformément aux statuts ;
- par décision judiciaire.

(2) Le jugement ordonnant la fermeture des locaux et /ou l'interdiction de toute réunion des membres du syndicat est exécutoire nonobstant toute voie de recours.

(3) Lorsqu'un syndicat est dissout, ses biens seront dévolus conformément aux dispositions prévues dans les statuts. Il est en revanche interdit, que les biens soient répartis entre les adhérents.

Article 49 : La dissolution d'un syndicat ne fait pas obstacle aux poursuites judiciaires qui peuvent éventuellement être engagées contre les responsables de ce syndicat.

TITRE IX : DES PÉNALITÉS

Article 50 : Sont punis d'une amende de 50 000 à 500 000 de Francs, les membres chargés de l'administration ou de la direction d'un syndicat, auteurs d'infractions aux dispositions des articles 3(2), 4(3), 13, 15 et 20 ci-dessus.

Article 51 : Sont punis d'une amende de 100 000 à 1 000 000 de francs :

- les auteurs de fausses déclarations relatives aux statuts et aux noms et qualités ;
- de membres chargés de l'administration ou de la direction d'un syndicat ; l'usurpateur du titre de membre chargé de l'administration ou de la direction d'un syndicat.

TITRE X : DES DISPOSITIONS DIVERSES, TRANSITOIRES ET FINALES

Article 52 : Pour régler leurs différends, les organisations syndicales doivent mettre en place des organes d'arbitrage, de médiation et de conciliation hiérarchisés.

Article 53 : Le local abritant un syndicat professionnel est inviolable. Il ne peut faire l'objet de perquisitions que sur réquisition de l'autorité judiciaire compétente.

Article 54 : Les syndicats professionnels ayant acquis leur personnalité juridique sous l'empire des législations antérieures disposent d'un délai de six (06) mois pour se conformer à la présente loi.

Article 55 : Sont abrogées toutes les dispositions antérieures contraires à celles de la présente loi.

Fait à Yaoundé le

LE PRÉSIDENT DE LA RÉPUBLIQUE.

Annexe 5 : État des lieux du fichier syndical au Cameroun

RÉPUBLIQUE DU CAMEROUN
Paix-Travail-Patrie

MINISTÈRE DU TRAVAIL ET DE LA SÉCURITÉ SOCIALE

SECRÉTARIAT GÉNÉRAL

OBSERVATOIRE NATIONAL DU TRAVAIL

SECRÉTARIAT PERMANENT

RÉPUBLIC OF CAMEROON
Peace-Work-Fatherland

MINISTRY OF LABOUR AND SOCIAL SECURITY

SECRÉTARIAT GÉNÉRAL

NATIONAL LABOUR OBSERVATORY

PERMANENT SECRETARY

N°________________/N/MINTSS/SG/ONT/SP/C

Yaoundé, le ________________

Au stade actuel des syndicats recensés, le fichier conforme compte 245 organisations professionnelles, dont 214 syndicats de travailleurs (87,35 %) et 31 (12,65 %) syndicats d'employeurs.

Organisations	CCCT	CTUC	CCWTU	CGSTC	CGT-LIBERTE	CSAC	CSIC	CSTC	ENTENTE	INDEPENDANTS	UGTC	USLC	TOTAL
Effectifs	4	9	6	15	7	14	10	46	13	75	6	40	245
%	1,63	3,67	2,45	6,12	2,86	5,71	4,08	18,78	5,31	30,61	2,45	16,33	100

Source : ONT, Fichier syndical du Cameroun, décembre 2018

Régions	AD	CE	EN	ES	LT	NO	NW	OU	SU	SW	DLA	YDE	TOTAL
Effectifs	17	11	4	15	6	10	8	15	3	17	97	42	245
%	6,94	4,49	1,63	6,12	2,45	4,08	3,27	6,12	1,22	6,94	39,59	17,14	100,00

Source : ONT, État des lieux du Fichier syndical du Cameroun, décembre 2018

Secteur d’activité	Secteur primaire	Secteur secondaire	Secteur tertiaire	Total
Effectifs	27	22	196	245
%	11,02	8,98	80,00	100,00

Source : ONT, État des lieux du Fichier syndical du Cameroun, décembre 2018

Branche d’activité	Branche 1	Branche 2	Branche 3	Branche 4	Branche 5	Branche 6	Branche 7	Branche 8	Branche 9	Branche 0	Total
	Agriculture, élevage, pêche, chasse, sylviculture, exploitation forestière	Industrie extractive	Industrie manufacturière	Électricité, gaz et eau	Bâtiment et travaux publics	Commerce de gros et de détails, restaurants et hôtels	Transports, entrepôts et communications	Banques, assurances, affaires immobilières et services fournis aux entreprises	Services fournis à la collectivité, services sociaux et services personnels	Activités mal désignées	
Effectifs	27	3	8	4	7	13	108	7	27		245
%	11,02	1,22	3,27	1,63	2,86	5,31	44,08	2,86	11,02		100,00

Source : O.N.T., État des lieux du Fichier syndical du Cameroun, décembre 2018

Figure 1. Répartition des syndicats par secteur d'activité
(Source : O.N.T., État des lieux du Fichier syndical du Cameroun, décembre 2018)

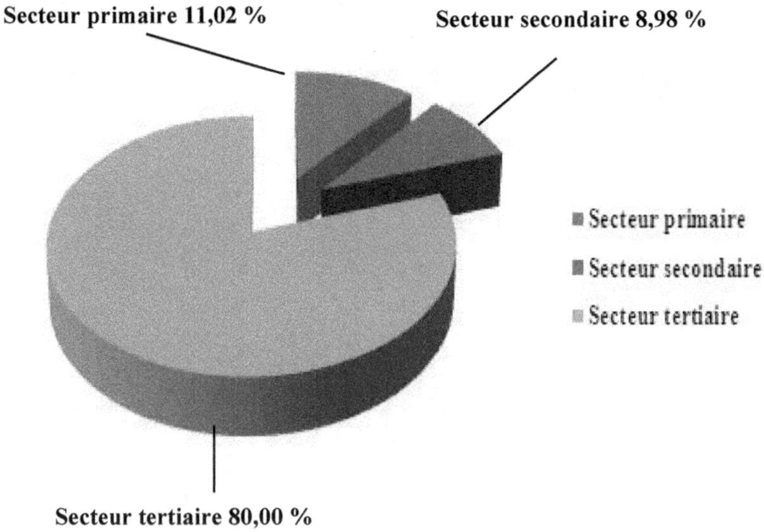

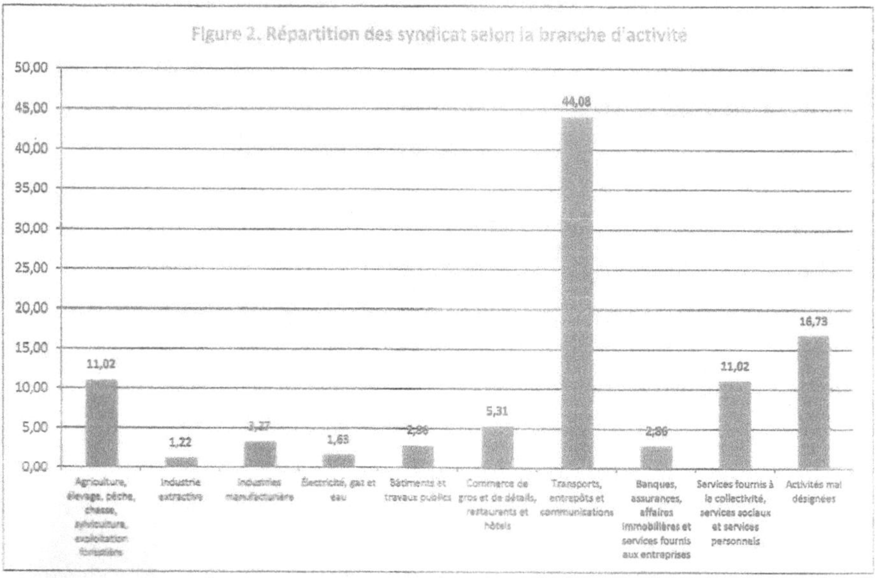

Figure 2. Répartition des syndicat selon la branche d'activité

Annexe 6 : Arrêté n° 0136/MINTSS/SG du 23 juillet 2018 portant constatation du classement national des confédérations syndicales à l'issue des élections des délégués du personnel du 1er mars 2018

RÉPUBLIQUE DU CAMEROUN	REPUBLIC OF CAMEROON
Paix-Travail-Patrie	Peace – Work - Fatherland
-----------	-----------
MINISTÈRE DU TRAVAIL ET DE LA SÉCURITÉ SOCIALE	MINISTRYY OF LABOUR AND SOCIAL SECURITY
-----------	-----------
SECRÉTARIAT GÉNÉRAL	SECRÉTARIAT GÉNÉRAL
-----------	-----------

Arrêté n° 0136/MINTSS/SG du 23 juillet 2018 portant constatation du classement national des confédérations syndicales à l'issue des élections des délégués du personnel du 1er mars 2018.

LE MINISTRE DU TRAVAIL ET DE LA SÉCURITÉ SOCIALE,

Vu la constitution ;

Vu la loi n° 92//007 du 14 août 1992 portant Code du travail ;

Vu le décret n° 2011/408 du 09 décembre 2011 portant organisation du Gouvernement modifié et complété par le décret n° 2018/190 du 02 mars 2018 ;

Vu le décret n° 2011/410 du 09 décembre 2011 portant formation du Gouvernement ;

Vu le décret n° 2012/558 du 26 novembre 2012 portant organisation du Ministère du Travail et de Sécurité Sociale ;

Vu l'arrêté n° 000202/MINTSS du 22 novembre 2017, fixant les modalités des élections et les conditions d'exercice des fonctions de Délégué du personnel ;

Vu la décision n° 00001/MINTSS/SG/DRP du 02 janvier 2018 fixant la date de déroulement des élections des Délégués du personnel et portant organisation de la campagne électorale ;

Vu la décision n° 00004/MINTSS/SG/DRP/CJ du 15 février 2018 portant création, organisation et fonctionnement des commissions mixtes chargées des élections des Délégués du personnel au ministère du Travail et de la Sécurité sociale ;

ARRETE :

Article 1er.- Le présent arrêté porte constatation du classement national des Confédérations Syndicales à l'issue des élections des Délégués du personnel, qui se sont déroulées le 1er mars 2018 sur l'ensemble du territoire national.

Article 2.- À l'issue des élections des Délégués du personnel organisées sur l'ensemble du territoire national le 1er mars 2018, après analyse des procès-verbaux parvenus à la Commission Mixte Nationale, le classement au plan national des Confédérations Syndicales en République du Cameroun, est constaté ainsi qu'il suit :

Rang	Organisations syndicales	Délégué du personnel		Total	Pourcentage
		H	F		
1er	Confédération Syndicale des Travailleurs du Cameroun (CSTC)	1512	299	1811	27 %
2e	Confédération des Syndicats Autonomes du Cameroun (CSAC)	889	370	1259	19 %
3e	Union Générale des Travailleurs du Cameroun (UGTC)	679	223	902	13 %
4e	Union des Syndicats Libres du Cameroun (USLC)	728	123	851	13 %
5e	Confédération Syndicale Entente Nationale des Travailleurs (ENTENTE)	322	210	532	8 %
6e	Cameroon Confederation of Workers Trade Union (CCWTU)	308	25	333	5%
7e	Confédération Générale des Syndicats des Transports du Cameroun (CGSTC)	278	29	307	5 %
8e	Confédération des Travailleurs Unis du Cameroun (CTUC)	261	45	306	4 %
9e	Confédération Camerounaise du Travail (CCT)	154	60	214	3 %
10e	Confédération Générale des Travailleurs Liberté (CGT-LIBERTE)	109	20	129	2 %
11e	Confédération des Syndicats Indépendants du Cameroun (CSIC)	36	15	51	1 %
Total		5276	1419	6695	100 %

Article 3.- Le présent arrêté sera enregistré, publié suivant la procédure d'urgence puis inséré au Journal Officiel en anglais et en français./-

Yaoundé, le 23 juillet 2018

Annexe 7 : Liste générale des syndicats professionnels (régis par le code de travail) au Cameroun

N°	DÉSIGNATION	SIGLE	N° ENREG.	DATE ENREG	BP	VILLE	RESPONSABLE	EFFECTIF TOTAL
1	SYNDICAT NATIONAL DES EXPLOITANTS DES MOTOS TAXIS DU CAMEROUN	SYNEXMOTACAM	E4/77	28/11/1994	BP 206 DLA	DOUALA V	NKENGMEGNI NÉE NGATHE BRIGITTE	26000
2	SYNDICAT DES ÉLEVEURS DE LA VI NA	SEBVINA	E4/53	17/10/1991	BP 462	NGAOUNDERE I	HAMOA HAMADJODA DJAFAROU	997
3	SYNDICAT NATIONAL DES TRANSPORTEURS ROUTIERS DU CAMEROUN	SNTRC	E4/5	30/04/1969	BP 1339 DLA	DOUALA I	PIERRE SIME	600
4	SYNDICAT NATIONAL DES PROPRIÉTAIRES ET CONDUCTEURS DES MOTO-TAXI DU CAMEROUN	SYNAPMOTAC	E1/139	02/12/2004	Non déclaré	BAMENDA III	MANKA CAROLINE NGWA	500
5	SYNDICAT NATIONAL DES TRANSPORTEURS PAR MOTOCYCLE DU CAMEROUN	SYNATRAMOCAM	EA/73	10/12/1994	BP 206 DLA	DOUALA III	TCHUENCHE EMMANUEL	500
6	SYNDICAT NATIONAL DES PHOTOGRAPHES PROFESSIONNELS DU CAMEROUN	NASPPCAM	E4/85	29/02/1996	BP 5169	DOUALA I	MUMA ZOFUNYUI JOHN	400
7	ORGANISATION SYNDICALE NATIONALE DES TRANSPORTEURS PAR MOTO-TAXI ET TRICYCLE DU CAMEROUN	OSYNATRAMOCAM	E4/70	04/08/1994	BP13106	DOUALA I	NGUEKAM CHARLES	250
8	SYNDICDAT NATIONAL DES TAXIS DU CAMEROUN	SYNTACAM	E4/08	30/04/1969	BP 14392	YAOUNDÉ II	NKE JEAN CLAUDE	100
9	THE SYNDICATE 0F FAKO AUTONOMOUS PROFESSIONAL TRANSPORTERS	SYNFAPT	E 4/134	31/07/2003	POB09TIKO	LIMBE	AYUKNDIP CHARLES	87
10	ORGANISATION NATIONALE DES SYNDICATS DES TRANSPORTEURS ET AUXILIAIRES DU CAMEROUN	OPSTAC	E4/170	14/04/2009	BP 18269 DLA	DOUALA I	NGANGA HENRI	44
11	SYNDICAT DES COMMISSIONNAIRES AGRÉES EN DOUANE DU CAMEROUN	SCADTC	E4/29	21/04/1977	BP 73 DLA	DOUALA I	ANDRÉ MBEUMO	40
12	SYNDICAT NATIONAL DES EXPLOITANTS DES DÉBITS DE BOISSONS DU CAMEROUN	SYNEDEBOC	E 4/148	26/04/2006	BP.35	MARQUA	BAÏDOLAR ÉMILE	38
13	SYNDICAT NATIONAL DES PROMOTEURS DES CENTRES DE FORMATION PROFESSIONNELLE DU CAMEROUN	SYNAPCECOP	E4/157	12/05/2007	BP 4363 DLA	DOUALA I	NYOUMSSI DIEUDONNÉ	28
14	FAKO HIGHWAYS TRANSPORTERS TRADE UNION	FAHITRAS	E4/118	18/06/1999	POB 679 LIMBE	LIMBE I	YEGUIA DAVID	26
15	FAKO DIVISIONAL ROAD TRANSPORT SYNDICATE	FADROTRASYN	E4/12S	17/02/2000	POB 867	LIMBE	ICHU ALEH ALOYSIUS	25
16	SYNDICAT DES PROPRIÉTAIRES DES TAXIS DU CAMEROUN	SYNDROSTAXCAM	E4/60	02/11/1993	BP 10027 DLA	DOUALA I	NGNIYOZEM ALAIN CLOVIS	25
17	SYNDICAT NATIONAL DES VENDEURS ET EXPORTATEURS DES PRODUITS ALIMENTAIRES DU CAMEROUN	SYNAVEPA	EH/AIL	25/02/1989	Non déclaré	Non déclaré	MOFEMA BOUBAKAR	25
18	SYNDICAT NATIONAL DES PROPRIÉTAIRES D'AUTO-ÉCOLES DU CAMEROUN	SYNTREC	E4/169	27/04/2009	BP 4363 DLA	DOUALA I	NYOUMSSI DIEUDONNÉ	23

N°	DÉSIGNATION	SIGLE	N° ENREG.	DATE ENREG	BP	VILLE	RESPONSABLE	EFFECTIF TOTAL
19	THE BUEA TRANSPORTERS SYNDICATE	BUTRASYN	ES/133	25/01/2003	POB 565 BUEA	BUEA	NGONBI ESOWE EMMANUEL	23
20	SYNDICAT DES EXPLOITATIONS ET TRANSPORTEURS EN CARS ET AUTOBUS DU CAMEROUN	STRACAUCAM	E4/12	03/01/1970	BP 35ESEKA	YAOUNDEII	NGUIDJOL WANG ANTOINE	20
21	GROUPEMENT PATRONAL DES ACCON1ERS DU CAMEROUN	G PAC	E4/25	28/11/2006	BP 73 DLA	DOUALA I	GABRIEL MAN1MBEN	18
22	SYNDICAT AUTONOME DES PROPRIÉTAIRES TRANSPORTEURS PAR CAMIONS DU CAMEROUN	SYNAPTAC	E4/165	07/01/2008	BP 0426 YDE	DOUAU II	MOHAMADOU MOUKTAR	17
23	SYNDICAT DÉPARTEMENTAL DES BOUCHERS DU MBERE	SYNDE80U-MBERE	N* E4/84	19/02/1996	BP 03	MEIGANGA	BALLAYOUSSOUFA	17
24	SYNDICAT DES TRANSPORTEURS EN GÉNÉRAL DU CAMEROUN	STGI	E4/158	12/02/2007	BP 6061	DOUALA II	MOHAMADOU S1DIKI	16
25	SYNDICAT GENERAL DES TRANSPORTEURS CAMEROUNAIS	SGTC	E4/166	08/D4/2008	BP 14145 DLA	DOUALA II	HAMADOU DJIKA	15
26	FEDERATION 0F AUTONOMOUS INTERURBAN AND URBAN TRANSPORTERS SYNDICATES 0F CAMEROUN	FAUITS	E/1/FED/1	29/06/2005	POB 464 BUEA	BUEA	NGOMBIESOWE EMMANUEL	10
27	CHAMBRE SYNDICALE NATIONALE DES TRANSPORTEURS PAR CAR ET AUTOBUS DU CAMEROUN	CSYNATCAM	E4/101	Non déclaré	Non déclaré	DOUALA III	NDJAPPARENE	7
28	SYNDICAT NATIONAL DES TRANSPORTEURS INTER URBAINS DU CAMEROUN	CANASUIT	E4/114	01/11/1999	Non déclaré	FOUMBAN	NSANGOU MAMA	S
29	SYNDICAT PROFESSIONNEL DES TRANSPORTEURS URBAINS ET INTERURBAINS DU CAMEROUN	SYNPROTUICAM	E4/111	22/10/1998	BP 206 DLA	DOUALA IV	SOKING DOMINIQUE	5
30	SYNDICAT NATIONAL DES MOTOS TAXI DU CAMEROUN	SYNAMOTAL	E4/166	02/12/2014	Non déclaré	YOKADOUMA	MEBOUAMB PATRICK	Non déclaré
31	SYNDICAT NATIONAL DES EXPLOITANTS DE BUS ET CARS OU CAMEROUN	SYNEXBUCAM	E4/59	11/11/1999	BP 9S9	FOUMBAN	NGAPOUN ABOUBAKAR	Non déclaré
32	SYNDICAT DES MARINS PROFESSIONNELS DU CAMEROUN	SYNMAPROCAM	SN/1/181	31/10/2012	BP 12426	DOUALA	ESSELE GASTON ASEMOT EDIMO	2000
33	SYNDICAT DES EMPLOYÉS DOMESTIQUES ET ACTIVITÉS CONNEXES DU CAMEROUN	SYNEDOC	SN/1/180	31/10/2012	BP 221	YAOUNDÉ IV	Non déclaré	Non déclaré
34	SYNDICAT DES TRAVAILLEURS DE RAZEL	SYNTRA	SN/1/63	18/10/2007	BP 11306	YAOUNDÉ IV	NGBWAPAULDE GAUL	Non déclaré
35	PCC NATIONAL HEALTH WORKERS UNION	PCC NAHEWU	SN/201	02/04/2013	POB 362 KUMBA	KUMBA I	AYUK MARTIN NDUMBE	320
36	SYNDICAT NATIONAL DES PROPRIÉTAIRES PROFESSIONNELS DES TRANSPORTEURS URBAIN ET INTERURBAIN ROUTIER DU CAMEROUN	SYNPPUIRCAM	SN/1/112	04/03/2013	POB 2521	KUMBAI	NKWO NOAH	152

N°	DÉSIGNATION	SIGLE	N° ENREG.	DATE ENREG	BP	VILLE	RESPONSABLE	EFFECTIF TOTAL
37	SYNDICAT DÉPARTEMENTAL DES EMPLOYÉS DES INDUSTRIES DE TRANSFORMATION DE LA MÉTALLURGIE DES ACIÉRIES ET ACTIVITÉS CONNEXES DU WOURI	SYNDEMITMACOW	SD/114	09/04/2013	BP 12613 DLA	DOUALA I	ABOYA	135
38	SYNDICAT DES TRAVAILLEURS D'ASSAINISSEMENT, PROPRETÉ ET ACTIVITÉS CONNEXES DU CAMEROUN	SYNITAPACC	SN/1/89	29/06/2010	BP 2172 DLA	DOUALA	MENGUE EDA BERNARD FÉLICIEN	96
39	SYNDICAT LIBRE DES EMPLOYÉS DES TRANSPORTEURS MARITIMES ET AUXILIAIRES DE TRANSPORT DU WOURI	SYCETRANSMATW	USLC/SD/8	22/10/1996	BP 2134	DOUALA I	ALBERT EYOUCK	20
40	SYNDICAT NATIONAL DES AGENTS DE SÉCURITÉ PRIVÉE DU CAMEROUN	SYLNASEPCAM	SN/1/72	21/10/2008	BP 12699 DLA	DOUALA	BIYIHA SACRACK	Non déclaré
41	SYNDICAT NATIONAL DES CONDUCTEUS DE BUS - MINI BUS-CARS ET ASSIMILES DU CAMEROUN	SYNCOBUCAM	SN/1/40	28/06/2005	BP 206 DOUALA	DOUALA II	TABI NJANG THOMAS	4338
42	SYNDICAT NATIONAL DU COMMERCE, SERVICES ET ACTIVITÉS CONNEXES DU CAMEROUN	SYNTCOSAC	SN/1/35	08/01/2004	BP 2424 DLA	DOUALA I	PENDA MARTIN	2207
43	ORGANISATION SYNDICALE DES CONDUCTEURS DES MOTOS TAXIS, TRICYCLES ET ASSIMILÉS DU CAMEROUN	OSYCOMOTTAC	SN/1/98	04/04/2011	BP 206 DLA	DOUALA V	NGUEGHO DIEUDONNÉ	2000
44	SYNDICAT NATIONAL DES CONDUCTEURS DES TRANSPORTS URBAINS INTERURBAINS ET ROUTIERS DU CAMEROUN	SYNACTUIRCAM	SN/1/17	22/09/2008	BP 30603	NGAOUNDERE II	DJIBRILLA	853
45	SYNDICAT NATIONAL DES CHAUFFEURS EMPLOYES PROFESSIONNELS DE TAXI, MOTO, BUS, MINIBUS URBAINS ET INTERURBAIN DU CAMEROUN	SYNCEPROTMBUTUICAM	SN/1/46	04/03/2006	675070622	YAOUNDÉ II	MANFOUOJEAN ROBERT	200
46	SYNDICAT NATIONAL DES EMPLOYÉS DU SECTEUR DES TRANSPORTS TERRESTRES	SYN ESTER	SN/1/36	01/09/2004	6383 YDE	YAOUNDÉ	NDEFFOSSOKENG JEAN COLLINS	332
47	SYNDICAT NATIONAL DES CONDUCTEURS PROFESSIONNELS URBAINS DU CAMEROUN	SYNACOPOCAM	SN/1/92	24/02/2011	Non déclaré	DSCHANG	ASSOMMO GABRIEL	61
48	SYNDICAT NATIONAL DES TRANSPORTS ROUTIERS ET ASSIMILÉS DU CAMEROUN	SYNCHAURAC	SN/1/30	27/04/2004	BP 206 DLA	DOUALA I	TCHOUAKE DENIS	23
49	ALLIANCE DES TRANSPORTEURS ROUTIERS ET DES MÉTIERS AUXILIAIRES AU CAMEROUN	ATROMAC	SN/203	13/03/2015	BP 4998 DLA	DOUALA I	NJOYAYANFANG SEIDOU	17
50	UNION NATIONALE DES CAMIONNEURS PROFESSIONNELS DU CAMEROUN	UNCPC	SN/1/26	14/10/2003	BP 20206 YDE	DOUALA II	NGUIDJOB MARTIAL HONORE	17
51	SYNDICAT DES TRAVAILLEURS EMPLOYÉS PROFESSIONNELS DE TAXI, MOTO, BUS ET MINIBUS URBAIN ET INTERURBAIN	SYNTEPROTMBMVICAM	SN/T/46	04/03/2006	BP 11889 DLA	DOUALA V	KAMENI SCAHA MICHEL	11
52	SYNDICAT DES CHAUFFEURS TAXIS DU CAMEROUN	SYNCHTACAM	SN/1/123	27/12/2002	BP 514 YDE	DOUALA I	NJIKAM IDRISS	4

N°	DÉSIGNATION	SIGLE	N° ENREG.	DATE ENREG	BP	VILLE	RESPONSABLE	EFFECTIF TOTAL
53	SYNDICAT NATIONAL DES CONSTRUCTEURS PROFESSIONNELS URBAINS DU CAMEROUN	SYNACDPDCAM	SN/1/99/MTRS	11/11/2012	Non déclaré	BERTOUA II	SAMBA RENE JESUS	Non déclaré
54	SYNDICAT NATIONAL DES CHAUFFEURS DE TAXIS CARS, BUS, AUTOBUS, CAMIONS, SEMI REMORQUES ET ASSIMILÉS DU CAMEROUN	SYNCHAUTACAM	SN/1/50	20/03/2007	BP 6421	YAOUNDÉ VII	ZENA ERNEST	Non déclaré
55	SYNDICAT DES VEILLEURS DU CAMEROUN	SYNVEILCAM	SN/1/4	24/01/1995	BP 2424 DLA	DOUALA I	NDEPE NGOMEN LUC	2844
55	SYNDICAT AUTONOME DES TRAVAILLEURS DES PLANTATIONS BANANIÈRES DU MOUNGO	SYATRAPBM	SID/57	06/03/2007	BP 52 NJOMBE	NJOMBE-PENJA	NGOME ÉBOULE OSCAR	2325
57	SYNDICAT AUTONOME DES TRAVAILLEURS DU TRANSIT, TRANSPORTS, DOCKERS ET MANUTENTIONNAIRES DU WOURI	SA3TDMW	SI D/ 1/29	15/07/2003	BP 11919 DLA	DOUALA I	WOUMPO ALBERT	526
58	SYNDICAT AUTOMOBILE DU WOURI	SDTAAW	UNTC/SD/4/08/0377	03/01/1997	BP 2424 DOUALA	DOUALA II	BATASSI SIMON	150
59	SYNDICAT DÉPARTEMENTAL DU COMMERCE ET SERVICES DU WOURI	SYDECOSEW	S1D/32	20/08/2003	BP 15120 DLA	DOUALA II	NSANGOU MAMA	48
60	SYNDICAT DÉPARTEMENTAL DE LA SANTÉ, PHARMACIE ET ASSIMILES DU WOURI	SASPAW	UN1C/SD/8	12/12/1972	BP 5745 DLA	DOUALA I	NDI JEAN MARIE	18
61	SYNDICAT DÉPARTEMENTAL DES TRAVAILLEURS DU SECTEUR AGRICOLE DE L'OCEAN	SYDTRASA'O	SID/62	31/05/2007	BP 339KRIBI	KRIBII	JEAN CLAUDE HELLES	Non déclaré
62	SYNDICAT NATIONAL AUTONOME DES TRAVAILLEURS DE L'ÉNERGIE ET DE L'EAU DU CAMEROUN	SYNATEEC '	SN/1/86	30/07/2009	BP 17654	YAOUNDÉ IV	CHIEFEWOUKEM FRANÇOIS	3570
63	SYNDICAT NATIONAL DE LA COMMUNICATION	SYNACOM	SN/1/31	30/04/2004	BP 12097	DOUALA	Non déclaré	2820
64	SYNDICAT DÉPARTEMENTAL DES TRAVAIIIEURS DE COMMERCE DISTRIBUTEUR ET REPRÉSENTATION DU MFOUNDI	SYNDETCOM	UNTC/SD/190	24/03/1981	BP 224YDE	YAOUNDÉ III	NESTOR NDOK	300
65	SYNDICAYT DES TRAVAILLEURS DE L'INDUSTRIE TEXTILE DE LA CONFECTION ET HABILLEMENT DU WOURI	SYTITECHW	SID/48	03/04/2006	BP 7012	DOUALA I	MABOUJEAN	248
66	SYNDICAT AUTONOME DES TRAVAILLEURS DE L'AGRICULTURE DU MOUNGO	SATAM	CSAC/SD/04	06/03/2007	BP 63NKAPA	DIBOMBARI	NGWEHA EMMANUEL DÉSIRE	245
67	SYNDICAT NATIONAL DES TRAVAILLEURS INTERMÉDIAIRES DES ASSURANCES DU CAMEROUN	SYNNATIAC	SN/1/34	08/11/2004	BP 14844	YAOUNDÉ IV	NLEND GABRIEL JANVIER	213
68	SYNDICAT AUTONOME DES TRAVAILLEURS DES INDUSTRIES ALIMENTAIRES DU WOURI	SATIAW	S1D/67	28/05/2008	BP 6822 DLA	DOUALA I	MAWO PIERRE PATRICE	200
69	SYNDICAT DES EMPLOYÉS DES PORTS ET ASSIMILES DU CAMEROUN	SNEPC	UNTC/N/5	12/12/1972	BP 4020 DLA	DOUALA I	LEKEND LEKEND FAUSTIN	150

N°	DÉSIGNATION	SIGLE	N° ENREG.	DATE ENREG	BP	VILLE	RESPONSABLE	EFFECTIF TOTAL
70	SYNDICAT NATIONAL AUTONOME DES TRAVAILLEURS DES TECHNIQUES DE L'INFORMATION ET DE LA COMMUNICATION	SYNTIC	SN/193	04/09/2013	BP6177YDE	YAOUNDÉ	AHMADOUILOU	38
71	SYNDICAT PRINCIPAL DES TRAVAILLEURS D'ACCONAGE ET DE MANUTENTION DU WOURI	SPTAWU	CSAC/SD/2	11/05/2006	BP 1992 – DLA	DOUALA I	KENDINE VASCO EMMANUEL	26
72	FÉDÉRATION DES SYNDICATS DES EMPLOYÉS PHARMACIES ET ASSIMILES DU CAMEROUN	ESESPAC	CSTC/FED/4	10/12/1994	BP 5745 DLA	DOUALA I	NDI JEAN MARIE	20
73	FÉDÉRATION DES SYNDICATS AUTONOMES DES TRAVAILLEURS	FESATAPEC	FED/12	14/10/2015	BP 857 DLA	MBANDJOCK	INNOCENT MAVION	Non déclaré
74	SYNDICAT DÉPARTEMENTAL AUTONOME DES TRAVAILLEURS D'HUILE DE PALME DE L'OCEAN	SDATPHO	SD/267	07/02/2013	BP 179 KRIBI	KRIBI	MBEYA PIERRE	Non déclaré
75	SYNDICAT DÉPARTEMENTAL DES TRAVAILLEURS SAISONNIERS ET PERMANENTS DE L'AGRICULTURE	SYDEAPA	CSAC/SD/3	22/01/2007	BP 42	MBANDJOCK	INNOCENT MAKON	760
76	SYNDICAT NATIONAL DES TRAVAILLEURS POUR L'ENVIRONNEMENT ET L'EXPLOITATION DES MÉTAUX ET DÉCHETS FERREUX ET NON FERREUX DU CAMEROUN	SYNETMEFCAM	SN/1/105	22/12/2011	BP 15276	YAOUNDÉ II	BONIFACE NATADJOM TENE	32000
77	SYNDICAT DÉPARTEMENTAL DES EMPLOYÉS DE L'AGRICULTURE, PÊCHE ET ÉLEVAGE DU MOUNGO	SDEAPEM	UNTC/SD/164	12/09/1978	BP 67 NJOMBE	NJOMBE-PENJA	MOUKORY SONGA EMMANUEL ALFRED	3540
78	SYND1CATDEPARTEMENTAL DES EMPLOYÉS DU WOURI	TRACOMW	UNTC/SD/20	14/12/1972	BP 890 DLA	DOUALA I	BABOULE ABRAHAM	2568
79	UNION DÉPARTEMENTALE DES SYNDICATS DE LAVINA	UDS-VINA	UNTC/UD/13	13/03/1974	BP 318 NGAOUNDERE	NGAOUNDEREI	Non déclaré	2098
80	UNION DÉPARTEMENTALE DES SYNDICATS DES TRAVAILLEURS DE LA BENOUE	UDSTB	UNTC/UD/14	01/01/1976	Non déclaré	GAROUA I	MOUSSA ALADJI	1341
81	FÉDÉRATION DES SYNDICATS DES TRAVAILLEURS DES COMMUNES DU CAMEROUN	FSTCC	FED/8	04/04/2008	7273	YAOUNDÉ II	BALOMOK ÉDOUARD	1114
82	SYNDICAT DES TRAVAILLEURS DE COMMERCE ET SERVICE DU CAMEROUN	SYNATCOS	SN/1/67	29/05/2008	BP 890 DLA	DOUALA I	BABOULE ABRAHAM	1015
83	SYNDICAT DÉPARTEMENTAL DES EMPLOYÉS DE L'AGRICULTURE DE LA HAUTE SANAGA	SD	UNTC/SD/71	06/01/1973	BP 67 MBANDJOCK	MBANDJOCK	ALOUNA MVEHE THÉOPHILE	1000
84	SYNDICAT NATIONAL DES TRAVAILLEURS D'ASSURANCES DU CAMEROUN	SYNATAC	SN/1/15	16/12/1998	BP 1891 DLA	DOUALA I	KOMBI NSIA ABEL	717
85	SYNDICAT DÉPARTEMENTAL DES BÂTIMENTS ET TRAVAUX PUBLICS	SDBTP/LD	UNTC/SD/205	28/01/1982	Non déclaré	BERTOUA I	NGOUMESSOUIE LYDIE	697
86	SYNDICAT DÉPARTEMENTAL DES EMPLOYÉS COMMUNAUX DU WOURI	SDECW	OSTC/CD/26	31/10/1986	BP 7713 DLA	DOUALAV	BALOMOK ÉDOUARD	660

N°	DÉSIGNATION	SIGLE	N° ENREG.	DATE ENREG	BP	VILLE	RESPONSABLE	EFFECTIF TOTAL
87	SYNDICAT DES TRAVAILLEURS DE STOCKAGE ET DISTRIBUTION DES PRODUITS PÉTROLIERS ET DÉRIVES DU CAMEROUN	SYNDICAT DES PÉTROLIERS	UNTC/SD/228	12/06/1985	BP 3676 DLA	DOUALA I	EBONGUE MUTASSE JEAN	600
88	SYNDICAT DÉPARTEMENTAL DES INDUSTRIES MÉTALLIQUES DUWOUR1	SYNDEMETAL-CSTC	UNTC/SD/229	27/11/1985	BP 3346 DLA	DOUALA I	MOUSSI NOLLA ANDRÉ	500
89	SYNDICAT DÉPARTEMENTAL DES TRANSPORTS ROUTIERS DU MFOUNDI	SDTRM	UNTC/SD/177	17/10/1980	Non déclaré	YAOUNDÉ II	BIY1HA BENJAMIN	425
90	SYNDICAT DÉPARTEMENTAL DES TRAVAILLEURS DES TRANSPORTS ROUTIERS DU WOURI	SDTTRW	SID/2	13/02/1995	BP 1395 DLA	DOUALA I	BOULA ATEBA FERNAND	403
91	SYNDICAT DES TRAVAILLEURS DU FORAGE ET ASSIMILES DU CAMEROUN	SNTFAC	SN/108	23/02/2012	BP 7392 DLA	DOUALA II	NDOUTOUJEAN MARIE	400
92	SYNDICAT NATIONAL DES TRAVAILLEURS DES ÉTABLISSEMENTS CONFESSIONNELS DU CAMEROUN	SYNTRECC	SN/1/115	06/04/2012	BP 318 NGAOUNDERE	NGAOUNDEREI	TCHAYAJULES MATHURIN	391
93	SYNDICAT DÉPARTEMENTAL DES COMMUNES	SDCILD	UNTC/SD/141	01/11/1979	Non déclaré	BERTOUA I	MAKONEMMIUENNE	342
94	SYNDICAT DÉPARTEMENTAL DES EMPLOYÉS DE TRANSIT-TRANSPORT ET MANUTENTION DE LAVINA	SYNTRANSIT	UNTC/SD/189	27/08/1980	BP 318 NGAOUNDERE	NGAOUNDERE!	MOUANDJONDOM DANIEL	324
95	SYNDICAT DES EMPLOYÉS DES TRANSPORTEURS MARITIMES TRANSIT ET AUXILIAIRES DES TRANSPORTS DU WOURI	SYNETRAMW	UNTC/SD/31	12/12/1972	BP 5997 DLA	DOUALA I	BEBE KINGUE JOB DIAMANT	304
96	SYNDICAT DÉPARTEMENTAL DES EMPLOYÉS DES TRANSPORTS ROUTIERS	UDS/SD/212	UNTC/SD/212	02/10/2012	Non déclaré	BERTOUA I	NGOLO AYISSI THIMOTHEE	208
97	SYNDICAT DÉPARTEMENTAL DE L'ENSEIGNEMENT PRIVE DU LOM ET DJEREM	SDEP/CD	UNTC/SD/133	06/03/1985	Non déclaré	BERTOUA I	MABAYA FLAVIEN	197
98	SYNDICAT DÉPARTEMENT DES TRAVAILLEURS DU RAIL DU MFOUNDI	SDTRM	UNTC/SDTRM/13	12/12/1972	BP 39 YDE	YAOUNDEI	BEYALA JULES DELAMARE	170
99	SYNDICAT DES INDUSTRIES DU PAPIER ET DÉRIVES DU WOURI	SD1PD- WOURI	4065/MTPS/SG/GS/BE	08/09/1989	BP 5028 DLA	DOUALAI	MVOFO FIDÈLE	73
100	SYNDICAT DES EMPLOYÉS DE L'ÉLEVAGE	SDEE	UNTC/SD/208	28/01/1985	Non déclaré	BETA RE OYA	DAOUDA DJI	62
101	SYNDICAT NATIONAL DES TRAVAILLEURS DES INDUSTRIES DES MINES ET ASSIMILÉS DU CAMEROUN	SYNTIMAC	SN/1/233	17/09/2015	Non déclaré	POUMOUGNE	KUIATE NESTOR	49
102	SYNDICAT DÉPARTEMENTAL DES CHEMINOTS DE L'ADAMAOUA	(S DCA) SYNTRAV	UNTC/SD/132	11/01/1976	BP 61 (NGAOUNDERE-SIBONGARI)	NGAOUNDERE I	NYOBE JEAN-JACQUES	47
103	SYNDICAT DÉPARTEMENTAL DES HÔTELS, BARS, RESTAURANTS ET ACTIVITÉS ANNEXES DE LA BENOUE	SDH	UNTC/SD/135	01/11/1973	BP 291	GAROUA II	VONDOU ATANASE	43

N°	DÉSIGNATION	SIGLE	N° ENREG.	DATE ENREG	BP	VILLE	RESPONSABLE	EFFECTIF TOTAL
104	SYNDICAT DÉPARTEMENTAL DES INDUSTRIES POLYGRAPHIQUES DE LA BENOUE	Non déclaré	UNTC/SD/42	06/03/1973	BP 275	GAROUA II	SAOULEY ALAIN	35
105	SYNDICAT DÉPARTEMENTAL DES TRAVAILLEURS DU SECTEUR DE MANUTENTION ET CHARGEMENT	SYNTRASMAC	SN/208	03/12/2013	BP 58	BELABO	DOUA JEAN JACQUES	24
106	SYNDICAT DÉPARTEMENTAL DES TRAVAILLEURS DE L'ENSEIGNEMENT PRIVE OU CONFESSIONNEL DU WOURI	SDTEPCW	UNTC/SD/10	23/03/1973	BP 1395	DOUALA I	OBENÙBEN EMMANUEL	20
107	SYNDICAT DES TRAVAILLEURS DU RAIL DU CAMEROUN DU DJEREM	SYNTRAA	CSTC/SD/234	20/04/1988	BP 46-NGAOUNDAL	NGAOUNDAL	VILDINH ALPHONSE	18
108	SYNDICAT DÉPARTEMENTAL DES TRAVAILLEURS DU BÂTIMENT, TRAVAUX PUBLICS ET ACTIVITÉS ANNEXES DU WOURI	SDBTPAAW	CSTC/CE/1	22/02/1993	BP 1395 DLA	DOUALA I	ÉBOULE NTOUMBA REMY	16
109	SYNDICAT DÉPARTEMENTAL DES TRAVAILLEURS DES CHEMINS DE FER DE LA LEKIE	SDTCF	SID/39	02/09/2004	Non déclaré	OBALA	YITEM0E MICHEL	10
110	UNION DÉPARTEMENTALE DES SYNDICATS DU LOM ET DJEREM	UDS/LD	UNTC/UD/18	07/07/1977	Non déclaré	BERTOUA I	YAYAGUISWE	10
111	MEZAM UNION 0F MINIBUS	MEMIBUTU	CSTC/SD/264	05/12/2006	POB 520	BAMENDA III	MUKONG GEORGE	Non déclaré
112	SYNDICAT DÉPARTEMENTAL DES TRAVAILLEURS DU RAIL DU NYQNGETKELLE	Non déclaré	CSTC/UI/1	11/01/1996	Non déclaré	ESEKA	NGUENN JOSEPH ARMAND	Non déclaré
113	SYNDICAT DÉPARTEMENTAL DES EMPLOYÉS DE LA SANTÉ PRIVÉE DU BAMOUN	SDE5PB	UNTC/SD/146	25/11/1996	Non déclaré	FOUMBAN	MBOUO MBOUO NICODÈME HONORE	Non déclaré
114	ENSEIGNEMENT PRIVÉ/TIBATI	Non déclaré	UNTC/SD/225	21/05/1992	Non déclaré	TIBATI	NGODJI MICHEL FUBERT	Non déclaré
115	FÉDÉRATION NATIONALE DES SYNDICATS DE TRAVAILLEURS AGRICOLES PÊCHE ET ÉLEVAGE DU CAMEROUN	FESTAFEC	Non déclaré	12/01/1999	Non déclaré	YAOUNDÉ II	ALOUNA MVEHE THÉOPHILE	Non déclaré
116	FÉDÉRATION SYNDICALE DES TRAVAILLEURS DE LA CONSTRUCTION, TRAVAUX PUBLICS, BOIS ET ACTIVITÉS ANNEXES DU CAMEROUN	FSTBC	CGT-L/FED01	20/12/2008	BP 12232	YAOUNDÉ V	ESSINOI MINKOULOU PIERRE	3202
117	THE DIVISIONAL TRADE UNION 0F MEZAM PROFESSIONNAL DRIVERS	MEDUPRUD	UNTC/SD/211	21/06/1983	Non déclaré	BAMENDA II	CHE JAMES	1335
118	FÉDÉRATION SYNDICALE DES TRAVAILLEURS DU COMMERCE DU CAMEROUN	FSTCC	CSTC/FED/3	28/06/1994	BP 12232	YAOUNDÉ V	MOUKOUI EKEKE CLODE	128
119	PROFESSIONNELS DRIVERS TRADE UNION	NOWE-PRODTU	CSTC/SP/262	18/02/2003	Non déclaré	BAMENDA II	NCHINDONDIIVO	71
120	MEZAM PRIVATE EDUCATION TRADE UNION	MEPEWOTU	UNTC/SD/99	20/12/1979	Non déclaré	BAMENDA II	TOH EMMANUEL YUFANYI	22

N°	DÉSIGNATION	SIGLE	N° ENREG.	DATE ENREG	BP	VILLE	RESPONSABLE	EFFECTIF TOTAL
121	MEZAM DIVISIONAL UNION OF TRADE UNIONS	MEDUTU	UNTC/UD/22	03/05/1979	POB 442 BAMENDA	BAMENDA I	NDI LAWRENCE NDONG	22
122	FÉDÉRATION NATIONALE DES SYNDICATS DES TRAVAILLEURS DE L'ÉNERGIE ÉLECTRIQUE ET DE L'EAU DU CAMEROUN	FENSTEEEC	I/FED/3	20/04/1995	BP 20038	YAOUNDÉ V	NDOYO THOMAS	13
123	FÉDÉRATION DES SYNDICATS DES TRAVAILLEURS DE L'INDUSTRIE ALIMENTAIRE DU CAMEROUN	FESTIAC	CSTC/FED/9	04/01/1999	BP 12232	YAOUNDÉ V	EDJOA MINKOULOU	Non déclaré
124	SYNDICAT NATIONAL ENTENTE DES ENSEIGNANTS PUBLICS CONTRACTUELS DU CAMEROUN	SYNAEEPCAM	SN/227	08/04/2015		YAOUNDÉ V	OJONG DANIEL	6517
125	SYNDICAT PROFESSIONNEL DES CHAUFFEURS EMPLOYÉS DE TAXI DU CAMEROUN	SYNPROCETAC	SID/9	16/02/1996		YAOUNDÉ V	NKOA SIMON PIERRE	2022
125	SYNDICAT NATIONAL SOLIDARITE DES TRAVAILLEURS DU SECTEUR PUBLIC	SYNASOTRASEPCAM	SN/1/235	17/09/2015		YAOUNDÉ V	EYENGA OLIVER CALIN	953
127	SYNDICAT DÉPARTEMENTAL DES EMPLOYÉS ET PROFESSIONNEL DE SERVICE DU MFOUNDI	ASEPSUM	CSTC/SD/200	10/04/2000		YAOUNDÉ IV	GISELE NOMOU	763
128	SYNDICAT NATIONAL DES TRAVAILLEURS DES HÔTES/BARS RESTAURANTS ET ACTIVITÉS CONNEXES DU CAMEROUN	SYNTH8RAC	SN/1/94	12/10/2012		YAOUNDÉ V	ANICET NDJONO EDJANA	400
129	SYNDICAT AUTONOME AUTHENTIQUE DE LA MANUTENTION DU TRANSIT DES PORTS ET ASSOCIÉS DU CAMEROUN	SAAMTPAC	SN/1/185	04/03/2013		DOUALA II	TE NANGUE ROGER	220
130	SYNDICAT NATIONAL DES EMPLOYÉS DES ACTIVITÉS JURIDIQUES DU CAMEROUN	SYNAJC	UNTC/N/3	12/12/1972		YAOUNDÉ V	ELANDI NGONO FULGENCE	111
131	SYNDICAT NATIONAL ENTENTE DES ARTISTES MUSICIENS ET ACTIVITÉS CONNEXES DU CAMEROUN	SYNEAMAC	SN/1/231	17/09/2015		YAOUNDÉ V	ÉTIENNE NPON	61
132	SYNDICAT DE TRAVAILLEURS DU TRANSPORT AÉRIEN ET DES ACTIVITÉS CONNEXES DE LA MEFOU ET AFAMBA	STTAACMA	SID/190	07/07/2005		YAOUNDÉ V	OKOA GISELE EPSE MANGAFOUDA	50
133	SYNDICAT NATIONAL DES TRAVAILLEURS ET AGENT DE LA SÉCURITÉ PRIVÉE DU CAMEROUN	SYNTRASEPCAM	SN/190	04/03/2013		DOUALA II	ONGUENE FERNAND	15
134	SYNDICAT DE L'AGRICULTURE DE L'OCÉAN FORCE OUVRIÈRE	SAO-FO	SID/41	28/06/2004		NIETE	BEKILE JEAN ROMAIN	Non déclaré
135	UNION DÉPARTEMENTALE DES SYNDICATS DE L'OCEAN	UDS OCEAN	UNTC/UD/19	07/07/1977		NI ETE	BEKILE ROMAIN	Non déclaré
136	SYNDICAT DES TRAVAILLEURS DES INDUSTRIES TEXTILES	SYNDETRINTEX	UNTC/SD/201	03/09/1981	Non déclaré	GAROUA I	BOUDOUNA SALOMON	240
137	SYNDICAT NATIONAL DES TRAVAILLEURS UNIS DE SÉCURITÉ PRIVÉE DU CAMEROUN	SYNATUSEPCAM	SN/195	04/09/2013	BP 122332	YAOUNDÉ V	BIKAEPIE	206

N°	DÉSIGNATION	SIGLE	N° ENREG.	DATE ENREG	BP	VILLE	RESPONSABLE	EFFECTIF TOTAL
138	SYNDICAT NATIONAL DES EMPLOYÉS DU SECTEUR DU GARDIENNAGE DU CAMEROUN	SYNESSCAM	SN/198	24/02/2013	DP 11957 – DLA	DOUALA II	SANHA NDJEDOUM MARTIAL	8
139	SYNDICAT NATIONAL DES PROFESSIONS ET ACTIVITÉS PORTUAIRES DU CAMEROUN	SYNAPAPC	SN/184	07/12/2012	Non déclaré	DOUALA I	MOUNGUSI EMMANUEL	135
140	SYNDICAT DÉPARTEMENTAL DU COMMERCE DE LA BENOUE	SDCB	UNTC/SD/35	06/03/1973	BP298	GAROUA I	MOUSSA ALADJI	96
141	SYNDICAT NATIONAL DES PROFESSIONNELS DE LA SÉCURITÉ DU CAMEROUN	SYNAPROSCAM	SN/1/25	20/03/2003	BP 219 DLA	DOUALA I	AKOM KUMA EMMANUEL	18
142	SYNDICAT NATIONAL DES EMPLOYÉS DE BANQUE, GRADE ET CADRE DE BANQUES ET ÉTABLISSEMENTS FINANCIERS DU CAMEROUN	SNEGBEFCAM	SN/1/12	22/04/1998	BP 6383 YDE	YAOUNDÉ	NSIBA-BAT ERNEST	10
143	UNION DÉPARTEMENTALE DES SYNDICATS LIBRES DU WOURI	UDSLW	USLC/UD/1	08/07/1996	Non déclaré	DOUALA V	NFOMENG ROGER	Non déclaré
144	DIVISIONAL SYNDICATS 0F AGRICULTURAL WORKERS IN FAKO	DISAWOFA	USLC/SD/49	14/04/2004	POB 413 OR 124 TIKO	LIMBE	GABRIEL MBENE VEFONGE	3400
145	SYNDICAT DÉPARTEMENTAL LIBRE DE L'AGRICULTURE ET DES PLANTATIONS DU MOUNGO	SDLAPM	USLC/5D/10	04/12/1996	BP832DLA	NJOMÛE-PENJA	LONTSIE ZACHÉE	900
146	SYNDCAT DEPARTEMENTAL LIBRE DES CONDUCTEURS DES MOTOS DU WOURI	SYNDLCMTW	SID/53	25/07/2006	Non déclaré	DOUALA III	YOMBA DIEUDONNÉ	810
147	SYNDICAT DÉPARTEMENTAL DES TRAVAILLEURS LIBRES DU COMMERCE DU WOURI	SYNCOM	US/C/SD/3	13/02/1996	BP 5360DLA	DOUALA I	ALONDO AYANGMA MAURICE	800
148	SYNDICAT NATIONAL DES TRAVAILLEURS DES ENTREPRISES DES TRAVAUX PUBLICS; DU BÂTIMENT, CARRIÈRES ET ACTIVITÉS ANNEXES DU CAMEROUN	SNTETBCAC	SN/196	22/02/2011	BP 13306	VAOUNDE IV	NKOA PASCAL	Non déclaré
149	SYNDICAT DES TRAVAILLEURS D'EXPLOITATION ET DE TRANSFORMATIONS DU BOIS DU WOURI	STETRABOW	SID/96	28/09/2010	Non déclaré	DOUALA V	MBONGUELE JANO	593
150	GROUPEMENT DES COMMERÇANTS ET ACTIVITÉS CONNEXES DU WOURI	GCACW	USLC/SD/39	08/10/2001	Non déclaré	DOUALA V	NFOMENG ROGER	500
151	SYNDICAT LIBRE DES TRAVAILLEURS DE LA CHIMIE ET ACTIVITÉS CONNEXES DU WOURI	SLTCACW	USLC/SD/23	10/06/1998	BP 9175	DOUALA V	PGLAN POYLYCARPE	462
152	SYNDICAT LIBRE DES BOIS ET SCIERIES DU MFOUNDI	SYLBOSM	SD/220	15/03/2015	BP 1306	YAOUNDÉ V	KEDE HENRI ROMUVALD	438
153	SYNDICAT LIBRE DES TRAVAILLEURS DE L'INDUSTRIE DE RAFFINAGE DE L'HUILE DE PALME ET ACTIVITÉ CONNEXES DU WOURI	SLTIRHPW	SID/50	26/07/2008	Non déclaré	DOUALA V	MOUKOUM ABESSONG MARCEL	420
154	SYNDICAT NATIONAL DES TRAVAILLEURS SECTEUR EAU ET ACTIVITÉS CONNEXES	SYNATSEACC	USLC/SN/2	22/10/1996	BP 157	DOUALA I	BAYIHA PAUL FELIX	400

N°	DÉSIGNATION	SIGLE	N° ENREG.	DATE ENREG	BP	VILLE	RESPONSABLE	EFFECTIF TOTAL
155	FÉDÉRATION DES SYNDICATS LIBRES DES TRAVAILLEURS DES ÉTABLISSEMENTS FINANCIERS DU CAMEROUN	FESYLTET-CAM	USLC/FED/3	12/05/2006	BP 13994	YAOUNDE V	NDJIESHE ROSE	369
156	SYNDICAT DÉPARTEMENTAL LIBRE DES TRAVAILLEURS DU BOIS ET SCIERIE DU WOURI	SYLIBOSW	USLC/SD/33	20/04/2000	Non déclaré	DOUALA I	MEKANDA DONALD BERNARD	300
157	SYNDICAT DÉPARTEMENTAL DES TRAVAILLEURS DE L'AGRICULTURE	SYNDTACB	SID/70	08/02/2008	BP 302 GAROUA	GAROUA I	ABDOULAYE BALARABE	256
158	SYNDICAT DÉPARTEMENTAL DES TRAVAILLEURS DE PRODUCTEURS D'HUILE DE PALME DE L'OCÉAN	SYNTRAPROHPALM.K	SD/76	28/10/2008	BP 179 KRIBI	KRIBI	NZAMOUHE EDIDIE DANIEL	237
159	SYNDICAT DÉPARTEMENTAL DES EMPLOYÉS DE L'AGRICULTURE DE L'OCEAN	SDEAO	SID/30	15/07/2003	BP 174 KRIBI	NIETE	DONGMO TONTSA MICHEL	235
160	SYNDICAT DES AGENTS DE SERVICE PUBLIC AU CAMEROUN	SYCNASEPCAM	SN/1/72	12/10/2008	BP 1306	YAOUNDÉ V	MEITHAMACK GABRIEL BLAISE	223
161	SYNDICAT NATIONAL DES TRAVAILLEURS D'HYDROCARBURES ET ACTIVITÉS PÉTROLIERS TECHNIQUES	TRAHAPTECH	USLC/SN/3	10/11/1987	Non déclaré	DOUALA V	JEAN ÉTIENNE AYISSI	218
162	SYNDICAT DÉPARTEMENTAL DES TRAVAILLEURS DE ^INDUSTRIES ÉLECTRONIQUES DU WOURI	SDTIEW	USLC/SD/9	22/10/1996	BP 7201	DOUALA V	OMAM MBOCK	204
163	SYNDICAT DES TRAVAILLEURS DES ÉTABLISSEMENTS FINANCIERS DU MFOUNDI	SYNTEFM	USLC/SD/19	12/11/1997	BP 13994	YAOUNDEV	NDJIESHE RODE	191
164	SYNDICAT LIBRE DES TRAVAILLEURS DE L'INDUSTRIE TEXTILE DE LA BENOUE	SYLTRATEX	USLC/SD/27	16/11/1999	BP 135	GAROUA I	DJIBRILLAFITAME	166
165	SYNDICAT DEPARTEMENTAL USLC DES ENSEIGNANTS PRIVES DU HAUT NKAM	SD/USLC/EPCHN	USLC/SD/29	03/03/1996	BP 13 BAFANG	BAFANG	LAKAK BERNARD	200
166	SYNDICAT DÉPARTEMENTAL DE LA FORCE OUVRIÈRE DOCKER DU WOURI	SYDFODW	USLC/SD/43	19/06/2002	BP 73 - DLA	DOUALA V	ONANA NOAH RENE	130
167	SYNDICAT DÉPARTEMENTAL DES TRAVAILLEURS DE L'AGRO ALIMENTAIRE	S. AGRO.ALIM.B	SID/73	04/08/2008	BP 302 GAROUA	GAROUA I	HAMADOUV	107
168	SYNDICAT DÉPARTEMENTAL DES TRAVAILLEURS DE RAFFINAGE DU FAKO	SYNDTRARAF	SID/83	15/10/2009	BP 625 LIMBE	LIMBE	LOMBE EMMANUEL JANVIER PATRICE	106
169	SYNDICAT DÉPARTEMENTAL DES TRAVAILLEURS DE L'ENSEIGNEMENT PRIVE DU NYONG ET SO'O	SYDLEPNS	SID/80	04/07/2009	BP46 M BAL MAYO	MBALMAYO	OMBOUTE BESSALA ARSÈNE THIERRY	100
170	SYNDICAT NATIONAL DES MARINS DU CAMEROUN	SNMC	U5LC/SN/1	05/03/1996	BP 9156 DLA	DOUALA V	TCHAMANI PIERRE	62
171	SYNDICAT DEPARTEMENTAL USLC DES TRAVAILLEURS DES COMMUNES DU HAUT NKAM	SD/USLC/TC HN	USLC/SD/30	03/03/1996	BP 13 BAFANG	BAFANG	TCHEUGOUE BLAISE	50

N°	DÉSIGNATION	SIGLE	N° ENREG.	DATE ENREG	BP	VILLE	RESPONSABLE	EFFECTIF TOTAL
172	UNION DES SYNDICATS LIBRES DES TRAVAILLEURS DU RAIL DE LAVINA	SYLTRAV	USLC/SD/14	25/02/1997	BP 61 (NGAOUNDERE-SIBONGARI)	NGAOUNDERE II	ATEBA AVELE ALPHONSE	47
173	SYNDICAT DE L'AGRICULTURE ET ACTIVITÉS CONNEXES DU MAYO KANI	SAACMK	SID/27	20/03/2003	Non déclaré	KAELE	DAYAN WILBAKREO	40
174	SYNDICAT NATIONAL DES CROUPIERS MANNEQUINS ET HÔTESSES DU CAMEROUN	SYNCHOMACAM	SN/1/88	24/02/2010	BP 1885	DOUALA V	PAHMI ZACHE	20
175	SYNDICAT DES TRAVAILLEURS DU RAIL DU CAMEROUN	SYNTRAC	USL/SD/7	23/07/1996	Non déclaré	BELABO	OYONG AYONG VICTOR	15
176	SYNDICAT DES TRANSITAIRES, TRANSPORTEURS MANUTENTIONNAIRES ET MANOEUVRES DOCKERS DES PORTS DU CAMEROUN	.SYT2MDPC	SN/187	03/04/2013	Non déclaré	DOUALA I	FOUELEFACK JOSEPH	13
177	SYNDICAT DÉPARTEMENTAL DES TRAVAILLEURS D'ACCONAGE ET ACTIVITÉS CONNEXES DU WOURI	Non déclaré	SD/265	02/07/2013	BP 361 DLA	DOUALA I	BAYIHA JEAN COLBERT	10
178	UNION DÉPARTEMENTALE DES SYNDICATS LIBRES DE LA MVILA	UDLSC/MV1LA	CS/USLC/2	13/04/1995	BP 748YDE	YAOUNDÉ	MEDJO MENDONGO JACQUES	Non déclaré
179	SYNDICAT NATIONAL DES FOOTBALLEURS DU CAMEROUN	SYNAFOC	SN/1/107	25/10/2011	BP 2648	DOUALA III	NJITAP S0REL GEREMIE	2506
180	SYNDICAT NATIONAL DES TAXIMEN EN ACTIVITÉ AU CAMEROUN	SYNATACAM	SN/I/10Q	18/02/2011	Non déclaré	YAOUNDÉ VII	CHIMI LOTCHANG JUDIN	2500
181	SYNDICAT NATIONAL DES CHAUFFEURS DES TAXIS, BUS, AUTOBUS ET ASSIMILES DU CAMEROUN	SN CHAUTAC	SN/1/3	28/06/1994	BP 206 DLA	KUMBAI	AKONGWI CHRISTOPHER	1809
182	SYNDICAT DES TRAVAILLEURS DES ENTREPRISES MARITIMES ET CONNEXES DU CAMEROUN	STEMCC	SN/1/49	17/08/2006	BP 73DLA	DOUALA I	MOUANSIE OUMAROU	1000
183	FÉDÉRATION NATIONALE DES CHAUFFEURS PROFESSIONNELS DU CAMEROUN	FNSCPC	CSTC/FED/12	21/07/2003	BP 3279	NGAOUNDERE II	AHMAOOU TANKO BAKARI	976
184	SYNDICAT NATIONAL DES MOTOS TAXI DU CAMEROUN	SNMTAC	SN/1/78	02/03/2009	BP 105	NGAOUNDERE I	ABBA HAMA ADAMA	531
185	SYNDICAT AUTONOME DES TAXIMEN DU WOURI	SYNATAW	SID/11	15/01/1997	Non déclaré	DOUALAV	NJOMGANG	368
186	MANYU PROFESSIONNAL DRIVERS UNION	MAPDRU	SID/1/28	15/07/2003	P.O.B 262 MAMFE	MAMFE	AGBOR CLIFFORD NTUI	256
187	FAKO INDEPENDENT SYNDICATE OF TRANSPORT WORKERS	FAISTRAW	SID/10	13/11/1997	P.O.B 122 BUEA	BUEA	MWAMBO NDUMBE ALPHONSE	254
188	SYNDICAT NATIONAL DES TRAVAILLEURS DES TRANSPORTEURS DU CAMEROUN	SYNTRACAM	SN/1/99	18/04/2011	Non déclaré	LIMBE	MEEMDE DAVID NDIVE	234
189	UNION OF MANYU URBAN AND INTERURBAN TRANSPORTS SYNDICATS	UMAUIUTRASYN	SID/55	13/12/2006	P.O.B 262 MAMFE	MAMFE	BESONG DANIEL NKWAI	200

N°	DÉSIGNATION	SIGLE	N° ENREG.	DATE ENREG	BP	VILLE	RESPONSABLE	EFFECTIF TOTAL
190	SYNDICAT NATIONAL DES PROFESSIONNELS DU TRANSPORT PAR CARS ET BUS DU CAMEROUN	SNPTCBC	SN/1/19	05/06/2002	BP 9180	DOUALA IV	NCHE EMMANUEL	57
191	SYNDICAT NATIONAL DES TRANSPORTEURS PAR TAXIS, CARS ET CAMIONS DU CAMEROUN	SYNTRATACAM	NS/1/90	24/06/2006	BP 15851	DOUALA	JIOGUE KANA PAUL ÉRIC	52
192	SYNDICAT NATIONAL DES AUTOS ÉCOLES DU CAMEROUN	SYNAEE	SN/1/103	17/11/2011	Non déclaré	DOUALA II	NGATCHA MARTIN	30
193	SYNDICAT DÉPARTEMENTAL DES TRAVAILLEURS DE L'EAU DE L'ÉLECTRICITÉ DU NYONG ET SO'O – MBALMAYO	SYNDTREENCO	SD/269	04/02/2013	Non déclaré	MBALMAYO	FAMPOU JEAN CRESPIN	26
194	SYNDICAT RÉGIONAL DES TAXIMEN DE L'ADAMAOUA	SYNTAMOTAD	SI D/ 1040	18/04/2011	BP 760	NGAOUNDEREII	ABDOUL HAKIMYARO	20
195	SYNDICAT DES ARTISTES MUSICIENS DU CAMEROUN	SAMCA	SN/1/59	20/07/2003	BP 2145 DU	DOUALA I	ISIDORE TAMWO	15
196	SYNDICAT NATIONAL DES CONDUCTEURS PROFESSIONNELS URBAINS DU CAMEROUN	SYNAPUCAM	SN/I/92/SG/ MTSS	24/02/2011	BP 16226	YAOUNDÉ VI	MATIP JOSEPH	15
197	SYNDICAT NATIONAL DES CHAUFFEURS PROFESSIONNELS DES TRANSPORTS DU CAMEROUN	SYNCPROTCAM	SN/1/81	13/04/2009	144 NGAOUNDERÉ	NGAOUNDERE	SALMBRAHIMA	514
198	SYNDICAT DES EMPLOIS ET MÉTIERS DE LA SÉCURITÉ SOCIALE DU CAMEROUN	SEMSCA	SN/1/51	30/04/2008	Non déclaré	YAGOUA	OTSENG	2
199	FÉDÉRATION NATIONALE DES SYNDICATS DES TRAVAILLEURS DE LA FILIÈRE BANANE DU CAMEROUN	FENASYTRAFBACAM	FED/10	. 05/08/2008	BP 52 NJOMBE	NJOMBE-PENJA	NGOME ÉBOULE OSCAR	Non déclaré
200	MEME DIVISIONAL ROAD TRANSPORT WORKERS UNION	MEDROTRAWU	StD/5	23/05/1996	POB 187 KUMBA	KUMBA I	ENOW CHARLES ESSEME	Non déclaré
201	SYNDICAT NATIONAL DES CAMIONNEURS DU CAMEROUN (BANYO)	SYNACAC/BANYO	5 H/ 1/14	13/04/1998	BP 14	BANYO	ABDOULMOUMINI IDRISSOU	Non déclaré
202	SYNDICAT NATIONAL DES CONDUCTEURS DE MOTOS TAXIS ORGANISES DU CAMEROUN	SYNCMOCAM	SN/183	20/12/2012	BP 205	DOUALA V	TSAMO MARIE	Non déclaré
203	SYNDICAT LIBRE DÉPARTEMENTAL D'AGRICULTURE ET ACTIVITÉS CONNEXES DE LA HAUTE SANAGA	SLDAAC.HS	USLC/5D/46	27/01/2003	Non déclaré	NANGA-EBOKO	Non déclaré	Non déclaré
204	SYNDICAT NATIONAL AUTONOME DES TRAVAILLEURS DU COMMERCE	SYNATRAC	SN/120	09/08/2015	BP 2062	YAOUNDÉ IV	MIKOU JOSEPH	3700
205	LE SYNDICAT NATIONAL DES TAXIMEN	SYNATA	SN/1/36	01/09/2004	Non déclaré	LIMBE	MBAH MICHAEL	812
206	ORGANISATION DES TRANSPORTEURS TERRESTRES DU CAMEROUN (BUREAU RÉGIONAL ET DÉPARTEMENTAL ADAMAOUA ET VINA	OTTC (ADAMAOUA ET VINA)	SN/208	12/12/2014	BP 144	NGAOUNDERE II	MOUHAMAN NOUROU RAZIL	609

N°	DESIGNATION	SIGLE	N° ENREG.	DATE ENREG	BP	VILLE	RESPONSABLE	EFFECTIF TOTAL
207	SYNDICAT NATIONAL DES PROFESSIONNELS DU TRANSPORT ROUTIER DES AUXILIAIRES DE TRANSPORT ET TRANSITAIRE DU CAMEROUN	SYNPROTAC	SN/129	30/03/2004	BP 372 MAROUA	MAROUA	MOHAMADOU BASSIROU	509
208	SYNDICAT DEPARTEMENTAL DES TRAVAILLEURS D'ACCONAGE ET QUAI DU WOURI	SDYAQW	USLC/SD/I	21/02/1996	Non déclaré	DOUALAV	YETBA SIMON PIERRE	70
209	SYNDICAT DES TRANSPORTEURS D'AGRÉGATS PAR CAMIONS BENNES ET CAMIONNETTES DU LITTORAL	STACBCL	S1D/S9	20/03/2007	BP 9449 DLA	DOUALA IV	GWEJOHN	55
210	SYNDICAT NATIONAL DES COMMERÇANTS DE BOIS, SCIAGE ARTISANAL DU CAMEROUN	SYN ABOIS	SN/219	14/01/2014	BP 799	NGAOUNDERE I	ABBA ALIM	50
211	SYNDCAT REGIONAL DES TRANSPORTEURS ROUTIERS PAR CARS, BUS, MINI-BUS URBAIN ET INTERURBAIN DU LITTORAL	SRTRCBUIL	SID/56	20/12/2006	BP 15519 DLA	DOUALA IV	FOMOSSA JOSEPH	30
212	FAKO INDEPENDENT HIGHWAY TRANSPORTERS SYNDICATE	FIHTSYN	SID/16	20/04/2001	P.O.B 188	LIMBE	ASHUMICHAEL	Non déclaré
213	SYNDICAT DÉPARTEMENTAL DES EMPLOYÉS SOLIDAIRES DE TRANSFORMATION DU NOUN	SYNDESIT-NOUN	SID/69	02/04/2008	BP 299 FOUMBOT	FOUMBOT	NJIKA ALI	Non déclaré
214	SYNDICAT DÉPARTEMENTAL DES EMPLOYÉS DE TRAVAUX PUBLICS ET BÂTIMENTS DU NOUN	SYNDETPEN	SID/8	26/02/1996	BP 62	FOUMBAN	NJIFON PHILIPPE	Non déclaré
215	FÉDÉRATION NATIONALE DE SYNDICATS DES TRAVAILLEURS DES COLLECTIVITÉS DÉCENTRALISÉS DU CAMEROUN	FENTE DCA M	USLC/FED/2	20/03/2003	BP 5971	FOUMBAN	NJIFON PHILIPPE	Non déclaré
216	UNION DÉPARTEMENTALE DES SYNDICATS SOLIDAIRES DU NOUN	UDSS NOUN	UN-2-2009	06/03/2009	BP 228 FOUMBAN	FOUMBAN	NJIFON PHILIPPE	Non déclaré
217	SYNDICAT DÉPARTEMENTAL LIBRE DES TRAVAILLEURS DES COMMUNES DU NOUN	SDLC/NOUN	USLC/SD/25	21/12/1998	BP 62 FOUMBAN	FOUMBAN	NCHOUTNJOU AMADOU	Non déclaré
218	UNION DÉPARTEMENTALE DES SYNDICATS DU WOURI	UDSW-CSTC	UNTC/UD/2	1976/01/11	1395 DLA	DOUALA I	MOUSSINOLLA ANDRE	28
219	CONFÉDÉRATION DES TRAVAILLEURS UNIS DU CAMEROUN	CTUC	CTUC/CË/8	12/07/2010	BP 12232	YAOUNDÉ V	ESSINDI MINKOULOU PIERRE	13000
220	CONFÉDÉRATION GÉNÉRALE DES SYNDICATS DES TRANSPORTEURS DU CAMEROUN	CGSTC	CGSTC/Œ/1	20/02/2008	BP 20206 DLA	DOUALA II	YAMFAM ZAKARI	26
221	CONFÉDÉRATION CAMEROUNAISE DU TRAVAIL	CCT	CCT/CE/7	28/09/2016	BP 221	YAOUNDÉ IV	MEBIAME TANGONO EPSE EKOAN	Non déclaré
222	CONFÉDÉRATION SYNDICALE DES TRAVAILLEURS DU CAMEROUN	CSTC	CSTC/CE/1	22/02/1993	BP 3279	YAOUNDÉ II	ZAMBO AMOUGOU JEAN MARIE	Non déclaré

N°	DÉSIGNATION	SIGLE	N° ENREG.	DATE ENREG	BP	VILLE	RESPONSABLE	EFFECTIF TOTAL
223	CONFÉDÉRATION SYNDICALE ENTENTE NATIONALE DES TRAVAILLEURS DU CAMEROUN	ENTENTE	ENT/CE/9	21/02/2011	BP 99S	YAOUNDEV	ESSIGA ANANGA BENOIT	Non déclaré
224	UNION DES SYNDICATS LIBRES DU CAMEROUN	USLC	USLC/SD/29	15/11/1999	BP 1306	YAOUNDÉ	SEME PIERRE	226
225	CONFÉDÉRATION GÉNÉRALE DU TRAVAIL-LIBERTE	CGT-LIBERTE	CGT-LIBERTECE/4	13/04/2004		DOUALA		
226	UNION GÉNÉRALE DES TRAVAILLEURS DU CAMEROUN	UGTC	U DSI/2	20/07/2004	BP. 6383	YAOUNDÉ	BISSALA ISAAC	
227	CONFÉDÉRATION DES SYNDICATS INDÉPENDANTS DU CAMEROUN	CSIC	CSIC/CE/2	2001/28/03		YAOUNDÉ	NDZANA OLÛNGO	
228	CONFÉDÉRATION DES SYNDICATS AUTONOMES DU CAMEROUN	CSAC	CSAC/CE/1	01/03/2006	BP. 2794	YAOUNDÉ	NDI JEAN MARIE	
229	UNION DÉPARTEMENTALE DES SYNDICATS INDÉPENDANTS DU WOURI	UDSIW	UDS/1/1	1996/02/23	12137 DLA	DOUALA I	NGUPNANG GILBERT	15 ·
230	UNION DES SYNDICATS DES TRAVAILLEURS DES INDUSTRIES DE TRANSFORMATION DU CAMEROUN	USTIC	US/1/02	2009/10/15	3346 DLA	DOUALA I	NGANGOMUKALA LOUISE	9
231	SYNDICAT D'ACTION POUR LE PROGRÈS ET LA JUSTICE SOCIALE DES TRAVAILLEURS	SAPJVSTSAACHS	SID/79	2009/07/04	BP05	MBANDJOCK	ZEH NDONGO EMMANUEL	822
232	SYNDICAT DÉPARTEMENTAL DES TRAVAILLEURS DES COMMUNES DU WOURI	SDTCW	OSTC/SD/26	1986/01/31	BP 32327	DOUALA I	EBONGO ERNEST	800
233	SYNDICAT DÉPARTEMENTAL DES TRAVAILLEURS DE LA MANUTENTION PORTUAIRE ET ASSIMILES DU WOURI	SDIMPAW	S1D/1	1993/01/10	BP 12137 DLA	DOUALA I	MOUNGOUE OUMAROU	600
234	SYNDICAT DÉPARTEMENTAL DES TRAVAILLEURS DE LA ZONE PORTUAIRE	SDZT	S1D/90	2010/06/29	BP 11922	DOUALA I	TON DAM JEAN PIERRE	262
235	SYNDICAT DÉPARTEMENTAL DES EMPLOYÉS DE L'ÉLEVAGE		UNTC/S1/86	1973/06/01	BP 799	NGAOUNDERE I	AHMADOU MAMADI	193
236	SYNDICAT DÉPARTEMENTAL DES TRAVAILLEURS DE TRANSIT, DE MANUTENTION PORTUAIRE ET ACONIERS DU WOURI	SDTTMPAW	S1D/22	2011/02/21	BP 1S223 DLA	DOUALA III	AMOS ISSONDJE	14

Source : O.N.T., Liste générale des syndicats professionnels (régis par le Code de travail) au Cameroun (mise à jour en 2019)

Annexe 8 : Liste des syndicats agréés de fonctionnaires

N° D'ORDRE	DÉNOMINATION	SIÈGE	ACTE D'AGRÉMENT	RESPONSABLE
(2457)	*Syndical National des Fonctionnaires des Services Civils et Financiers (SYNAFCIF)*	*Yaoundé*	*Décision N° 10/D/MINAT/DAP/SDLP /DAC du 11/05/1994*	*KAGO LEZE Jacques BP 6197 Yaoundé*
(2483)	*Syndical National des personnels techniques (SYNATEC)*	*Yaoundé*	*Décision N° 168/D/MINAT/DAP/SALP /SAC du 25/07/1994*	*MOTASSI MOUKOURI BP 2542 Yaoundé*
(1766)	*Syndical National des Enseignants du Cameroun (SYNEC)*	*Yaoundé*	*Décision N° 292/D/MINAT/DAP/SALP /SAC du 11/11/1994*	*EWODO Louis BP 418 Yaoundé*
(2580)	*Syndical des Personnels Médico-Sanitaires (SYNPEMS)*	*Yaoundé*	*Décision N° 223/D/MINAT/DAP/SALP /SAC du 1er/09/1995*	*BALLA BALLA Hyacinthe BP 820 Yaoundé*
(3070)	*Syndicat National Unitaire des Instituteurs et des Professeurs d'Écoles Normales (CSHUIPEN)*	*Yaoundé*	*Décision N° 74/D/MINAT/DAP /SAC du 26/07 2000*	*ITONG A GOUFAN Emmanuel BP 12628 Yaoundé*
(3018)	*Syndical des Professionnels des Télécommunications du Cameroun (SYPROTEL)*	*Yaoundé*	*Décision N° 212 /D/MINAT/DAP/ SALP/SAC du 29/08/2001*	*TCHONKO Michel Francis BP 6650 Yaoundé*
(3040)	*Syndical National de Travailleurs des médias du Cameroun (SYNATMEC)*	*Yaoundé*	*Décision N° 251/D/MINAT/DAP/SALP du 08/10/2001*	*NGOA BIZOUHGA Luc CRTV Yaoundé*
(3219)	*Syndical National des Professionnels de l'Enseignement Technique et de la Formation Professionnelle (SNAPETFP)*	*Yaoundé*	*Décision N° 92/D/MINAT/DAP /SAC du 6/05/2004*	*DJOUNDA Augustine BP 14034 Yaoundé*

Source : MINAT, Direction des Affaires politiques, Sous-Direction des Libertés publiques juin 2019

Annexe 9 : Sentence arbitrale rendue par la C.C.A. du C.N.O.S.C. du 10 mai 2013, affaire SY.NA.FO.C. c/ FE.CA.FOOT

Comité national olympique et sportif du Cameroun

SENTENCE ARBITRALE RENDUE PAR LA CHAMBRE DE CONCILIATION ET D'ARBITRAGE DU CNOSC EN DATE DU 10 MAI 2013

Composition de la Chambre :

M. MEVONGO MEYE Pierre : Président

M. TCHATCHOUNG Charles : Rapporteur

M. DIKOUME François : Membre

Affaire : Syndicat National des Footballeurs Camerounais c/ FECAFOOT

Décision : (voir dispositif)

Dans l'affaire opposant :

Syndicat National des Footballeurs Camerounais (SYNAFOC), demanderesse dans la procédure

D'une part

La Fédération Camerounaise de Football (FECAFOOT), défenderesse,

D'autre part ;

I-Faits et procédure

Par requête datée du 15 avril 2013, l'Association des Footballeurs Camerounais (AFC), devenue Syndicat National des Footballeurs Camerounais (SYNAFOC), ayant pour conseil, Maître NGOS et Associés, Avocats à Yaoundé, a saisi la Chambre de Conciliation et d'Arbitrage (CCA), du Comité National Olympique et Sportif du Cameroun (CNOSC), d'une procédure d'arbitrage contre la Fédération Camerounaise de Football (FECAFOOT), aux fins d'annulation de la première résolution de l'Assemblée Générale de la FECAFOOT tenue le 16 mai 2012, dans l'affaire opposant Monsieur David MAYEBI, aux Sieurs BASSOUA Isaac et MAKONGO Timothée ;

La demanderesse a joint à sa requête un mémoire et une note de plaidoirie dans lesquelles, elle présente ses prétentions.

L'affaire a été enrôlée à l'audience du 02 mai 2013 ; advenue cette date, la demanderesse a plaidé et soutenu ses prétentions et l'affaire a été mise en délibéré au

07 mai 2013, puis prorogée au 10 mai 2013, date à laquelle la présente sentence est rendue.

LA CHAMBRE

Attendu que par requête datée du 15 avril 2013, l'Association des Footballeurs Camerounais (AFC) devenue Syndicat National des Footballeurs Camerounais (SYNAFOC), ayant pour conseil, Maître NGOS et Associés, Avocats à Yaoundé, a saisi la Chambre de Conciliation et d'Arbitrage (CCA), du Comité National Olympique et Sportif du Cameroun (CNOSC), d'une procédure d'une procédure d'arbitrage contre la Fédération Camerounaise de Football (FECAFOOT), aux fins d'annulation de la première résolution de l'Assemblée Générale de la FECAFOOT tenue le 16 mai 2012, dans l'affaire opposant Monsieur David MAYEBI, aux Sieurs BASSOUA Isaac et MAKONGO Timothée ;

Attendu que la demanderesse soutient dans sa requête qu'en date du 03 mars 2011, Messieurs NYA TANKWE Bernard et deux autres personnes ont, par l'organe de leur conseil, Maître Faustin NWANAG, Avocat au Barreau du Cameroun, saisi le Tribunal de Grande Instance du Wouri pour les faits de coaction et complicité d'abus de confiance et escroquerie organisée imputables à MAYEBI David ; qu'alors que cette plainte suivait son cours devant les juridictions de droit commun, les mêmes plaignants ont saisi le Comité Exécutif de la FECAFOOT en date du 16 mai 2011 ; que le Président de la FECAFOOT a tenté en vain d'obtenir les preuves des faits imputés à MAYEBI et l'a fait convoquer devant les instances juridiques de la FECAFOOT pour répondre des griefs formulés contre lui ; que cette procédure a été instruite par la commission chargée des questions juridiques de la FECAFOOT, dont le résultat a été transmis au président du Comité Exécutif de la FECAFOOT, assorti d'un rapport ; que le Comité Exécutif saisi a rendu la décision suivante :

« *(...) exclut l'Association des Footballeurs du Cameroun de la FECAFOOT avec effet immédiat (...)* » ; que cette décision a été entérinée par l'Assemblée Générale de la FECAFOOT en ces termes : « *en application de l'article 16 des statuts de la FECAFOOT, l'Association des Footballeurs Camerounais (AFC) est exclue de la FECAFOOT pour violation grave et répétée de ses obligations prévues à l'article 15 alinéa 1 des statuts de la FECAFOOT* » ;

Attendu que la demanderesse soumet cette décision à l'appréciation de la Chambre de Conciliation et d'Arbitrage du CNOSC ; que les deux parties, régulièrement saisies, seule la demanderesse comparaît ; qu'elle demande que la décision à intervenir soit assortie d'une astreinte comminatoire de 10 000 000 francs par jour de retard à compter de son prononcé ;

EN LA FORME

Attendu que la recevabilité de ce recours doit être appréciée ou pas au moment de la saisine de la Chambre, mais à l'époque de la commission des faits allégués ; puisque n'ayant aucun rapport avec la transformation de l'Association en Syndicat ;

Attendu qu'aux termes de l'article 3 de la résolution querellée « *la présente résolution est rendue pour servir et valoir ce que de droit et sera notifiée à l'intéressé* » ; que jusqu'à ce jour, elle ne l'a jamais été ;

Attendu antérieurement dans l'affaire Association des Footballeurs Camerounais contre FECAFOOT que, le dispositif prononcé par la Chambre de Conciliation et d'Arbitrage était ainsi libellé : « *(...) déclare la procédure irrecevable en l'état (...)* » ; que l'argument sur l'autorité de chose jugée acquise est spécieux dès lors qu'il est démontré que, quelles que soient son appellation ou sa forme juridique actuelle, le représentant des footballeurs a qualité aux termes de la loi sur l'organisation de la promotion des activités physiques et sportives pour saisir la Chambre ;

Attendu que, pour faire échec à cet argument d'irrecevabilité, la demanderesse soutient que la transformation de l'Association des Footballeurs Camerounais en Syndicat obéit à la mise en conformité de la forme du regroupement des joueurs avec la convention signée le 1er juillet 2011 à Yaoundé entre le ministre des Sports et de l'Éducation Physique, la

FECAFOOT, les Associations de corps de Métier et la Caisse Nationale de Prévoyance Sociale ; qu'en effet, cette convention érige le footballeur au rang de travailleur au sens de l'article 23 du Code du travail ;

Attendu qu'après cette transformation de l'Association des Footballeurs Camerounais en Syndicat National des Footballeurs Camerounais, la FECAFOOT a été informée par l'organe de son président ; qu'aucune contestation relative à ladite transformation n'a été élevée ;

Attendu que cet argument est fondé ; que le silence observé par le Président de la FECAFOOT lié à la transmission des documents relatifs à ladite transformation vaut acceptation ; que pour cela, le Syndicat National des Footballeurs Camerounais autrefois Association des Footballeurs Camerounais a qualité pour agir dans le présent recours ;

AU FOND

Attendu que le Conseil de l'Association des Footballeurs Camerounais devenue Syndicat National des Footballeurs Camerounais soutient des points de droit portant sur la fin de non-recevoir, la violation des droits de la défense ;

Sur la fin de non-recevoir

Attendu qu'elle tient au défaut de qualité des personnes qui ont saisi la FECAFOOT, celles-ci ayant perdu leurs qualités, pour défaut de paiement de leurs cotisations ; que cet argument est fondé.

Sur la violation des droits de la défense

Attendu que l'Association des Footballeurs Camerounais devenue Syndicat National des Footballeurs Camerounais n'a pas été mise dans les conditions lui permettant d'assurer sa défense au niveau de l'Assemblée Générale, la parole n'ayant pas été donnée à ses conseils ; que cet argument est fondé ;

Sur la transformation de l'Association des Footballeurs Camerounais en Syndicat National des Footballeurs Camerounais

Attendu que la demanderesse expose qu'à travers la

directive N° 001/FCF/PDT/SG/03/2013 du 05 mars 2013 portant exécution des dispositions relatives aux élections au sein des ligues départementales, le Secrétaire Général de la FECAFOOT, a disposé : « *aux termes de l'article 4 du statut spécial des ligues régionales, départementales et d'arrondissement, l'association des arbitres désigne, chacune, un représentant à l'assemblée départementale ; mais, du fait de l'exclusion de l'AFC par l'Assemblée Générale de la FECAFOOT et considérant qu'aucune autre association de footballeurs n'a été agréée par la FECAFOOT, aucune association des joueurs ne participera aux prochaines élections organisées à la FECAFOOT et dans ses ligues décentralisées (...)* ».

Attendu qu'au commencement, la FIFA, instance faitière du football mondial et la FIFPRO, instance faitière mondiale des syndicats et associations des footballeurs en date du 02 novembre 2006 à Barcelone ont signé une convention dans laquelle, elles se reconnaissent mutuellement, s'engagent à faire respecter cette reconnaissance aux niveaux continental et national ; que cette convention a été reprise et signée à Khartoum le 23 février 2011 entre la Division Afrique de la FIFPRO et la CAF ; que par correspondance du 20 mars 2013 ; la FIFPRO demande à la FIFA de faire respecter cette convention au Cameroun en instituant la FECAFOOT de revenir sur la décision querellée :

Attendu qu'une ampliation de cette transformation avait été transmise au Président de la FECAFOOT ; qu'aucune réaction de contestation relative à la qualité de Syndicat n'avait été mise en évidence ; que la transformation de l'Association des Footballeurs Camerounais en Syndicat est le fruit d'une mutation interne au sein du mouvement sportif en ce qui concerne le Football ; que les footballeurs ont acquis le statut de travailleur ; que l'Association des Footballeurs Camerounais a rejoint cette position nouvelle et s'est transformée en Syndicat des Footballeurs Camerounais ; que par ailleurs la convention MINSEP/FECAFOOT/CNPS a renforcé la situation du footballeur professionnel ;

Attendu, sur ce point de droit, qu'il y a lieu de relever que le syndicat est régi au Cameroun par le Code du travail et les textes subséquents, alors que la fédération sportive est régie par la loi 2011/018 du 15 juillet 2011 relative à l'organisation et à la promotion des Activités Physiques et Sportives au Cameroun ; qu'autant le Code du travail ne prévoit pas la présence d'un syndicat au sein d'une fédération sportive comme membre, qu'autant la loi qui régit les fédérations sportives ne prévoit pas de syndicat au sein des fédérations ; qu'ainsi les fédérations ne sont constituées que de regroupements d'athlètes, d'associations de sportifs et de corps de métiers ;

Attendu que la requête tenant compte de cette réglementation nouvelle est fondée ; qu'au sens de la convention sus-indiquée, les différentes catégories de membres de la fédération sont désormais considérées comme des travailleurs vus sous l'angle du Code du travail ; que dans ce sens, seuls les syndicats peuvent valablement représenter leurs intérêts ; qu'il y a lieu de reconnaître leur qualité de membre de droit de la FECAFOOT ;

Attendu que la FIFPRO est au sein de la FIFA ce que devrait être le SYNAFOC au sein de la FECAFOOT ; que l'argument visant l'intégration du Syndicat National des Footballeurs Camerounais au sein de la FECAFOOT est fondé ;

Attendu, au regard de ce qui précède, qu'il y a lieu de prononcer la nullité de la première résolution de l'Assemblée Générale en sa session du 16 mai 2013 ; que sur l'astreinte comminatoire sollicitée par le conseil de la demanderesse pour briser la résistance des dirigeants de la FECAFOOT, il y a lieu de dire que la clause compromissoire exécution de bonne foi des décisions de la Chambre ;

Attendu que les frais de procédure sont acquis ;

PAR CES MOTIFS

La Chambre,

Statuant contradictoirement à l'égard de la demanderesse et par défaite à l'égard de la défenderesse ;

dit la requête de la demanderesse recevable ;

dit qu'elle est fondée ;

en conséquent, annule la première résolution de l'Assemblée générale de la FECAFOOT du 16 mai 2012 ;

dit la présente sentence exécutoire sans délai ;

dit les frais avancés acquis ;

Avise les parties de ce qu'elles disposent d'un délai de vingt jours à compter de la notification de la présente sentence pour se pourvoir devant le Tribunal Arbitral du Sport à Lausanne.

Le Président	Le Rapporteur
MEVONGO MEYE Pierre	TCHATCHOUANG Charles

Annexe 10 : T.A.S. 2013/A/3180, Fédération Camerounaise de Football (FECAFOOT) c/ Syndicat national des footballeurs camerounais (SY.NA.FO.C.)

Tribunal Arbitral du Sport

Court of Arbitration for Sport

TAS 2013/A/3180 FECAFOOT c/ Syndicat National des Footballeurs Camerounais

Ordonnance de clôture

Rendue par

Le Président suppléant de la Chambre arbitrale d'appel du Tribunal arbitral du sport

Dans l'arbitrage entre

Fédération Camerounaise de Football (FE.CA.FOOT), Cameroun

-Appelante-

et

Syndicat National des Footballeurs Camerounais (SY.NA.FO.C.), Cameroun

Représenté par Me Daniel B. Ngos, avocat à Yaoundé, Cameroun

-Intimé-

****

Tribunal
Arbitral du Sport Court of Arbitration for Sport

Vu l'appel déposé le 24 mai 2013 par la Fédération Camerounaise de Football (''l'appelante'') contre le- Syndicat National des Footballeurs Camerounais (''l'intimé") concernant la décision rendue par la Chambre de Conciliation et d'Arbitrage du Comité National et Sportif du Cameroun le 10 mai 2013 ;

Vu la requête d'effet suspensif déposée par l'appelante avec sa déclaration d'appel ;

Vu le paiement par l'appelante du droit de Greffe de CHF V 000. Conformément aux dispositions des articles R48 et R64 du Code de l'arbitrage en matière de sport (le "Code") ;

Vu la mise en œuvre par le TAS d'une procédure d'arbitrage sous la référence TAS 2013/4/3180 FECAFOOT c/Syndicat National des Footballeurs Camerounais ;

Vu le mémoire d'appel déposé par l'appelante le 13 juin 2013 ;

Vu la réponse de l'intimé à la requête d'effet suspensif de l'appelante, soumise le 13 juin 2013 ;

Vu l'Ordonnance sur requête d'effet suspensif rendue le 26 juin 2013 par le Président suppléant de la Chambre arbitrale d'appel du TAS, rejetant la requête de l'appelante ;

Vu la réponse déposée par l'intimé en date du 27 juin 2013 ;

Vu le courrier du 2 juillet 2013 du Directeur financier du TAS fixant le montant des avances de frais à payer par les parties dans un délai au 22 juillet 2013 ;

Vu le courrier du TAS en date du 12 juillet 20 1 3 annonçant la suspension de la procédure du fait de changements dans la gouvernance de l'appelante ;

Vu le courrier de l'intimé en date du 26 juillet 2013 indiquant qu'il ne paierait pas sa part des avances de frais ;

Vu le courrier du TAS du 5 août 2013 annonçant la reprise de la procédure suite à la mise en place par la FIFA d'un Comité de normalisation au sein de l'appelante, et impartissent un délai au 14 août 2013 à l'appelante pour payer la totalité des avances de frais, faute de quoi l'appel serait réputé retiré ;

Vu qu'aucun paiement n'a été reçu dans le délai imparti ;

Vu qu'aucune formation arbitrale n'a été constituée ;

Vu la requête de l'intimé en date du 27 août 2013 visant à l'attribution de dépens en sa faveur ;

Vu l'absence de réponse de l'appelante à la requête de l'intimé en date du 27 août 2013 malgré le délai imparti en ce sens par le Greffe du TAS ;

Considérant qu'il convient de constater que, conformément aux dispositions de l'article R64.2 du Code, l'appel est réputé retiré et la procédure TAS 2013/A/318 Q FECAFOOT du Syndicat National des Footballeurs Camerounais doit être clôturée, sans frais, à l'exception du droit de Greffe de CHF 1'000 payé par l'appelante et qui reste acquis au TAS ;

Considérant que, au vu de la faible complexité de la procédure, du volume des écritures des parties, et de la situation actuelle des parties, il convient de décider que chaque partie supportera ses propres frais, et dépens en rapport avec la présente procédure.

****

PAR CES MOTIFS

Le Président suppléant de la Chambre Arbitrale d'Appel du Tribunal Arbitral du Sport, statuant à huis clos, prononce :

La procédure arbitrale TAS 2015/A/5180 FECAFOOT c/ Syndicat National des Footballeurs Camerounais est clôturée et rayée du rôle du Tribunal Arbitral du Sport

La présente ordonnance est rendue sans frais, à l'exception du droit de Greffe de CHP LOGO payé par la Fédération Camerounaise de Football, qui reste acquis au TAS.

Chaque partie supportera ses propres frais et dépens encourus en rapport avec la présente procédure.

Fait à Lausanne, le 9 septembre 2013.

LE TRIBUNAL ARBITRAL DU SPORT

Annexe 11 : T.P.I. de Lomé, Chambre Civile et Commerciale, Jugement n° 194/99 du 13 mars 1999

Décision N° 40 :

Tribunal de Première Instance de Lomé : Chambre Civile et Commerciale Jugement N° 194/99 du 12 Mars 1999

LE TRIBUNAL

Ouï Maître ACOUETEY et les requises en leurs conclusions respectives ;

Le ministère Public entendu ;

Attendu que suivant exploit de Maître KOUEVI, Huissier de Justice en date du 19 Novembre 1998, la Confédération Nationale des Travailleurs du Togo (C.N.T.T.), représentée par son Secrétaire Générale et assisté de Maître ACOUETEY, Avocat à la Cour à Lomé, a assigné par-devant le Tribunal de Céans ;

La Confédération Syndicale des Travailleurs du Togo (C.S.T.T), prise en la personne de son Secrétaire Général ;

La confédération Générale des Cadres du Togo (C.G.C.T), prise en la personne de son Secrétaire Général et l'Union Générale des Syndicats Libres du Togo (U.G.S.L), prise en la personne de son Secrétaire Général pour est-il dit dans l'exploit ;

Venir les requises s'entendre ;

Déclarer nul et de nul effet le procès-verbal de partage du 10 Février 1998 portant sur les locaux de la Bourse du Travail de Lomé ;

En conséquence, confirme le droit de propriété de la C.N.T.T. sur ledit Immeuble ;

Attendu qu'à l'appui de son action, la requérante expose qu'elle est propriétaire à Lomé, Kara et Dapaong des immeubles appelés "BOURSE DU TRAVAIL" que ces immeubles ont été construits par l'État pour elle, à sa demande au moment où elle était la Centrale Syndicale unique ;

qu'au terme de l'article 24 du Code du travail "des locaux peuvent être mis par les pouvoirs publics à la disposition des unions de syndicats pour l'exercice de leur activité sur leur demande" ; qu'en 1991, à la faveur de la Conférence Nationale, il fut voté l'acte N° 3 instituant une commission spéciale le 25 juillet chargé de faire l'inventaire des biens du RPT et de la C.N.T.T., que cette tentative de dépouiller la C.N.T.T. de ses biens, immeubles et mobiliers n'a pas abouti ;

Que l'avènement de la démocratie multipartiste ayant entraîné la multiplicité des centrales syndicales, trois (3) centrales sur sept (7) ont mis en œuvre un stratagème en vue de s'approprier indûment les locaux de la Bourse du Travail de Lomé ;

que prétextant d'un prétendu accord du Président de la République, elles ont occupé les locaux de la Bourse du Travail de Lomé suite à un soi-disant "Partage" sanctionné par le Procès-verbal du 10 février 1998 ;

Qu'un tel acte ne repose sur aucun fondement et doit être déclaré nul et de nul effet ;

que ses biens sont indisponibles et ne peuvent donc faire l'objet d'un partage ;

que mieux encore le partage est relatif à la propriété et suppose une indivision entre les co-partageants quelle que soit sa source ;

qu'aucune indivision n'a existé entre elle et les requises ;

que son droit de propriété exclusif sur les immeubles litigieux ne souffre donc d'aucun doute ;

qu'il y a lieu dans ces conditions de déclarer nul et de nul effet le procès-verbal du 10 février 1998 et en conséquence confirmer purement et simplement son droit de propriété sur ledit immeuble ;

Attendu qu'en réplique à cette action, les défenderesses concluent au débouté, qu'elles font en effet observer que la répartition des locaux consacrés par ledit procès-verbal avait été décidée par le Chef de l'État le 04 février 1998 au cours d'un arbitrage requis par la C.N.T.T. elle-même et qu'après avoir pris part aux discussions, elle avait signé ce procès-verbal ;

que c'est même depuis 1992 que le principe et les modalités de partage avaient été arrêtés de commun accord entre les parties, suite à la levée du monopole de la requérante sur les biens de tous les travailleurs en 1991, que le problème ne se pose jusqu'aujourd'hui que parce que la C.N.T.T. a toujours refusé toute discussion alors même qu'en 1992, le ministre du Travail de l'Emploi de la Fonction Publique lui avait signifié que la Bourse du Travail était et demeurait la propriété de l'État Togolais et devait profiter à toutes les centrales syndicales, décision qui avait été suivie du partage des locaux litigieux, lequel partage avait été approuvé par l'Organisation Internationale du Travail (O.I.T.) saisie par la C.N.T.T. ; que pour avoir été mis par l'État à la disposition de la requérante comme usufruit au moment où elle regroupait tous les travailleurs, les locaux litigieux doivent aujourd'hui revenir à tous les travailleurs, donc à tous les syndicats de base et à toutes les centrales syndicales, qu'elles sollicitent en conséquence qu'il plaise au

Tribunal, entériner le partage fait le 04 février 1998 par le Président de la République ;

attendu qu'en réponse aux arguments ci-dessus, la requérante écrit que l'immeuble à elle affecté appartient à la personne morale, laquelle personne morale n'a pas disparu avec le retrait de certains travailleurs qui ont constitué d'autres centrales syndicales, que le partage de ce bien appartenant à une personne morale avec les nouveaux syndicats serait non seulement contraire aux principes généraux de droit relatifs aux personnes morales, mais aussi une violation de ses statuts, que sur le plan enfin de l'équité, elle ne comprend pas pourquoi sur sept centrales syndicales hormis elle, seules trois revendiquent les locaux litigieux, qu'un tel partage est de nature à remettre en cause la notion de patrimoine des syndicats dans la mesure où il fondrait tout syndicat qui viendrait à naître à demander sa "part de gâteau", ce qui provoquerait infiniment le partage de la Bourse du Travail ;

attendu qu'il n'est pas superflu de rappeler que la Confédération Nationale des Travailleurs du Togo (C.N.T.T.) est un syndicat, que déclarée comme tel à sa création en 1973, elle a acquis sa personnalité juridique en tant que syndicat, personnalité qui ne s'éteint que par la dissolution ;

attendu que malgré son assimilation entre-temps à une aille marchande du RPT, parti unique, la C.N.T.T. est demeurée syndicat avec son statut de syndicat distinct justement parce qu'elle n'a pas été dissoute, qu'à ce jour parce qu'elle n'a jamais été dissoute, quoique des tentatives à cette fin aient été amorcées, donc demeure cette personne morale, syndicat qu'en tout état de cause le retrait en son sein de certains membres qui ont aujourd'hui formé d'autres syndicats n'a en rien entamé sa personnalité ;

attendu qu'il est constant que les locaux de la Bourse du Travail aujourd'hui litigieux ont été construit par l'État pour la C.N.T.T. à sa demande, ceci en application de l'article 24 du Code du travail, qu'ainsi réalisés et effectués à qui les a demandés, ces locaux étaient devenus la propriété de l'être morale ;

attendu que la propriété d'une personne morale qu'est la C.N.T.T., la Bourse du Travail demeure sa propriété jusqu'à son extinction, qu'elle ne peut en conséquence être contrainte, contre sa volonté, de les partager avec les requises pour les motifs que celles-ci avancent ;

attendu par ailleurs que même si la C.N.T.T. n'en était pas propriétaire, mais une simple usufruitière, seul le nu-propriétaire, avait, à certaines conditions, le droit de lui en imposer le partage avec qui il voudrait, que les requises, en tant que tiers, n'avaient nullement ce droit ;

attendu enfin que les statuts de la C.N.T.T. lui confèrent la jouissance de ses biens et prévoient la manière dont ils seront dévolus à sa dissolution, que prononcer un partage desdits biens c'est violer ceux-ci qui pourtant sont encore en vigueur ;

attendu qu'il résulte de tout ce qui précède que tous les biens de la C.N.T.T. lui demeurent acquis, que toutes les décisions qui ont jusque-là été prises et tendant à la priver totalement ou partiellement de la propriété desdits biens sont contraires aux droits, que le procès-verbal du 10 février 1998 ; portant partage des locaux de la Bourse du Travail de Lomé ne l'est pas moins et doit par conséquent être déclaré nul ;

attendu qu'il est de principe que la partie qui succombe dans un procès doit être condamné aux dépens, qu'ayant succombé dans le présent procès, les requises doivent être condamnées aux dépens ;

PAR CES MOTIFS :

Statuant publiquement, conditionnement en matière civile et en premier ressort ;

Reçois la Confédération Nationale des Travailleurs du Togo (C.N.T.T.) en son action ;

AU FOND, Déclare nul et de nul effet le procès-verbal du 10 février 1998 portant partage des locaux de la Bourse du Travail de Lomé ;

confirme en conséquence le droit de propriété de la C.N.T.T. sur ledit immeuble ;

déboute les requises de leurs prétentions, moyens et conclusions ;

les condamne aux dépens ;

ainsi fait, jugé et prononcé publiquement par le Tribunal de Première Instance de Lomé Togo en son audience publique ordinaire du vendredi 12 mars 1999 à laquelle siégeait Monsieur MIKEMINA YABA, premier Vice-président dudit tribunal, PRÉSIDENT, assisté de Maître D. AGBESSINOU, Greffier ; en présence de Monsieur A. DAKENA Procureur de la République ;

Et ont signé le Président et le Greffier./.

Annexe 12 : Cour d'appel de Lomé, Chambre Civile, arrêt n° 216/00 du 28 septembre 2000.

POINT DE FAIT : Suivant exploit en date du 1er Avril 1999 de Me N.A.B.A. huissier de Justice à LOME, Me TCHALIM, Avocat à la Cour au nom et pour le compte de ses clients : le C.S.T.T., C.G.C.T., et U.G.C.L., relevé appel du jugement N° 194/99 du 12 Mars 1999 rendu par le Tribunal de Première Instance de Lomé dont le dispositif est ainsi libellé :

"reçoit la Confédération Nationale des Travailleurs du Togo (C.N.T.T) en son action ;

Au fond : Déclare nul et de nul effet le procès-verbal du 10 février 1998 portant partage des locaux de la Bourse du Travail de Lomé ;

Confirme en conséquence le droit de propriété de la C.N.T.T. sur ledit immeuble ;

Déboute les requises de leurs prétentions, moyens et conclusions ;

Les condamne aux dépens ;

Et, appelée à ladite audience, elle fut après des renvois successifs. Par le même exploit, les appelantes ont fait donner assignation à l'intimé d'avoir à comparaître le jeudi 27 mai 1999 à huit heures et jours suivants s'il y a lieu à l'audience et par-devant la Cour d'appel de Lomé siégeant au palais de justice de ladite ville pour :

L'objet de l'appel est de donner à la cour tant pour les motifs exposés devant le premier juge que pour tous les autres qui seront exposés devant la cour de réformer le jugement entrepris et en conséquence voir décharger les appelants des dispositions et condamnations prononcées entre eux ;

Par ces motifs : en la forme : voir recevoir un appel ; au fond : voir décharger les appelantes des dispositions contre eux prises par ce jugement statuant à nouveau et faisant ce que le premier juge aurait dû faire, voir adjuger aux appelantes le bénéfice de leurs conclusions par eux prises devant le premier juge ; s'entendre l'intimée déclarer bon recevable en tout cas fondée en ses demandes, fins et conclusions, s'en voir débouter ; s'entendre condamner aux dépens, tant de première instance que d'appel ;

La cause à la suite de cette assignation fut mise au rôle de la Cour d'Appel sous le N° 172/99, et, appelée à ladite audience, elle fut après des renvois successifs, retenus le 25 mai 200 ;

Les appelants par l'organe de leurs conseils, Me TCHALIM, Avocat à la Cour, a sollicité qu'il plaise à la cour infirmer le jugement entrepris et ordonner le partage des locaux de la BOURSE DU TRAVAIL de Lomé, condamner la C.N.T.T. aux entiers dépens ;

L'intimée par le canal de son conseil, Me ACOUTEY, Avocat à la Cour, a dans ses conclusions en réplique sollicité qu'il plaise à la Cour, confirmer le jugement querellé et déclarer nul et de nul effet le procès-verbal du 10 février 1998 portant partage des locaux de la C.N.T.T. ;

Le Ministère public qui a eu la parole par ses réquisitions, a déclaré s'en rapporter à lu justice ;

Les débats ont été publics :

POINT DE DROIT : la cause en cet état présentait à juger les différentes questions résultant des conclusions respectives des conseils des parties en cause ;

Sur quoi, la Cour a mis l'affaire en délibéré pour être rendue à l'audience du 28 septembre 2000 ;

Et ce jour, 28 septembre 2000, la Cour vidant son délibéré conformément à la loi, statué en ces termes ;

La COUR :

Vu les conseils des parties en leurs conclusions respectives ;

Le Ministère Public entendu ;

Vu le jugement N° 194/99 du 12 mars 1999 rendu par le tribunal de Lomé ;

Vu l'appel interjeté ensemble les pièces du dossier de la procédure ;

Et après en avoir délibéré ;

Attendu que par exploit de Me Norbert A. B. AWA, Huissier de Justice à Lomé, en date du 1er avril 1999, l'U.G.S.L., la C.N.T.T., et la U.G.C.T, assistées de Me TCHITCHAN TCHALIM, Avocat à la cour au sujet du procès-verbal de partage du 10 février 1998 portant sur les locaux de la Bourse de travail à Lomé ;

En la forme :

Attendu que l'intimée soutient par le canal de son conseil, Me ACOUETEY que l'appel interjeté contre le jugement N° 194/99 du 12 mars 1999 l'a été au mépris des dispositions de l'article 14 et article 166 du code de Procédure civile ;

Qu'en l'espèce les appelantes ont relevé appel avant même la notification du jugement ; qu'en conséquence l'appel ainsi interjeté doit être déclaré irrecevable ;

Attendu qu'en réplique à ce moyen tiré de l'irrecevabilité de l'appel, les appelants soutiennent par conclusions datées du 24 mai 2000 de Me TCHALIM, Avocat à la cour que l'appel querellé l'a été à titre conservatoire et ne cause en rien un préjudice quelconque à l'intimée qui n'abstient à dessein de faire diligence pour le retrait du jugement et sa notification ; qu'elles sollicitent qu'il plaise à la cour leur adjugé des bénéfices de leurs requêtes d'appel ;

Attendu que s'il résulte de l'interprétation combinée des articles 143 modifiés et 166 du code de procédures civiles que la notification d'un jugement est du point du départ du délai d'appel, ne font pas cependant obstacles à ce que l'appel intervienne juste après le prononcé de la décision quand bien même celui-ci n'est pas encore notifié ;

Attendu si lesdits articles ont été édités par le législateur, c'est uniquement dans le seul but d'atténuer l'attention des parties sur les risques auxquelles elles s'exposent à leur intention de relever appel n'est pas traduite dans les faits avant trente jours à partir de la notification de la décision ; qu'en définitive lesdits articles ont pour finalité d'inciter les parties à accélérer les procédures ; qu'en conséquence, le reproche fait à une partie qui a relevé appel avant la notification de la décision s'apparente à une pure chicane ; qu'il échet de rejeter le moyen tiré de l'irrecevabilité de l'appel et de déclarer l'appel interjeté par la C.S.T.T., l'U.G.S.L. et l'C.G.C.T., recevables et conformes à l'esprit sus énoncé ;

Au fond :

Attendu que les appelants reprochent au premier juge d'avoir déclaré la C.N.T.T. seule propriétaire des locaux de la Bourse de Travail de Lomé, mise à disposition par l'État à l'époque où elle était l'unique central syndical alors que d'autres centrales syndicales se sont créées par scission depuis 1991 ; qu'elles sollicitent qu'il plaise à la cour d'infirmer le jugement entrepris et statuant à nouveau après évocation, dire et juger que les biens de l'ex C.N.T.T, sont la propriété de toutes les centrales syndicales du Togo et partant de tous les travailleurs, en conséquence, ordonner le partage des locaux de la Bourse du Travail de Lomé en débutant la C.N.T.T de toutes ses demandes fins et conclusions ;

Attendu que les faits de la cause, il résulte que par suite de la scission de la C.N.T.T, en raison du nouvel environnement politique au Togo, un certain nombre de centrales syndicales furent créées parmi lesquelles se trouvent la C.S.T.T., l'U.G.S.L. cl la C.G.C.L, qui entreprennent de réclamer le partage du patrimoine de l'ancienne centrale unique (C.N.T.T.) ; devant la persistance du refus de la C.N.T.T., la médiation des hautes autorités du pays fut requise à la suite de laquelle un procès-verbal de partage intervenu le 10 février 1998 ; qu'en dépit de ce procès-verbal, la C.N.T.T. s'oppose toujours au partage entravant du coup la naissance du litige ayant donné lieu au jugement querellé ;

Attendu que les appelantes soutiennent par le biais de leur conseil Me TCHALIM que la C.N.T.T. ayant perdu le monopole de l'activité syndicale, n'est plus fondée à s'approprier toute seule les locaux litigieux que l'État avait mis à sa disposition alors même qu'elle a procédé au reversement des cotisations aux travailleurs ;

Que l'obstination de la C.N.T.T. à garder pour elle seule les locaux et d'autant plus offusquant que le Chef de l'État a préconisé lui-même le partage des biens, solution similaire à celle de l'Organisation Internationale du Travail (O.I.T.) ;

Que le premier juge s'est contredit dans son jugement en reconnaissant que les locaux querellés sont la propriété de l'État en même temps qu'il les déclare propriétés de la C.N.T.T. ; qu'il échait en conséquence d'annuler le jugement entrepris ;

Attendu que pour sa part, l'intimée (C.N.T.T.) fait observer par le canal de son conseil Me ACOUETEY ; que d'une part la création d'autres centrales syndicales n'a pas entraîné la dissolution de la C.N.T.T. que dès lors, son droit de propriété sur les Bourses du travail de Lomé, Kara et Dapaong ne souffre d'aucune restriction conformément aux principes juridiques régissant la personnalité morale des syndicats, lequel principe fut rappelé par le Tribunal Civil de Lomé, le - Saurier 8 janvier 1948 (J.C.P. 1948 N° 4544) et confirmé par la Cour de cassation (cassation chambre sociale 28 mai 1959) ;

Que d'autre part, l'article 56 des statuts de C.N.T.T. rende indisponible les biens de cette organisation syndicale, lesquels ne seront qu'à la dissolution dévolus à une œuvre sociale des travailleurs désignés par le congrès qui décide de cette dissolution ce qui corrobore la décision du premier juge qui estime à juste titre que la propriété d'une personne moralement éteinte qu'est la C.N.T.T. lui reste acquise jusqu'à son extinction et elle ne peut être contrainte contre sa volonté de les partager ;

Qu'enfin et à supposer un seul instant qu'il s'agisse d'un bien indivis, seul l'État qui d'ailleurs n'est pas partie à la présente procédure fait partie de l'indivision et qui est le nu-propriétaire à supposer qu'on oriente les débats sur le terrain de l'usufruit ;

Que définitivement, la médiation du Chef de l'État comme celle de l'O.I.T. n'ont pas autorité de choses jugées et ne sauraient liées les parties ;

Qu'en conséquence de tout ce qui précède, il y a lieu de confirmer le jugement entrepris, car le partage de la Bourse de Travail de Lomé outre qu'il serait contraire aux principes de Droit, serait aussi une solution unique et inopportune.

Sur le Moyen tiré de la création d'autres centrales syndicales :

Attendu qu'il n'est pas contesté que les locaux litigieux ont été construits et mis à la disposition de la C.N.T.T. par l'État togolais, et ce conformément à l'article 25 des statuts de la C.N.T.T. pas plus qu'il n'est qu'en dépit de son assimilation à une aille marchande du RPT. Celle-ci conserva sa personnalité juridique qui ne peut disparaître qu'avec sa dissolution ;

Attendu qu'en dépit de la scission la C.N.T.T. intervenue en raison du nouvel environnement politique et la création d'autres centrales syndicales, la C.N.T.T. qui est désormais déconnectée du RPT n'est pas dissoute et continue de fonctionner conformément à ses statuts ;

Attendu qu'aux termes des dispositions de l'article 56 des statuts de la C.N.T.T., les biens de l'organisation sont indisponibles et ne seront dévolus à une œuvre sociale des travailleurs qu'à sa dissolution ;

Attendu que dès lors que la naissance des autres centrales syndicales dont la quasi-totalité d'entre elles étaient affiliées à la C.N.T.T et qui n'avaient pas au préalable obtenu sa dissolution, ne seraient altérer la personnalité juridique de celle-ci, ni provoquer le partage de ses biens sans méconnaître les dispositions de l'article 56 des statuts sus évoqués ;

Sur les moyens tirés du procès-verbal du 10 février 1998 :

Attendu que le procès-verbal de partage du 10 février 1998 allégué même s'il était accepté par la C.N.T.T. et signé par elle, est contraire aux principes juridiques régissant la personnalité morale des syndicats et aux statuts de la C.N.T.T. quand bien même ledit procès-verbal est le résultat de la médiation du Président de la République qui n'a pas trouvé d'inconvénients à ce que les parties restent en justice ;

Attendu par ailleurs, qu'il est de jurisprudence constante et abondante que la « scission d'un syndicat et notamment la démission de tous ou de quelques-uns de ses membres ne peut entraîner sa dissolution et n'œuvre à aucun des membres démissionnaires ni à un nouveau syndicat constitué par eux de droit sur l'actif social... » ;

Attendu qu'il sent que c'est en bon droit que le premier juge à estimer que les biens de la C.N.T.T. lui demeurent acquis et que le procès-verbal du 10 février 1998 est contraire au droit et déclarer nul ;

Attendu qu'en conséquence, il échait de confirmer le jugement entrepris en toutes ses dispositions dont appel ;

PAR CES MOTIFS

Statuant publiquement, contradictoirement à l'égard des parties et en cause d'appel,

En la forme :

Reçois l'appel ;

Au fond :

Confirme le jugement n° 194/99 du 12 mars 1999 en toutes ses dispositions dont appel ;

Condamne les appelantes aux dépens.

Ainsi fait, jugé et prononcé publiquement, la cour d'appel de Lomé, chambre civile, les jour, mois et an que dessus ;

Et ont signé le président et le greffier.

BIBLIOGRAPHIE

I. OUVRAGES GÉNÉRAUX

AKAM AKAM (A.), VOUDWE BAKREO, *Droit des sociétés commerciales OHADA,* Harmattan, 2017, 745 pages.

BENABENT (A.), *Droit civil. Les obligations,* 10ème édition, MONTCHRESTIEN, 2005, 693 pages.

BOSSU (B.), DUMONT (F.), VERKINDT (P.Y.), *Droit du travail, tome 2, Relations collectives de travail, réglementation du travail, Montchrestien,* 2007, 406 pages.

B.I.T, *Droit syndical de l'OIT, normes et procédures,* première édition, 1996, 180 pages.

…….., *La liberté syndicale, recueil de décision et de principes du comité de la liberté syndicale du conseil d'administration du BIT,* 5ème édition, 2006, 287 pages.

CABRILLAC (R.), *Droit des obligations,* Dalloz, collection « Cours », 12ème édition, 1998, 450 pages

COUTURIER (G.), *Droit du travail. Les relations individuelles de travail,* t.1, 3e édition, coll. Droit fondamental, Paris, P.U.F, 1 996 512 pages

DABOSVILLE (B.), *L'Information du salarié, contribution à l'étude de l'obligation d'informer*, Dalloz 2013, 601 pages.

DIOH (A.), *Les syndicats de travailleurs au Sénégal,* collection études africaines, Harmattan, 2002, 400 pages.

DUGUESNE (F.), *Le nouveau droit du travail*, GUALINO, Paris, 2008.

ESSONO BODO (E.), *Le droit du travail par l'exemple*, édition SOPECAM, 2006, 314 pages.

GRANDGUILLOT (D.), *L'essentiel du droit de la sécurité sociale*, GUALINO, 7ème édition, Paris, 2008, 128 pages.

KELLER (M), PETIT (F.), *Droit social*, 3ème édition, édition FOUCHER, 2008-2009, 320 pages.

KEUTCHA TCHAPNGA (C.), *Précis de contentieux administratif au Cameroun, aspect de l'évolution récente,* Harmattan 2013, 320 pages.

MALINVAUD (P.), *Droit des obligations*, 10 ème édition, Litec, 2007, 649 pages.

MARTY (G.), RAYMOND (P.), JESTAZ (P.), *Les obligations*, t.2, "Le régime", 2ème édition, SIREY, 1 989 457 de pages.

MAZEAUD (J.), CHABAS (F.), *Leçon de droit civil*, tome II, 1er volume : « obligations, théorie générale », Paris, Montchrestien, 1991,132 5 de pages.

N'GAKA (P.), *Le droit du travail au Congo Brazzaville*, édition Harmattan, 2006, 332 pages.

NGANDO (B.A.), *La présence française au Cameroun (1916-1959) colonialisme ou mission civilisatrice*, PUAM 2009, 449 pages.

NYAMA (J.M.), *Droit et contentieux du travail et de la sécurité sociale au Cameroun,* P.U.C.A.C., 2012, 476 pages.

OWONA (J.), *Le contentieux administratif de la république du Cameroun*, Harmattan 2011, 230 pages.

PELISSIER (J.), SUPIOT (A.), JEAMMAUD (D.), *Droit du travail,* 21ème édition Dalloz 2002, 1321pages.

PELISSIER (J.), AUZERO (G.), DOCKES (E.), *Droit du travail*, 26ème édition, Dalloz 2011, 1481 pages.

POUGOUE (P-G.), (sous la direction de), *Code du travail camerounais annoté*, P.U.A, Yaoundé 2 000 560 pages.

SUPIOT (A.), *Critique du droit du travail,* Quadrige, PUF, octobre 2016, 280 pages.

TCHAKOUA (J.M.), *Introduction générale au droit camerounais*, Presses de l'UCAC, 2008, 334 pages.

TCHOKOMAKOUA (V.) et KENFACK (P.E.), *Droit du travail camerounais*, P.U.A, Yaoundé, 2000, 264 pages.

TERRE (F.), SIMLER (P.), LEQUETTE (Y.), *Droit civil. Les obligations*, 10ème édition, Dalloz, 2009, 1542 pages.

TESSIER (B.), (sous la direction de), *Standards, principes et méthodes en droit du travail*, Economica 2011, 336 pages.

II. OUVRAGES SPECIALISES

ANAZETPOUO (Z.), *Le système camerounais des relations professionnelles*, P.U.A 2010, 393 pages.

BAREGE (A.), *L'éthique et le rapport de travail,* L.G.D.J, Paris, 2008, 495 pages.

BENABOU (V-L.), CHAGNY (M.), *La confiance en droit privé des contrats*, Dalloz, Paris, 2008.

BERGEL (J-L.), *Méthodologie juridique*, P.U.F, 2 001 476 pages.

BLANC (A), *Les travailleurs handicapés vieillissants*, P.U.G, Paris, 2008, 248 pages.

CAMERLYNCK (G-H.), *Le contrat de travail,* t.1, 1ère édition, Paris, Dalloz, 1 982 725 pages.

CARBONNIER (J.), *Flexible droit. Pour une sociologie du droit sans rigueur,* 10e édition, Paris, L.G.D.J, 2 001 490 pages.

CAUDAL (S.), *Les principes en droit*, Economica 2008, 384 pages.

CATALA (N.), *L'entreprise, Traité de droit du travail*, publié sous la direction de CAMERLYNCK (G-H), tome IV, Dalloz 1980, 1292 pages.

DE BECHILLON (M.), *La notion de principe général en droit privé,* préface de Bernard SAINTOURENS, Presses Universitaires d'Aix-Marseille, 1998, 298 pages.

DIKOUME (F.C), *Le service public du sport en Afrique noire*, l'exemple du Cameroun, Harmattan, deuxième édition, revue et augmentée, 2012, 278 pages.

EPEE EKWALLA (J.), *Les syndicats au Cameroun, genèse, crises et mutations*, Harmattan 2009, 149 pages.

HEAS (F.), *Le reclassement du salarié en droit du travail,* L.G.D.J, 2000, 452 pages.

MORVAN (P.), *Le principe de droit privé*, édition Panthéon-Assas, Paris, 1999.

ONDOA (M.), *Introduction historique au droit camerounais : la formation initiale, éléments pour une théorie de l'autonomie des droits africains*, Édition le Kilimandjaro, 2013, 320 pages.

RIPERT (G.), *La règle morale dans les obligations civiles*, 4ème édition, L.G.D.J, Paris, 1949, 417 pages.

TCHAKOUA (J.M.) (sous la direction de), *Les grandes décisions du droit du travail et de la sécurité sociale*, Jusprint, juin 2016, 858 pages.

………………., *Étude sur le dialogue social au Cameroun : état des lieux et plan de dynamisation*, 192 pages (en cours de parution).

TROPER (M.), *La philosophie du droit*, édition Que sais-je ? P.U.F, 2003, 127 pages.

III. THÈSES, MÉMOIRES ET RAPPORTS

BIT, *Les relations du travail en Afrique : pays de langue anglaise, série relation professionnelle*, publication du B.I.T, première édition, 1984.

..., *Droits fondamentaux au travail et normes internationales du travail*, publication du B.I.T 2004, 140 pages.

KAPPOPOULOS (I.), *Un nouveau droit de la négociation collective : essai sur la négociation organisationnelle*, thèse du Doctorat, Université de Lille 2, droit et santé, octobre 2010, 493 pages.

KEKNA BESPA, *Le rôle des syndicats professionnels dans la promotion du travail décent au Cameroun*, mémoire de master professionnel en droit, contentieux et pratique du travail et de la sécurité sociale, Université de Yaoundé II, année académique 2015-2016, 127 pages.

KOUCHOU KOUCHOU (M.), *L'emprise des parties sur les différends individuels de travail,* thèse de doctorat, Université de Yaoundé II, année académique 2016-2017, 310 pages.

MAFOKOU (N.A.), *Le dialogue en droit du travail*, thèse de doctorat, Université de Yaoundé II, 2017, 358 pages.

MANGA ESSAMA (D.), *La loyauté en droit du travail*, mémoire présenté et soutenu publiquement en vue de l'obtention du DEA en Droit privé, Université de Yaoundé II, Octobre 2002.

MASSOUSSI SONGO (R.T.), *L'intérêt de l'entreprise en droit du travail camerounais*, mémoire présenté et soutenu publiquement en vue de l'obtention du DEA en Droit privé, Université de Yaoundé II, octobre 2003-2004.

NGAMENI FONGANG (S.*),* *La rupture fautive en jurisprudence sociale de 1992 à 2002,* mémoire présenté et soutenu publiquement en vue de l'obtention du D.E.A en droit privé, Université de Yaoundé II 2001/2002.

NGA NOMO MESSI, *La crise du syndicalisme des travailleurs,* mémoire de master recherche en droit des affaires et de l'entreprise, université de Yaoundé II, année académique 2013-2014, 102 pages.

NNOUKA (P.G.), *Les syndicats professionnels au Cameroun,* mémoire de master- recherche, Université de Yaoundé II, 109 pages.

TCHAKOUA (J.M.*),* *Dignité et droits fondamentaux des salariés, réflexions à partir des droits camerounais et français*, thèse de doctorat d'Etat, Université de Yaoundé II, décembre 1999, 354pages.

TSAFACK NANFOSSO (R.), *Relations professionnelles et négociation collective au Cameroun*, publication du B.I.T., document de travail numéro 27, septembre 2011, 68 pages.

TSASSE SAHA (G.G.), *Le solidarisme en droit du travail*, thèse, Université de Yaoundé II, février 2012, 360 pages.

.... *Le droit du travail et la concurrence*, mémoire de D.E.A, Université de Yaoundé II, année académique 2005-2006, 70 pages.

UNESCO, *rapport du comité consultatif de l'éducation des adultes,* Paris, 05-09 novembre 1951, 09 pages.

IV. ARTICLE DE DOCTRINE

COUTURIER (G.), « Les techniques civilistes et le droit du travail », *in Recueil* Dalloz Sirey, 1975, p.223 et s.

KAPTUE (L.), « Droit et syndicalisme au Cameroun », *in Revue juridique africaine*, 1994, pp. 64 à 81.

LYON-CAEN (G.), « Du rôle des principes généraux du droit civil en droit du travail » in, *Dalloz* 1974, p.221 et s.

MBENDANG EBONGUE (J.), « Les droits fondamentaux des travailleurs dans le nouveau Code du travail du 14 août 1992 » in *R.J.A*, 1994, p.41 et s.

MORVAN (P.), « Le droit pénal des institutions représentatives du personnel », in *Droit social*, n°11 novembre 2000, pp.987 à 1005.

NCHIMI (J. C.), « La négociation en droit du travail camerounais », *in Revue Juridique Africaine* ,1994, pp. 7 à 37.

POUGOUE (P-G.) et TCHAKOUA (J-M.), « Le difficile enracinement de la négociation en droit du travail camerounais », in *COMPTRASEC*, 1999, pp. 1 à 19.

ROBERT (J-H.), « La répression », in *Droit social*, n° 11, novembre 2000, pp.953 à 963.

SOULIER (P.), « L'objet de la négociation », in *Droit social* n° 7-8, Juillet-Août 1990, pp.596 à 602.

TCHAKOUA (J-M.), « L'inspecteur du travail et la poursuite des infractions en droit pénal du travail : en finir avec de naïves attentes » pp. 1à 13, (en cours de parution).

..., « Droits fondamentaux, corps et intégrité physique du salarié », in *Annales de la Faculté des sciences juridiques et politiques de l'Université de Dschang*, tome I, vol. 1, 1997, pp.30 à 48.

…, « La démission et le licenciement : une histoire de vrais faux jumeaux », in *Juridis périodique*, n° 70, pp.87 à 95.

…, « La tentative de conciliation dans le règlement des différends de travail en droit camerounais », in *Annales de la Faculté des sciences juridiques et politiques de l'Université de Douala*, Janvier - juin 2002, pp.279 à 310.

…, « Pour le droit des travailleurs à l'information : le nécessaire infléchissement des droits du propriétaire employeur », R.A.S.J, vol. 1, n° 3, 2003, pp.19 à 36.

…, « La grève et le lock-out dans le nouveau Code du travail camerounais. », in *R.J.A*, 1994, p.83 et s.

TJOUEN (A.), « Les institutions professionnelles », in *R.J.A*, 1994, pp.231 à 251.

VERDIER (J-M.), « Syndicalisme et fraternité », in *Droit social*, janvier 1990, pp.127-133.

VILLAGI (J-P.), « La convention collective et l'obligation de négocier de bonne foi : les leçons du droit du travail », consulté sur http://www.usher brooker.cor/droit/file admin.pdf// le 06 février 2012 à 10 h, p.357.

V. DICTIONNAIRES

CORNU (G.), *Vocabulaire juridique*, 10 ème, P.U.F., 2014.

GINCHARD (S.), DEBARD (T.), *Lexique des termes juridiques*, 23ème édition, Dalloz, 2017-2018.

PETIT ROBERT, *Dictionnaire alphabétique et analytique de la langue française*, Paris, 1996.

INDEX ALPHABETIQUE

(Les chiffres renvoient aux numéros de page)

TABLE DES MATIÈRES

DROIT
AUX ÉDITIONS L'HARMATTAN

Dernières parutions

REPÈRES DE FISCALITÉ DES PROFESSIONNELS ET DES PARTICULIERS

Rock Dieudonné Landze Mbere

La fiscalité est un système de collecte et de redistribution de richesses fondée sur la contribution des ménages, des professionnels et des entreprises. Pour mieux jouer leur partition et s'orienter dans les affaires, le citoyen et le manager ont besoin des repères de fiscalité. Car, en raison de la contrainte financière, le contentieux fiscal au Congo va progressivement s'intensifier.

(320 p., 33 euros)

ISBN : 978-2-343-18620-7, EAN EBOOK : 9782140131783

LA DÉCENTRALISATION DANS LES PAYS FRANCOPHONES D'AFRIQUE DE L'OUEST

Jean-Luc Pissaloux

Cet ouvrage, constitué de contributions écrites par des universitaires, des experts et/ou des hauts fonctionnaires, démontre parfaitement combien la décentralisation est encore une sorte d'idéal-type à atteindre, et qu'elle est loin d'être une pratique effective, efficiente et efficace dans les pays francophones d'Afrique de l'ouest.

(Coll. Droits Publics, 390 p., 38,5 euros)

ISBN : 978-2-343-18272-8, EAN EBOOK : 9782140131653

L'APPLICATION DU DROIT D'AUTEUR AUX HYPERLIENS

Analyse de droit français et de droit américain

Mickaël Le Borloch

Cet ouvrage propose un travail de fond sur les droits français et américain concernant une problématique peu traitée malgré son importance pour le développement de l'internet et la protection des auteurs : l'application du droit d'auteur aux hyperliens.

(Coll. Le Droit aujourd'hui, 632 p., 49 euros)

ISBN : 978-2-343-16341-3, EAN EBOOK : 9782140131660

LES DYNAMIQUES D'INTÉGRATION EN ZONE FRANC EN LIEN AVEC LA ZONE EURO TOME II

Les nouvelles régulations économiques et/ou l'économie de l'intégration

Thimoté Dongotou

Ce deuxième tome fait des propositions sur les nouvelles dynamiques d'intégration en Afrique. Ainsi la prise en compte des partenariats public-privé (PPP) et des dimensions institutionnelles, sociales et anthropologiques est considérée comme de nouvelles régulations économiques et monétaires en Zone Franc Africaine et en zone euro. L'auteur aborde entre autres les grandes familles institutionnelles en économie ou la macroéconomie historique du courant européen contemporain

(Coll. Études africaines, 348 p., 36 euros)

ISBN : 978-2-343-13844-2, EAN EBOOK : 9782140130915

LE CONSTITUTIONNALISME EN EUROPE DE L'EST ET DANS LE MONDE ARABE

Mohamed Ibrahim Hassan

Préface du Dr Lauréline Fontaine

Bien qu'éloignés dans le temps et l'espace, les mouvements révolutionnaires est-européens de la fin des années 80 et du monde arabe des années 2010 ont en commun le constitutionnalisme qui a été le moyen immédiat de sortir du chaos révolutionnaire. S'il a été le dénominateur commun que les peuples ont utilisé pour instaurer les nouveaux régimes politiques qu'ils souhaitaient démocratiques, la singularité de chaque région et de chaque pays s'est imposée lors de la transition et de l'adoption des nouvelles Constitutions. Mais la démocratie ne se décrète pas. A l'instar de la Pologne ou de la Roumanie, les Etats arabes sont confrontés aux mêmes défis sur le chemin de la démocratisation.

(Coll. Droit comparé, 422 p., 40 euros)

ISBN : 978-2-343-17996-4, EAN EBOOK : 9782140131554

EXPÉRIENCES JURIDIQUES SUR LES DROITS HUMAINS

Marco Alberto Quiroz Vitale, Bassin Sandrine Marie-Thérèse Diringbin

Cet ouvrage collectif offre une contribution au débat sur les droits humains à la lumière des théories et de la méthodologie propres à la sociologie juridique. Parmi les questions analysées : les pratiques traditionnelles violant les droits des filles ; les violations de l'interdiction de torture dans la guerre contre la terreur ; les effets sociojuridiques de la globalisation sur le trafic humain...

(Coll. Harmattan Italia, 184 p., 28 euros)

ISBN : 978-2-336-31872-1, EAN EBOOK : 9782140131776

LA CRIMINALITÉ PHARMACEUTIQUE EN RÉPUBLIQUE DÉMOCRATIQUE DU CONGO

Une véritable menace au droit à la santé

Starmans Bofoe Lokangu

Préface de Mwayila Tshiyembe

Pendant que l'humanité assiste passivement à la criminalité pharmaceutique qui englobe la contrefaçon pharmaceutique, la fabrication et le commerce des médicaments falsifiés, gâtés, périmés, illicites ou de qualité douteuse, les patients mettent leur santé en danger. Comme instrument d'interpellation des autorités politiques et sanitaires, des professionnels de droit et de santé, l'ouvrage démontre qu'il est utopique de croire en l'exercice du droit à la santé en présence d'une criminalité pharmaceutique consacrée et institutionnalisée qui constitue une véritable menace pour lui. L'assainissement du secteur pharmaceutique et la répression dissuasive de pharmacriminels restent des mécanismes correctifs pour juguler ce fléau en RDC.

(Coll. Géopolitique mondiale, 238 p., 25,5 euros)

ISBN : 978-2-343-17537-9, EAN EBOOK : 9782140131448

LES DYNAMIQUES D'INTÉGRATION EN ZONE FRANC EN LIEN AVEC LA ZONE EURO TOME I

Les problèmes et scénarios

Thimoté Dongotou

Dans ce premier tome, Thimoté Dongotou étudie, en relation avec les crises économiques, les dynamiques d'intégration en zone franc à l'heure de l'euro. L'ensemble de l'ouvrage est construit autour de trois parties : la zone franc comme projet d'intégration et de développement économique (approches historiques et évolutives) ; les approches d'intégration par la fiscalité et les règles qui s'y appliquent ; la création monétaire en Zone Franc Africaine (ZFA).

(Coll. Études africaines, 498 p., 45 euros)

ISBN : 978-2-343-13843-5, EAN EBOOK : 9782140130908

COLLECTIVITÉS TERRITORIALES ET CINÉMA

Le droit public local du cinéma

David Chappat

Préface d'Olivier Henrard

À partir des années 1940, l'État a pris en charge la réglementation du cinéma en France pour aboutir à la création du Centre National du Cinéma. Depuis quelques dizaines d'années, c'est au niveau local que se poursuit cet effort. L'aide au cinéma permet de développer une politique culturelle, mais également de soutenir une politique sociale, éducative et surtout économique. Pour cela, une répartition des rôles s'est élaborée entre les différents niveaux de collectivités territoriales et de nombreux dispositifs ont été créés afin de couvrir toutes les activités cinématographiques. Mais la validité de certains mécanismes d'aide a été remise en cause, notamment vis-à-vis du droit européen et national de la concurrence.

(Coll. Droit des collectivités territoriales, 128 p., 14,5 euros)

ISBN : 978-2-343-18334-3, EAN EBOOK : 9782140130885

LA PROTECTION DES DROITS DES MIGRANTS

Interactions entre la protection des droits de l'hommes et la protection diplomatique et consulaire

Arafat Abi

Préface de Khadija Elmadmad

En 2018, respectivement le 10 décembre à Marrakech et le 17 décembre à New York, le Pacte mondial pour des migrations sûres, ordonnées et régulières et le Pacte mondial sur les réfugiés ont été adoptés. Premiers accords du genre, ils remplacent la question des migrations au coeur des défis. En effet, à l'heure de la mondialisation, une évidence est d'actualité : l'augmentation des flux migratoires. Et si les Etats tentent souverainement de gérer ces flux, on ne peut oublier que les droits de l'homme sont au-dessus de toutes considérations. La gestion harmonieuse et efficace des migrations doit donc être globale et prendre en compte à la fois les synergies de développement et la protection des droits des personnes migrantes.

(Coll. Le Droit aujourd'hui, 244 p., 25,5 euros)

ISBN : 978-2-343-18037-3, EAN EBOOK : 9782140130427

LES MUTATIONS CONSTITUTIONNELLES EN AFRIQUE NOIRE FRANCOPHONE

à partir des exemples du Congo, du Bénin et du Sénégal

Aimé Ange Wilfrid Bininga

Préface de Frédéric Joël Aïvo - Avant-propos de Babacar Gueye

Ce livre traite des mutations constitutionnelles dans les États d'Afrique noire francophone depuis le renouveau démocratique des années 1990. Ces mutations se manifestent au moyen de la révision constitutionnelle, des lois et règlements infra-constitutionnels, de l'interprétation des normes, de la pratique des acteurs de la vie politique et institutionnelle, de la suspension et de l'abrogation des constitutions. D'une part, elles favorisent le reflux des promesses démocratiques du début des années 1990 et d'autre part, à contresens de cette tendance, les mutations constitutionnelles participent à l'affirmation de l'irréversibilité de la dynamique démocratique.

(Coll. Harmattan Congo-Brazzaville, 360 p., 37 euros)

ISBN : 978-2-343-18410-4, EAN EBOOK : 9782140129926

SÉCURITÉ INTÉRIEURE : PROXIMITÉ ET GLOBALITÉ

Sous la direction de Franck Durand

Il est devenu nécessaire d'envisager la sécurité intérieure en termes de proximité et de globalité. Ainsi en est-il de la réforme emblématique de la nouvelle majorité : la police de sécurité du quotidien, entre présence au plus proche des citoyens et restauration de l'autorité de l'État sur le terrain. Dans le cadre de cette réforme, l'avenir du garde-champêtre, acteur traditionnel de la sécurité rurale, fait l'objet d'incertitudes. Les risques sociaux et sociétaux, les nouvelles menaces, s'inscrivent eux aussi dans plusieurs dimensions. Les rapports entre les acteurs de la sécurité reposent sur une nécessaire complémentarité. Enfin, la révolution numérique a créé un nouvel espace offrant aux prédateurs un nouveau terrain de chasse : cybercriminalité, cyberconflictualité et cyberguerre.

(Coll. Droit de la sécurité et de la défense, 186 p., 19,5 euros)

ISBN : 978-2-343-18095-3, EAN EBOOK : 9782140129100

DÉFIANCE, DOUTE, INCERTITUDE

Quelle place pour la notion de confiance dans les sociétés modernes ?

Sous la direction de Julie Tribolo

Héritières des Lumières, les sociétés modernes se caractérisent par un niveau de développement scientifique et technique toujours plus poussé. L'on pourrait s'attendre à ce que cette domination sans partage du scientifique rende les sociétés plus résilientes, mieux armées face à l'incertain, mais elle a plutôt abouti au contraire à les rendre intolérantes au doute et allergiques au risque. Dans un contexte de judiciarisation croissante des rapports sociaux, et en l'absence le plus souvent de toute certitude, comment le juge peut-il alors susciter l'adhésion des parties à ses décisions ? La confiance apparaît comme un antidote à l'incertitude.

(Coll. Droit privé et sciences criminelles, 90 p., 13 euros)

ISBN : 978-2-343-18231-5, EAN EBOOK : 9782140128677

AMNISTIE ET DROITS DES VICTIMES EN RÉPUBLIQUE CENTRAFRICAINE

Fleury Fulgence Banale

En début d'année 2019, la République Centrafricaine a amorcé une nouvelle page de son histoire par la signature d'un huitième accord entre « le Gouvernement et les Groupes armés ». Cet accord n'a pas fait mention explicite de l'amnistie car le peuple centrafricain ne veut pas en entendre parler et avait réclamé au forum de Bangui « zéro impunité ». Toutefois, parce que l'amnistie, dans le passé n'a pas fonctionné, faut-il l'exclure des solutions politiques possibles à la crise centrafricaine ? Comment garantir les droits des victimes au regard des expériences antérieures d'amnistie ?

(126 p., 14 euros)

ISBN : 978-2-343-18163-9, EAN EBOOK : 9782140128264

LE DROIT DOUANIER À L'ÉPREUVE DE LA CRIMINALITÉ TRANSNATIONALE ORGANISÉE DANS L'ESPACE CEDEAO

Ndiaga Soumaré

Le droit douanier comporte des mécanismes de lutte contre la fraude qui lui ont permis, jusque-là, de faire face au phénomène de la Criminalité transnationale organisée (CTO) tout en gardant sa spécificité et son autonomie. Mais très vite, les douanes vont se rendre compte que la lutte contre la CTO va devoir impliquer l'intégration d'autres mécanismes juridiques extra-douaniers. Il est devenu primordial de neutraliser l'action des organisations criminelles à travers le renforcement de la surveillance des frontières et la sécurisation du contrôle des opérations commerciales. La finalité, pour les douanes, étant de concilier la protection de la chaîne logistique internationale et la facilitation des échanges commerciaux.

(Coll. Harmattan Sénégal, 406 p., 40 euros)

ISBN : 978-2-343-17842-4, EAN EBOOK : 9782140128714

SELON (QUE) LA JURISPRUDENCE

Kambamutu Matadiwamba

Ce livre procède d'un souci d'équilibre, en livrant au public de quoi juger le travail des magistrats congolais. L'auteur affirme qu'il existe de bonnes et de mauvaises décisions judiciaires, sans oublier des décisions critiquables. Le tout est de savoir s'y retrouver. Hélas, depuis deux décennies, rien ni personne n'arrête la montée de la fièvre, la saturation des jugements acquis moyennant des influences de tout genre.

Academia (Coll. Bibliothèque de droit africain, 292 p., 30 euros)

ISBN : 978-2-8061-0461-8, EAN EBOOK : 9782806110282

NOUVEAU DROIT DE LA RESPONSABILITÉ DE PROTÉGER

Droit international public et régional

Jean-Nazaire Tama

Préface de Christophe Euzet

« Si l'intervention humanitaire constitue effectivement une atteinte inadmissible à la souveraineté, comment devons-nous réagir face à des situations comme celles dont nous avons été témoins au Rwanda ou à Srebrenica, durant des violations flagrantes, massives et systématiques des droits de l'Homme, qui vont à l'encontre de tous les principes sur lesquels est fondée notre condition d'êtres humains ? », s'est interrogé Kofi Annan dans son rapport du Millénaire. L'utilisation intéressée du principe de la responsabilité de protéger par les États l'a dévoyé de son esprit humanitaire. Cet ouvrage révèle et analyse le système international de mise en oeuvre dudit principe sous l'empire de la Charte des Nations Unies, et celui régional établi par l'Union Africaine et la Communauté économique des États de l'Afrique de l'Ouest (CEDEAO).

(Coll. Logiques Juridiques, 362 p., 37 euros)

ISBN : 978-2-343-17098-5, EAN EBOOK : 9782140127830

Structures éditoriales du groupe L'Harmattan

L'Harmattan Italie
Via degli Artisti, 15
10124 Torino
harmattan.italia@gmail.com

L'Harmattan Hongrie
Kossuth l. u. 14-16.
1053 Budapest
harmattan@harmattan.hu

L'Harmattan Sénégal
10 VDN en face Mermoz
BP 45034 Dakar-Fann
senharmattan@gmail.com

L'Harmattan Cameroun
TSINGA/FECAFOOT
BP 11486 Yaoundé
inkoukam@gmail.com

L'Harmattan Burkina Faso
Achille Somé – tengnule@hotmail.fr

L'Harmattan Guinée
Almamya, rue KA 028 OKB Agency
BP 3470 Conakry
harmattanguinee@yahoo.fr

L'Harmattan RDC
185, avenue Nyangwe
Commune de Lingwala – Kinshasa
matangilamusadila@yahoo.fr

L'Harmattan Congo
67, boulevard Denis-Sassou-N'Guesso
BP 2874 Brazzaville
harmattan.congo@yahoo.fr

L'Harmattan Mali
Sirakoro-Meguetana V31
Bamako
syllaka@yahoo.fr

L'Harmattan Togo
Djidjole – Lomé
Maison Amela
face EPP BATOME
ddamela@aol.com

L'Harmattan Côte d'Ivoire
Résidence Karl – Cité des Arts
Abidjan-Cocody
03 BP 1588 Abidjan
espace_harmattan.ci@hotmail.fr

L'Harmattan Algérie
22, rue Moulay-Mohamed
31000 Oran
info2@harmattan-algerie.com

L'Harmattan Maroc
5, rue Ferrane-Kouicha, Talaâ-Elkbira
Chrableyine, Fès-Médine
30000 Fès
harmattan.maroc@gmail.com

Nos librairies en France

Librairie internationale
16, rue des Écoles – 75005 Paris
librairie.internationale@harmattan.fr
01 40 46 79 11
www.librairieharmattan.com

Librairie l'Espace Harmattan
21 bis, rue des Écoles – 75005 Paris
librairie.espace@harmattan.fr
01 43 29 49 42

Lib. sciences humaines & histoire
21, rue des Écoles – 75005 Paris
librairie.sh@harmattan.fr
01 46 34 13 71
www.librairieharmattansh.com

Lib. Méditerranée & Moyen-Orient
7, rue des Carmes – 75005 Paris
librairie.mediterranee@harmattan.fr
01 43 29 71 15

Librairie Le Lucernaire
53, rue Notre-Dame-des-Champs – 75006 Paris
librairie@lucernaire.fr
01 42 22 67 13

www.ingramcontent.com/pod-product-compliance
Lightning Source LLC
LaVergne TN
LVHW011302061026
849535LV00005B/1366